普通高等院校工商管理类专业系列

公司治理概论

主　编　何荣宣
副主编　詹宏陆　谢永建　李铁斌　陆飞翔

北京理工大学出版社
BEIJING INSTITUTE OF TECHNOLOGY PRESS

内 容 简 介

本书根据本科教育的特点和教学需要而编写,全书共有8章:企业治理制度的发展与公司治理学的诞生,公司治理的结构框架,股东及股东(大)会结构设计、董事及董事会、监事及监事会、高层管理人员激励与约束机制、公司外部治理机制、国内外公司治理模式及公司治理展望。本书是一本富有时代特色的公司治理理论教程,每章开始均提供了学习目标、本章导读和引导案例,以便将问题形象化;每章之后都附有思考题和案例分析题,以便读者更好地将公司治理的理论与实践有机结合起来;为了进一步启发读者深度思考,每章中还穿插了短小的案例,极大地丰富了教材的内容,增强了本书的可读性。

本书可作为高等院校财务管理专业、会计学专业、工商管理专业及营销管理专业用书,也可作为企业相关人员的参考用书。

版权专有　侵权必究

图书在版编目(CIP)数据

公司治理概论 / 何荣宣主编. --北京:北京理工大学出版社,2021.11(2023.12重印)
ISBN 978-7-5763-0697-2

Ⅰ.①公… Ⅱ.①何… Ⅲ.①公司-企业管理-教材 Ⅳ.①F276.6

中国版本图书馆 CIP 数据核字(2021)第 235457 号

责任编辑:王晓莉	文案编辑:王晓莉
责任校对:刘亚男	责任印制:李志强

出版发行	/ 北京理工大学出版社有限责任公司
社　　址	/ 北京市丰台区四合庄路6号
邮　　编	/ 100070
电　　话	/ (010)68914026(教材售后服务热线)
	(010)68944437(课件资源服务热线)
网　　址	/ http://www.bitpress.com.cn
版 印 次	/ 2023年12月第1版第3次印刷
印　　刷	/ 三河市天利华印刷装订有限公司
开　　本	/ 787 mm×1092 mm　1/16
印　　张	/ 12.25
字　　数	/ 288千字
定　　价	/ 42.50元

图书出现印装质量问题,请拨打售后服务热线,负责调换

前言

"公司治理"是财务管理专业、会计学专业、工商管理专业及市场营销专业的核心课程之一，其主要内容涉及公司治理相关理论，其前导课程是管理学原理。

本书结合高等教育的特点和教学要求，从理论提高与技能培养相结合的目标出发，以培养创新、应用型人才为宗旨，以公司治理的相关内容为依据，在内容安排上注重理论指导与实际业务相结合；在结构安排上力求教材编排合理、条理清晰、深入浅出、简明透彻；在教学目标上要求融会贯通、突出实训，培养学生分析问题和解决问题的能力。

教材内容紧跟时代发展趋势，注重课程思政元素的融入，同时将二十大精神与相关知识点进行有机融合，选取了许多国内著名的经典案例，并且在案例中注重彰显中国特色，体现中国智慧、创新理念和创业精神，增强可持续发展的理念，旨在培养学习者的经济管理思维、系统思维、批判思维和全局思维，塑造学习者的价值追求和理想信念，激发学习者的责任意识和家国情怀。

本书的编写人员具有多年的教学与社会实践经验，对公司治理的基础理论与前沿理论有较深入的研究，对公司治理的发展动态有较好的把握。本书在编写过程中，力求有所创新，同时避免烦琐、冗长。本书在介绍理论知识的基础上，每一章章前均有学习目标、本章导读和引导案例，每一章章后均有思考题及案例分析题，为学生的学习和思考提供了足够的空间，体现了基础性、系统性、实用性和前瞻性的特点。

本书由何荣宣担任主编，詹宏陆、谢永建、李铁斌、陆飞翔担任副主编。其中第2章和第7章由何荣宣编写，第1章和第8章由詹宏陆编写，第3章和第4章由谢永建编写，第5章和第6章由李铁斌编写，陆飞翔负责整理资料，全书由何荣宣统稿、修改、定稿。

在编写过程中，编者参考和引用了许多教材、专著、案例和文献资料，吸取了国内外最新的公司治理理论与研究成果。在此，谨向原作者表示深深的敬意和谢意，同时，也向其他给予本书无私帮助和支持的同人表示感谢。

由于编写组成员水平有限，书中难免存在不妥或错误之处，敬请广大读者赐教。

编　者

目 录

第1章 企业治理制度的发展与公司治理学的诞生 (1)
- 1.1 企业制度的演进 (2)
- 1.2 公司治理的起源、发展与公司治理学的诞生 (6)
- 1.3 公司治理研究的主题与内涵 (10)
- 1.4 公司治理学的研究对象、学科性质与研究方法 (18)
- 本章小结 (20)

第2章 公司治理的结构框架 (26)
- 2.1 公司治理结构的基本概念 (27)
- 2.2 公司治理结构的特征和意义 (29)
- 2.3 公司科层和契约与公司治理结构 (30)
- 2.4 公司治理边界及其原理 (35)
- 2.5 有效公司治理机制的设计原则和企业竞争力 (43)
- 2.6 公司治理机制对企业竞争力影响 (46)
- 本章小结 (47)

第3章 股东及股东（大）会结构设计 (51)
- 3.1 股东 (52)
- 3.2 股份与股权结构 (56)
- 3.3 股东（大）会 (64)
- 3.4 中小股东及其权益维护 (68)
- 本章小结 (71)

第4章 董事及董事会 (76)
- 4.1 董事 (77)
- 4.2 董事会 (81)
- 4.3 董事长 (85)
- 4.4 独立董事 (86)

4.5　专业委员会 ·· (89)
　　本章小结 ··· (91)

第5章　监事及监事会 ·· (95)
　　5.1　监事 ··· (96)
　　5.2　监事会 ·· (97)
　　本章小结 ··· (110)

第6章　高层管理人员激励与约束机制 ··· (114)
　　6.1　激励机制 ··· (115)
　　6.2　约束机制 ··· (121)
　　6.3　国外企业高管激励方面的经验 ·· (122)
　　6.4　当前我国高管约束机制方面存在的突出问题 ·································· (124)
　　本章小结 ··· (125)

第7章　公司外部治理机制 ·· (131)
　　7.1　证券市场与控制权配置 ·· (132)
　　7.2　商业银行与公司治理 ··· (149)
　　7.3　机构投资者与公司治理 ·· (151)
　　本章小结 ··· (155)

第8章　国内外公司治理模式及公司治理展望 ··· (161)
　　8.1　英美公司外部控制主导型治理模式 ··· (163)
　　8.2　德日公司内部控制主导型治理模式 ··· (166)
　　8.3　家族控制主导型公司治理 ·· (169)
　　8.4　公司治理模式的比较与趋同化 ·· (173)
　　8.5　传统公司治理模式面临的新挑战 ·· (176)
　　8.6　我国公司治理研究的展望 ·· (178)
　　本章小结 ··· (179)

参考文献 ··· (188)

第 1 章　企业治理制度的发展与公司治理学的诞生

学习目标

1. 了解公司产生的过程。
2. 了解公司与业主制企业和合伙制企业的不同。
3. 掌握公司制企业的基本特征。
4. 了解国内外公司治理研究的主题和国内外对公司治理内涵的争论。
5. 把握公司治理学的研究对象与主要内容、学科性质特点与研究方法。
6. 了解企业治理制度的发展与公司治理学的诞生。

本章导读

首先了解什么是企业、公司与企业的差别有哪些，其次了解公司治理的起源、发展与公司治理学的诞生，以及公司治理研究的主题与内涵、公司治理学的研究对象、学科性质与研究方法；最后阐述公司治理的理论框架与基本问题。

引导案例

安然事件 2.0——跨国大集团财务造假风险警示

安然（Enron）曾是一家世界级的能源公司，在 2001 年宣告破产之前，拥有约 21 000 名员工，是世界上最大的电力、天然气以及电讯公司之一，在当时名列《财富》杂志"美国 500 强"第 7 名。然而，2001 年 12 月 2 日，安然公司突然向纽约破产法院申请破产保护，该案成为美国历史上第二大企业破产案。由于持续多年精心策划、制度化、系统化的财务造假丑闻曝光，安然的股价崩盘，拥有上千亿资产的安然公司宣告破产。安然事件给美国乃至全世界的资本市场造成了持续深远的影响，曾经享负盛名的安达信会计师事务所也因牵涉其中而被迫解体、倒闭。安然事件从此成为上市公司财务造假和企业欺诈的代名词。近年来因财务造假、欺诈问题而导致上市企业面临经营困难、破产危机，管理层面临法律追究，股东和投资者面临钱财损失的案例层出不穷。例如2016年，东芝被爆时间跨度长达7年、3任社长参与、造假金额达19亿美元的重大财务造假丑闻，该事件不但重挫日本企业信心，还让东芝这个百年名企面临分拆出售的困境。近日，有"非洲IKEA"之称，旗下拥有法国家具连锁公司Conforama、美国床上用品公司Mattress、英国廉价超市Poundland等众多企业，全球员工达13万人的南非零售巨头斯坦霍夫集团（Steinhoff），因会计问题导致财报推迟发布，任职多年的CEO也突然辞职。在财务造假、欺诈和暗箱操作等众多指控下，资本市场一片恐慌。受财务造假丑闻影响，Steinhoff集团的股价在一周内下跌超过70%。而Steinhoff集团在2025年生效的8亿欧元债券也从原本的85欧元暴跌到0.41欧元，国际评级机构穆迪则更是将Steinhoff集团评级直接下调至垃圾级，矛头直指Steinhoff集团的债务情况。据Bloomberg在2016年12月9日的有关报道，Steinhoff集团长期债务达121亿欧元，短期债务达58.7亿欧元，合计风险敞口高达179.7亿欧元（约合210.24亿美元），而未来5年的债务则高达85亿美元，业界称此事件为安然事件2.0版。

（资料来源：南方号，2017-12-15）

思考：为什么安然事件后仍有安然事件2.0？

1.1 企业制度的演进

1.1.1 企业的定义

企业是介于国家与个人之间的一种人与人之间以盈利为目的而组成的劳动团体（包括家庭企业），英语表达为Enterprise。从本质来看，企业中的"企"是"企盼"与"企图"的意思，是指把人的要素和物的要素结合起来，自觉地从事经济活动，具有营利性的经济组织。从法律角度讲，合法登记注册，拥有固定地址，并相对稳定的经济组织都属于企业。所以企业在这里可以定义为：<u>企业是一个经济组织，企业是人的要素和物的要素的结合，企业具有经济自主权，企业具有营利性</u>。

对企业概念的基本理解，需要知道以下三点。

(1) 企业是在社会化生产条件下存在的，是商品生产与商品交换的产物。

(2) 企业是从事生产、流通与服务等基本经济活动的经济组织。

(3) 就企业的本质是它的营利性，它属于追求盈利的营利性组织。

1.1.2 公司与企业的联系与区别

根据实践的需要，可以按照属性的不同对企业进行划分。例如，按照组织形式的不同，企业可以分为个人独资企业、合伙企业、公司企业；按照法律属性的不同，企业可以分为法人企业、非法人企业等。

依照我国法律的规定，公司包括有限责任公司和股份有限责任公司。公司具有企业的属性，因此公司就是企业。但是企业与公司又不是同一概念，公司与企业是种属关系。可以这么理解：公司均为企业，但企业未必都是公司。公司是企业的一种组织形态，而且是最普遍的形态，是本书公司治理讨论和研究的对象。

1.1.3 企业的基本属性

观察现实中不同类型的企业，可以直观地发现企业至少具有以下五个基本特性。

1. 营利性

企业盈利是企业生存和发展的基本条件。盈利能力是指企业获取利润的能力。利润是企业有关各方都关心的中心问题，是投资者取得投资收益、债权人收取本息的资金来源，是经营者经营业绩和管理效能的集中表现，也是职工集体福利设施不断完善的重要保障。因此，企业盈利能力分析十分重要。

2. 产出性

产出性是企业作为一种社会组织的重要属性，也是企业区别于其他社会组织的主要特征之一。企业的产出性是指只有由企业组织资源、土地、资金和技术等要素，企业才能产出产品。这个产出过程中，要素发挥的作用是参与作用，而不是直接的生产作用，产出职能只能由企业来完成。这里强调了要素参与产出过程与企业从事产出之间的细微关系：要素参与产出过程是因为企业对要素功用的选择，被选择的要素参与产出并不是产出本身。

3. 有限封闭性

企业的自身结构与社会之间具有明确的界限。这个界限表现在以下几个方面：一是具有人员边界，企业配备的人员数量是明确的；二是具有经济核算边界，作为税收对象和经济统计对象，企业具有法律认定的边界，在这个边界内可以给出完整的经济核算；三是具有产品边界，作为产品提供者，企业可以满足社会某个方面的需求。由于存在上面三个方面的界限，相对于社会背景而言，企业无疑就是一个封闭的体系。但是企业的封闭性是相对的，它不能脱离社会的整体而独立存在。它的有限封闭性是指它是一个与它周围环境、社会环境相互交互的一个过程，所以他的封闭性是相对有限的。

4. 客观性

客观性是企业发展过程中的不以人的意志为转移的发展规律。企业的劳动组织、技术体系、生产流程和市场营销策略等都是有客观性的逻辑体系，由这些逻辑体系组织的企业运作系统具有充分的客观属性。企业的运行是企业拥有的各类专业人才认识和运用这些客观规律的水平和能力的体现。由于企业的经营活动是对已知规律的运用，所以企业的效率就体现在它是一个可以计划和控制的体系。

5. 高效性

科学的规划、组织和设计，针对任何一种产品而言，都能够建立具有最佳经济效益的一套生产经营体系。这个体系之所以有效率，就是其对六要素结构进行了符合规律的优化。众所周知，在充满竞争的环境下，效益是企业的生命，所以企业之间的竞争也可以说是效益的竞争，谁的效益高谁就能胜出，相反效益低的企业就会被淘汰。在这种环境下，人工智能的使用显得尤为重要。比如，将人的劳动规范化和标准化，使复杂劳动变为简单重复劳动，通过这种方式将人的劳动用机器替代，由此使得生产效率高级化，解除了人的自然属性对效率的限制。又比如，投资规模可以通过对产品市场、产品技术结构等的要求给出合适的封闭边界，由此形成合理分工体系，从而获得最高的生产效率和投资收益。

企业是人类社会生产发展进步的结果，企业是为完成特定生产目标，由劳动、资本、技术、管理、资源和市场六个要素结构形成的社会组织。企业的五种属性就是一种对企业特征的系统描述。

1.1.4　企业制度的类型

市场经济在数百年的孕育和发展过程中，逐步形成了三种基本的企业制度，即个人独资企业（单个业主制企业）、合伙制企业和公司制企业。个人独资企业和合伙制企业的经营活动都是建立在自然人的信誉上的，它们属于自然人企业，出资人承担无限责任；公司制企业则是建立在法人的组织信誉上，属于法人企业，出资者承担有限责任。在现代市场经济中，公司制企业虽然在数量上不是最多的，却占据着支配地位，因为大中型企业通常都采用公司形式。在组织结构上，公司制企业比个人独资企业和合伙制企业要复杂得多。在现代市场经济中，企业制度的演变主要表现在公司制的逐步完善和成熟上。

1. 个人独资企业

个人独资企业，又称单个业主制企业，是由一个自然人投资的企业。企业由个人经营，收益归个人所有，风险也由个人承担。个人独资企业是自然人（非法人）企业，适应于零售商业、服务业、手工业、家庭农场等领域。

个人独资企业具有如下优点。

(1) 由于所有权与经营权归于一体，因此，经营灵活，决策迅速。

(2) 由于这类企业注册资本要求不高，因此，开业和关闭的手续都比较简单。

(3) 由于产权属于个人，因此，产权可以自由转让。

(4) 企业所获利润只需交纳业主所得税，不需交纳企业所得税。

同时，个人独资企业存在一些缺点。

(1) 一般情况下，企业存续的时间比较短，信誉有限。

(2) 由于企业规模小，财力不大，取得贷款的能力有限，因此，难以从事投资规模较大的产业。

(3) 如果经营失败，出现资不抵债，需用自己全部财产进行赔偿，一旦企业倒闭，业主就有倾家荡产的可能。

(4) 企业完全依赖于业主个人，没有外部人员替换。

2. 合伙制企业

合伙制企业是由两个或两个以上的个人或单个业主制企业通过签订合伙协议，联合经营，收益由合伙人共享，风险由合伙人共同承担的组织。适用于资产规模较小，管理不复杂，不需设立专门的管理机构的生产和经营企业。

合伙制企业有如下优点。

（1）扩大了资金来源和信用能力。与个人独资企业相比，每个合伙人能从多方面为企业提供资金。同时，因为有更多的人对企业债务承担责任，其信用能力也扩大了，容易向外筹措资金。

（2）集合伙人的才智与经验提高了合伙制企业的竞争力。

（3）增加了企业扩大和发展的可能性。由于资金筹措能力和管理能力的增强，给企业带来了进一步扩大和发展的可能性。

（4）企业所获利润只需交纳业主所得税，不需交纳企业所得税。

同时，合伙制企业存在如下缺点。

（1）产权转让困难。产权转让须经所有合伙人同意方可进行。

（2）承担无限责任。普通合伙人对企业债务负无限连带责任，即要求有清偿债务能力的合伙人，对没有清偿债务能力的合伙人应负债务的无限连带责任。

（3）企业不容易延续。如果一个合伙人去世或退出，企业往往难以再维持下去。

（4）合伙人皆能代表企业，因此对内对外均容易产生意见分歧，影响决策。

（5）企业规模仍然受限。合伙制企业筹措资金的能力仍然有限，不能满足企业大规模扩展的要求。

3. 公司制企业

公司制企业是依照《中华人民共和国公司法》（以下简称《公司法》）组建并登记的以盈利为目的的法人企业。

公司制企业有如下特征。

（1）公司是依照《公司法》规定设立的社会经济组织。

（2）公司是盈利为目的的法人团体。所谓盈利为目的，是指公司从事生产、经营或提供劳务是为了获取利润。

（3）公司是法人。法人是具有民事权利能力、民事行为能力，依法独立享有民事权利并承担民事义务的组织。公司作为法人，应该具备以下三个特征：一是组织特征，组织特征的核心是公司必须依法成立；二是财产特征，公司必须拥有自己独立支配和管理的财产，且要有法定的资本金数额；三是人身特征，人身特征是一种人格化了的经济组织，因此，公司必须有自己的名称、组织机构和活动场所。

（4）公司的所有权归股东所有。公司股东按照拥有的资本价值或数额比例分配利润。一旦公司终止并进行清算，股东有权分得公司出卖全部资产并偿还债务之后剩余的资产净值。

（5）公司具有联合性。凡是公司制企业都具有一个共同的特征——联合性：一是人的联合，各国对各类公司股东人数都有最低限度规定；二是资本的联合，每个股东都必须出资，是资本的结合；三是投资主体的多元化，公司的联合性决定了投资主体的多元化，公司股东很多，资本来自各个渠道，如国家股、法人股、个人股等。

(6) 出资者所有权和法人财产权分离。公司虽然是投资主体的多元化，但公司的财产只能作为一个整体来发挥其功能，任何出资者既不能独立支配公司的财产，也不能支配本人出资的那部分财产。同时，出资者也无权干预公司的经营管理，经营管理是由专门的企业家来进行的。因此，出资者所有权和法人财产权是相分离的。

(7) 公司法人财产具有整体性、稳定性和连续性。整体性是指股东一旦投资，其财产就以公司的整体财产出现并进行运行，任何股东不能对整体财产进行分割；稳定性是指股东一旦投资，就不可抽回，只能转让，因此，公司的财产不会因股东的变化而出现经常性变动；连续性是指股东个人的生命不影响公司的生命，只要公司存在，公司法人就不会丧失财产权，股东的变化不会影响法人财产权的连续性。

(8) 公司的决策权最终由股东共同控制。

上述三种企业制度的比较如表1-1所示。

表 1-1 企业制度比较

比较要素	企业制度		
	个人独资企业	合伙制企业	公司制企业
资本规模	资本规模小	资本规模中等	资本规模较大
法人性质	无法人地位	无法人地位	具有法人地位
责任风险	无限责任	无限连带责任	存在代理问题
税收义务	个人所得税	个人所得税	企业所得税和个人所得税
利润分享	个人独享	合伙人共享	按比例分享
出资转让	容易	合伙人一致同意	多数股东同意
企业存续期限	企业主生命	合伙期	可以永续
代理成本	无代理成本	代理成本低	代理成本高
两权分离程度	两权统一	两权统一	两权分离

1.2 公司治理的起源、发展与公司治理学的诞生

1.2.1 公司治理的起源

公司治理的起源：一是公司权力的分解；二是公司所有权与经营权的分离。

1. 公司权力的分解

公司权力是按照三权分立、相互制衡的原则而设计的，即在公司日常运作过程中决策、执行和监督三权相互分立、相互制衡。公司是由众多具有独立人格的投资者出资建立的，并拥有自己独立的财产权。权力分立和制衡已经成为现代公司权力分配和使用的基本原则。

公司按照决策、执行和监督三权相互分立、相互制衡的原则，设置公司组织机构。其中，由全体股东组成的股东会或股东大会是公司的权力机构，行使公司的最高决策权；由股东会选举和授权产生的董事会为公司的业务执行机构，代表股东行使经营管理权；由股东会选举和授权产生的监事会为公司的监督机构，代表股东对董事及经理的业务活动行使监督权。为了避免公司组织机构的越权、滥权、侵权行为，公司相关法律和公司章程还具体规范了各个组织机构的权力、利益和责任以及它们的行为方式和程序，使它们之间形成一个相互依存、相互作用和相互制约的组织体系。

2. 公司所有权与经营权的分离

（1）公司的所有权（Ownership）是指所有人依法对自己的财产享有的占有、使用、收益和处分的权利。所有权具有如下特征。

①绝对性。所有权不需要他人的积极行为，只要他人不加干预，所有人自己便能实现其权利。所有权是一种特定的不作为义务。

②排他性。同一物上只能存在一个所有权而不能并存两个以上的所有权。当然，所有的排他性并不是绝对的，各国法律的所有权有不同程度的限制。我国物权法对此也有特别的规定。

③所有权是最完全的物权。具体体现在对物的最终处分权上，例如，建设用地使用权、抵押权、质权、地役权、留置权等他物权只享有所有权的部分权能。

④永续性。这种永续性指所有权的存在不能预定其存续期间。例如，当事人不能做出对所有权只有若干年期限，过此期限则所有权丧失或消灭的规定或判断。当事人对所有权存续期间的规定或判断是无效的。

⑤观念性。由于所有权能够带来收益，这种收益的预期就是所有权的观念性。把行使所有权带来的利益看得比对所有物的控制更为重要，属于"所有人实现利益观念"的范畴。

综上所述，公司所有权是资产所有者对自己所有的资产依法进行全面支配的物权，是原始的、自主的物权，是所有者独享的权利，是一切产权的基础和核心。所有者以外的其他人都必须尽不侵犯其所有权的义务。所有权是最充分、最完全、最典型的产权，因而所有权也被认为是一种绝对权利。

（2）公司经营权（Managerial Authority）是指企业在经营过程中，依据相关法律法规，对企业财产进行经营、投资和其他事项的支配、管理的权利。企业经营者基本上是公司的具体经营管理机构，即公司经理和公司董事会及其成员。

为什么会出现公司所有权与经营权的分离？经营权与所有权的分离并不是权利人刻意为之，而是与一定的经济基础密不可分的客观需要，也是现实的需要，可以说是社会分工发展的必然结果。

人们在实践中逐渐观察到：随着生产力的发展，产业不断升级，规模日益扩大，股份公司取代个人投资或者合伙制企业成为主要经营模式，只有大规模协作才能提升生产效率，不断提高大型企业的竞争优势和垄断优势。而规模优势，单靠个别资本的积累和集中几乎是不可能实现的，而且并不是所有者都善于经营，专门的职业经理人对企业的控制更加游刃有余。再从专业的角度讲，财务有专业的财务，营销有专业的营销团队，研发有专门的研发，制造有专门的制造专家，这些专业人才受过专门的培训和教育，而且有着丰富的实践经验，处理问题更加科学和有效。

所有者经营权的分离，第二个原因是股权的结构分散。因为现代大公司的股权并不是集中在一两个人或一两个集团身上，而是有社会各阶层的人员参与，这就要聘请专门的职业经理人来经营企业。

综合上述，所有权与经营权的分离是现代企业的重要标志，只有两权分离，企业才能在竞争中取得一席之地。

公司的所有权与经营权分离以后也带来了以下几个问题。一是委托—代理问题。所有者与经营者的目标不一致，作为资本所有者的委托人，他的目标是追求资本收益最大化，也就是追求资本的最大回报；作为职业经理人，他的目标是追求个人报酬的最大化，虽然两者有相同的地方，都是追求企业的价值最大化，但是这种分歧还是明显存在的。二是信息不对称问题。作为经营者，由于能获得第一手资料，他们获得的信息量比其他人要多很多，他们往往会牺牲外部投资者的利益来谋取自己的利益，如操纵股价等。这包括两个方面，第一是逆向选择，第二是道德风险。逆向选择就是通过他们掌握的信息来掩盖其真实目的，道德风险是指经营者用偷懒的方式将公司的不利结果归结为不可控因素，从而使人们对职业经理人的道德产生怀疑。第三是利益冲突问题。由于公司有大股东、小股东各利益相关者，职业经理人往往会顾及大股东的利益而忽视小股东的利益；再者就是企业各利益相关者的关系如何协调。由于所站角度不同，大股东、小股东还有利益相关者，他们对如何分配企业利润的问题会有分歧，委托人必须对代理人进行有效的激励和约束，所以就产生了委托—代理的问题。为了解决上面提到的问题，公司治理就应运而生。

1.2.2 公司治理的演变

股份公司的出现，克服了个人独资企业、合伙制企业中存在的企业规模扩张与单个资本积累不足之间的矛盾，成为现代市场经济中最重要、最典型的企业组织形式。在这个意义上，个人独资企业与合伙制企业被归入传统业主制或古典企业一类，股份公司被归入现代企业一类。从历史的、逻辑的角度看，古典企业是研究企业制度，尤其是研究企业所有权安排的简单模型，公司治理的演变就是以古典企业的产权安排为起点的。

1. 古典企业治理

在古典企业中，企业主是企业的唯一所有者，拥有企业的全部产权，包括剩余收益权、经营决策权和监督其他要素所有者的权力。古典企业的产权安排是单一持有人的集权制，企业所有权的排他性以及剩余收益权与剩余控制权合一的所有权结构，构成古典企业所有权的基本特征，即单个企业主不是代理人而是雇主，其产权安排意味着拥有全部权利，具体表现为企业主在企业中拥有的一组权利或权利束。权利束的来源是：剩余财产权带来再生产决定权等。

(1) 投入要素支付后遗留的剩余的占有权。

(2) 在这一权利的激励下，所有者具有强烈的动机监督雇员的绩效，决定生产什么、如何生产等,并行使剩余控制权。

(3) 出售这两种权利的权力。以共同商定的价格将产权转让给他人的权利是所有权的基本组成部分。而企业的市场价格,即所有者在企业中产权的市场价格,等于企业在整个运作期间内预期可得到的未来剩余的现值。将未来的预期收益资本化为市场现值的权力是所有权所特有的。

如果将企业视为不同参与者(要素所有者)产权联合的契约性合作组织,按职能分工的不同,所有参与者可分为三类:资本家、经理成员和生产成员。在资本雇用劳动的条件下,古典企业治理的简单模型可概括为所有者—经理,即资本家作为企业的所有者,同时也承担企业的经理职能,拥有剩余控制权与剩余收益权。在这个模型中,隐含着这样的假设:经理的选择表现为一种"自选择"机制,资本家在拥有财富的同时,也拥有企业家能力,因而同时拥有剩余收益权和剩余控制权。

2. 现代企业治理

股份公司在"有限责任"的法律基础上,成为资源或资本集中的有效手段。每个股东的责任限制于其在企业的投资额度内,股权被划分为不同的份额,股东按股权拥有参与公司董事会、获取剩余收益的权利,也可在市场上自由转让股权而得到利润。相对于古典企业的所有者而言,法律并未改变股份公司股东所拥有的一组权利的本质,但个别股东的剩余控制权已经发生变化,这种变化是从股权高度分散化开始的。高昂的交易成本使得股东不可能全部参与公司的决策与管理,剩余控制权在理论上仍然平等分布于股东之中,但实际上更有利于拥有控股权的大股东。尤其是对于典型的家族式股份公司的情形,股权往往为家族所控制,家族不仅享有剩余收益,而且基本上掌握了剩余控制权。

股份公司被称为"现代企业",意味着企业制度的重大变化,这种变化的重要性并不限于资本要素本身的形态变化,如从债权融资到股权融资的变化;也不限于为了扩大企业规模而采取股份制的筹资方式;而是在于"管理革命"或"经理革命",即管理日益复杂化,并形成将管理经验上升到管理理论知识的需要,由此出现了拥有并依赖这种理论知识的职业经理阶层,从而使管理科学成为现代企业制度的基本特征之一。

"管理革命"的结果是股份公司从股东(可能是个人或家庭)控制转变为经理控制。经理并非一定是资本要素的所有者,但基于企业家的人力资本,这些经理在实际中不仅拥有了剩余控制权,而且参与了剩余收益的分配,这类企业就是所谓的"经理企业"。这一事实在实践中已得到证实:董事会在决定经理人选的时候,需要决定他的报酬,该报酬包括按照事前可评估的努力程度决定的报酬以及按事后产出决定的报酬,前者是契约性收益,后者则是剩余收益的分享。经理企业的出现意味着资本家在拥有财务资本的同时,不一定拥有管理知识,管理知识作为日益稀缺的人力资本,在要素市场竞争中独立于而不是从属于资本与劳动,成为企业契约的不可或缺的组成部分,导致企业所有权与经营权的分离。如果将管理科学定义为现代企业的基本特征之一,在这个意义上,现代企业就是经理企业,股份制公司只是现代企业的表现形式。

经理企业的出现使公司治理结构更加复杂,其核心问题还是剩余收益权与剩余控制权在不同要素所有者之间的分配,在现代企业中表现为众多财务资本产权与管理知识人力资本产权之间的竞争与合作，具体包括：财务资本所有者对经理成员的选择、约束、监督与激励；投资者尤其是小股东、债权人的利益保护；董事会成员、经理成员的权利、绩效评价与竞争等。因为控制权的分配在一定程度上取决于资本结构的影响，对经理成员的激励与选择有重要意义。因此，资本结构的选择也被看作是公司治理的一个重要方面。

随着时间的推移和实践的发展，公司治理理论研究领域不断拓宽，已经从股权结构、经营者激励与约束、治理模式比较等某一单一问题的研究，转向系统的理论研究，这可以从公司治理理论研究的转变中得到印证。目前，公司治理理论的研究正在发生以下转变：从法人治理结构到公司治理机制，从单个法人治理到集团治理，从国内公司治理到跨国公司治理，从传统形态的公司治理到网络条件下的公司治理，从定性研究到定量实证研究，从公司治理到企业治理，从被治理者的研究到治理者的研究，从营利性企业治理到非营利组织的治理，关注政府和社会的治理等。上述转变表明，公司治理的理论体系已经趋于成熟。

20 世纪 90 年代以来，公司治理已经成为全球关注的焦点。一方面，不论是发达国家还是发展中国家，不论是国际组织还是民间机构，不论是政府还是企业，都在进行有关公司治理的理论研究和实践规范的工作。目前的研究已超越了原有的仅限于对各国公司治理模式进行简单介绍的水平，从国际角度对各国公司治理模式的形成机理、结构特征、发挥作用的机制进行了深入探讨，形成了在多样性的公司治理模式下的概念范畴和知识体系。另一方面，公司治理实践与研究正走向国际化趋同。在经济全球化的背景下，公司跨国经营、跨国合作日益频繁。一个从事跨国经营和跨国合作的公司，为了更好地生存、发展和竞争，在保留具有本国文化特色的公司治理风格的同时，也必须学习具有其他国家文化特色的公司治理的长处。这种相互学习的结果，使得公司治理正在呈现出国际化趋同的特征。公司治理实践的国际化趋同，在客观上不仅要求公司治理研究的国际化趋同，而且也为公司治理研究的国际合作搭建了一个具有共同语言的平台。国际化的视角、国际化的合作研究和国际化的研究成果，已经成为公司治理领域的发展趋势。

1.3　公司治理研究的主题与内涵

1.3.1　公司治理定义

什么是公司治理？对此业界并没有一个严格的统一定义。一般地，公司治理又称公司管治、企业管治，是指诸多利益相关者的关系，主要包括股东、董事会、监事会和经理层的关系。这些利益关系在一定程度上决定企业的发展方向和业绩。

治理结构（Governance Structure）的概念是威廉姆森于 1975 年首先提出的，而公司治理（Corporate Governanre）的概念在 20 世纪 80 年代中期最早出现。自从"公司治理"这一概念提出以来，西方学者存在着不同的理解。但综合而言，西方学者对公司治理内涵的界定，主要围绕着两个主题展开，一是控制和监督经理人员的行为以保护股东利益，二是保护公司利益相关者利益。

现阶段我国公司治理的重点在于如何保护中小投资者的利益。公司治理讨论的基本问题就是如何使企业的管理者在利用资本供给者提供的资本发挥用途的同时，承担起对资本供给者的责任。

广义上，公司治理包含了一系列的规则、关系、制度和程序。恰当的规则包括了当地可适用的法律和公司的内部规则；而关系则包括了所有利益相关者之间的关系，最重要的是股东、经理、董事、政府、雇员和整个社区等的关系；制度和程序则用来保障监督和管理，以保证这些关系的和谐发展。

在我国，理论界对公司治理具有代表性的定义有吴敬琏、林毅夫、李维安和张维迎等的观点。

吴敬琏（1994）认为，公司治理结构是指由所有者、董事会和高级执行人员（高级经理人员）组成的一种组织结构。要完善公司治理结构，就要明确划分股东、董事会和高级经理人员各自的权力、责任和利益，从而形成三者之间的民性关系。

林毅夫（1997）是在论述市场环境的重要性时论及了这一问题。他认为，公司治理结构是所有者对一个企业的经营管理和绩效进行监督和控制的一整套制度安排，并随后引用了米勒的定义作为佐证。他还指出，人们通常所关注或定义的公司治理结构，实际指的是公司的直接控制结构或内部治理结构。

李维安和张维迎都认为公司治理（或公司治理结构）有广义和狭义之分。李维安（2000）认为，狭义的公司治理是所有者（主要是股东）对经营者的一种监督与制衡机制，其主要特点是通过股东大会、董事会、监事会及管理层所构成的公司治理结构的内部治理。他认为的广义的公司治理则是通过一套包括正式或非正式的内部或外部的制度或机制来协调公司与所有利益相关者（股东、债权人、供应商、雇员、政府和社区）之间的利益关系。

张维迎（1999）认为，狭义的公司治理结构是对有关公司董事会的功能与结构、股东的权力等方面的制度安排。而他认为的广义的公司治理结构是对有关公司控制权和剩余索取权分配的一整套法律、文化和制度性安排，这些安排决定公司的目标，决定谁在什么状态下实施控制、如何控制，决定风险和收益如何在不同企业成员之间分配这样一些问题，并认为广义的公司治理结构是企业所有权安排的具体化。

可以看到，公司治理可以从不同的角度来理解，它是一个内涵非常丰富的概念，很难用只言片语就将其阐释清楚。随着对公司治理的进一步深入研究，还会将公司治理分为内部治理和外部治理两个方面进行讨论。

1.3.2 公司治理的基本问题

1. 内部治理与外部治理

依据治理手段的来源不同，公司治理结构分为内部治理和外部治理。如果公司治理的手段来源于公司内部的"三会一层"即股东（大）会、董事会、监事会和高级经理（层），就称内部治理；如果公司治理的手段来源于外部制度、监管部门和外部市场，就称外部治理。

一般来说，公司治理体系是内部治理与外部治理的统合，内部治理与外部治理是相辅相成的。以董事会为核心的内部治理是公司治理的主要体现，但在股权高度分散的情况下，外部各种市场机制的有效性会对内部治理作用的发挥产生重要影响。公司治理结构如图 1-1 所示。

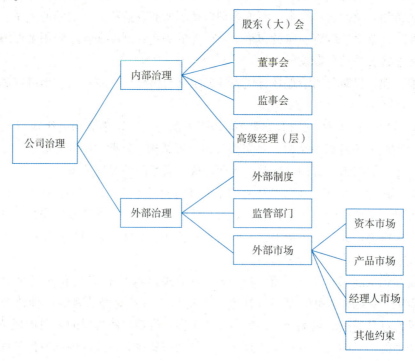

图 1-1　公司治理结构

（1）内部治理。内部治理通过公司内部的产权制度的安排来实现。公司的内部治理是基于委托—代理理论和产权理论对代理人实施激励，从而在公司的各个利益主体之间进行剩余控制权与剩余索取权有效配置的一套产权制度安排。

内部治理决定公司内部决策过程和利益相关者参与公司治理的方法。内部治理的主要功能在于协调公司内部不同产权主体之间的经济利益矛盾，克服或减少代理成本。简单来说，内部治理是公司内部存在的一套体系，它能够使公司运营中的各个阶层和权益所有者，包括股东（大）会、董事会、监事会和高级经理（层），以及公司的中层管理人员、普通员工都能够尽职尽责地完成公司的目标，而最重要的目标就是为股东和其他主要利益相关者创造价值。

内部治理是公司治理的核心。因为内部治理既是公司领导体制问题，又是企业产权关系和权利关系安排问题；既是保护所有者合法权益，充分发挥经营管理者积极性的激励问题，又是在信息不完全、非对称和契约不完备的情况下，防范经营管理者的腐败行为和道德风险的约束机制。现代企业制度并非必然产生高效率，而是必须依赖于合理的公司治理，尤其是依赖于有效的内部治理。

内部治理任务就是以恰当的结构与机制组织好董事会以及各专业委员会、监事会的活动，争取股东对公司的积极关注，保证企业的财务报告和审计体系，向股东（大）会、董事会、监事会及外界提供及时准确的信息，监督并激励经营者尽职履行作为经营受托者的义务。具体而言，公司的内部治理主要应包括以下内容。

①作为公司最高权力机构的股东（大）会作用的发挥；
②董事会的形式、规模、结构及活动规则的安排；
③有关董事的资格、任免、独立性、战略参与及履职状况的规定；
④监事会的设立与运作规则；
⑤高级经理（层）薪酬制度、激励机制及考评；
⑥内部审计及信息披露制度等。

这些方面的制度安排是高度相关的，其核心是公司战略的审定和建立对高级经理（层）的监督与激励机制。

（2）外部治理。外部治理是公司行为的外部约束机制。

外部治理通过外部的市场竞争体系来实现，公司的外部治理主要基于市场竞争理论，通过公司外部市场体系提供充分的公司经营信息和对公司经营者行为进行客观的评价，从而形成一种竞争的市场环境和交易成本低廉的优胜劣汰机制，以达到对公司经营者进行有效激励和监督的目的。

外部治理机制是指通过立法、司法及其调整建立起来的关于公司治理的一整套制度。政府监管部门对公司的治理是指证监会、保监会和银监会等监管部门对相关公司的治理。这两方面的治理与自律机制是不同的，属于他律机制。外部制度通过对违规行为施加限制，从而保证公司治理的高效率。

外部治理是对内部治理的补充，其作用在于使企业经营活动接受外界评价的压力，促使经营者行为自律。外部治理主要表现为以下几个方面。

①资本市场。资本市场的特性使得股东在监督和遏制经营层机会主义行为方面起着重要作用，即股价的下落会对这种机会主义行为发挥惩罚作用。有效的资本市场可以使经营层的不良行为传导到股票价格上，迅速给全体股东提供公司经营状况的信号。如果公司的股价低于竞争对手，经营层的无能或失职就会被反映出来。这样，股东就可以选择卖掉该公司的股票或在股东大会上提出质询。在这样的监控机制压力下，董事会和经理人员只能尽职尽责，充分发挥经营才能，以确保股东利益的实现。

②产品市场。公司的产品和服务最终将受到消费者的裁决。在竞争激烈、顾客至上的产业环境下，如果某公司的产品或服务深受顾客的欢迎，那么其市场占有率会上升。倘若公司的产品或服务不能占有一定的市场份额，股东们将会关注公司的经营管理状况。虽然对高层经理人员的任免是由董事会决定的，但股东可以通过各种方式影响董事会，促使董事会对无能的高级经理人员进行处罚。

③经理人市场。有效竞争的经理人市场能使代理人凸显出相应的层次性；经理人市场还能够按照企业绩效对经营者进行分类，并形成报酬的等级；充分竞争的经理人市场，还能够给经理人形成外在的竞争压力。这一切对公司治理都有可能产生重要的影响。

④其他约束。除了以上各种市场机制的作用外，国家的法律法规、监管机构、社会舆论、企业工会、中介机构（如会计师事务所、审计事务所、律师事务所和第三方评价机构

等）对公司的约束或评判也在不同层面对公司的经营产生重要影响，起着外部治理的作用。

从本质上讲，内部治理的基本特征是以产权为主线的内在制度安排，其治理载体就是公司本身。而外部治理则是以竞争为主线的外在制度安排，其治理载体是市场体系。虽然公司内部治理和外部治理的侧重点各有不同，但两者是相辅相成的，而且是互动的。片面强调任何一个方面，都不能实现有效的公司治理。

2. 公司治理的主体与客体

（1）**公司治理主体**。关于公司治理的主体应该包含哪些参与者这一问题，学术界的意见并不一致。按照代理理论，股东是理所当然的主体。股东作为公司的剩余索取权人，承担了相对更大的风险，这也正是多数国家以法律形式赋予股东一定权利的基础所在。从这个意义说，公司存在的目的就是追求股东利益最大化。然而传统的《公司法》是建立在以下假定基础之上的：市场没有缺陷，具有完全竞争性，可以充分地发挥优化资源配置的作用。这样，公司在追求股东利益最大化过程中，就会实现整个社会的帕累托最优效率。市场机制实际上是一只"看不见的手"，推动着人们从自利的动机出发，在各种买卖关系中、在各种竞争与合作关系中实现互利的经济效果。如果经济中一个企业或一个人可以在不使他人境况变坏的同时使自己的情况变得更好，那么这种状态就达到了资源配置的最优化。这就是帕累托最优效率。然而在现实中，市场机制并不是万能的，股东的利益作为一种个体利益在很多场合和社会公众的整体利益是不相容的。另外，支撑现代公司资产概念的不仅仅是货币资本，人力资本也成为不可忽视的因素，而且它同货币资本和实物资本在公司的运行中具有同样的重要性。公司就是人力资本和非人力资本缔结而成的合约。利益相关者理论则倾向于把包括股东、债权人、员工、社区及政府、客户等所有的利益相关者全部包含在公司治理主体之中。本书更加倾向于采用后一种理论，原因在于它完整地界定出了因公司行为受益或受害的群体。

第一是股东。在法律意义上，股东是公司的所有者，对公司资产拥有支配权和处置权利。股东们以自己的出资额为限，承担相应的风险，享有相关的收益。在普遍实行所有权、经营权分离的公司中，多数股东并不直接介入公司的日常运营之中，股东面临的问题是企业的经营决策是否科学，所投入资产是否被恰当使用等代理问题。因此，股东具备最强烈的动机去监管、激励经理层努力工作，这也正是产权理论所强调的。遵循这一理论的法律规定，股东除了拥有剩余索取权之外，还被赋予参与企业重大决策、选举董事会等监督机构的权利。这样的制度安排，最终确立了股东在公司治理中的中心地位。

第二是债权人。债权人与企业之间属于契约关系，债权人通过出借资金，换取到期回收本金、依约取得利息的权利。按照传统的理解，债权人不应被纳入公司治理体系，因为它仅在借款协议存续期间取得固定收益，与企业经营状况并不直接相关。之所以将债权人看作公司治理的主体之一，是因为它与股东之间存在着利益冲突。这种冲突体现在：债权人总是希望所借出的资金得到尽量多的公司资产保障，而股东则希望用尽量少的资产博得最大的收益。例如，公司资产负债率高低、利息保障倍数大小对于债权人、股东的意义是不同的。低资产负债率、高利息保障倍数意味着债权人的风险较低，但同时意味着股东不能有效利用财务杠杆,可能最终导致公司净资产(股东权益)收益率偏低。债权人与股东利益的不一致,与他们之间的委托—代理关系是相符的。债权人作为委托人有必要通过监督减少代理成本,保护自身的收益权,因此债权人参与公司治理是合理的。债权人参与公司治理的方式、程度在各国存在较大的差异。在英国、美国,债权人的参与相对较少,参与方式为审计、参加破产清算组等;在德国、日本,债权人通过派驻代表进入公司、参与公司重大决策等方式参与公司治理,债权人介入公司经营的程度更高、范围更广。

第三是员工。一个公司拥有的资产既包括有形资产,又包括无形资产。其中,人力资源应被视作重要的无形资产之一。尽管这种资源无法在会计报表中用货币形式进行量化,却对企业的效率、可持续发展产生重要影响。在知识经济时代,员工的职业素养、创造力与企业的核心竞争力息息相关。尽管现在劳动力流动速度相比过去有了大幅度的提高,但员工的流动性仍受到一定的软性限制。这是因为员工拥有的技能具有一定的专用性,使其在离开企业时具有退出障碍。这种障碍体现为沉没成本,沉没成本的存在使得员工利益与企业利益相关。员工参与公司治理能提高员工满意度、忠诚度,从而保证企业、员工的共同利益。一些国家为员工参加公司治理提供了法律上的保障,典型的例证是工会可代表员工与资方就与员工利益相关的问题进行谈判,有的国家还允许员工代表进入董事会或监事会,直接参与对经理层的监督,参与公司重大问题的决策。

第四是社区及政府。企业的经营活动不仅影响到股东、债权人的利益,也影响到周边社区居民的利益。企业经营状况与其所在地的就业、居民收入水平是联系在一起的,大型企业对社区的影响更加显著。另外,有些企业的行为存在负外部性的特点,企业追求自身利益的同时为社会带来了危害。一个常见的现象是企业为了减少成本,将废水、废气等直接排出,对环境造成污染。按照经济学的原理,外部性的供给数量倾向于越来越多,通过企业的自觉行为是无法减少这种供给的。负外部性的矫正需要通过政府法规或者通过社区居民与企业的谈判来进行,政府可以对企业的污染行为处以罚款,社区居民则可以要求企业进行赔偿。社区及政府所施加的显性或潜在压力,对企业形成了一种约束,最终影响到企业的公司治理状况。

第五是客户。通常企业的客户并不与公司治理相关:一是因为企业客户通常数量较多,导致监督成本较高;二是因为客户可以"用脚投票",即选择购买替代品来满足需求。不过,对一些公共产品、准公共产品,消费者的选择余地较小,企业具有较大的垄断空间。此时,客户通过结盟、推举代理人对企业进行监督,参与企业重大决策便成为可能。近几年来,供水、电力、出租车等行业的企业举行了众多的价格听证会,针对上调价格征询客户意见,即是客户参与公司治理的例子。

因此公司治理的主体不只局限于股东,还包括债权人、雇员、顾客、供应商、政府和社区等在内的广大利益相关者。作为所有者,股东处于公司治理主体的核心地位。债权人,如银行,虽然不一定是公司的资产所有者,但它向公司发放贷款后,出于防范自身风险的考虑,要求对债务人的资本经营进行监督或参与治理。公司雇员通过提供人力资本而参与公司治理。此外,由于消费者、供应商等其他利益相关者与公司之间存在程度不同的利益关系,这就为他们参与或影响公司治理提供了可能。

公司是社会的公司,社会中公司广泛的利益相关者对公司的生存与发展都会产生不同程度的影响。由于利益相关者的利益与公司息息相关，公司必须体现他们的利益。当前很多公司把本应内化的成本予以外化，转嫁给社会，并造成一系列社会问题，如污染环境、滥用经济优势垄断价格、排挤中小竞争者、欺诈消费者、寻租和法人犯罪等。从整个世界的发展趋势来看，公司的经济力量越来越强，社会财富越来越向公司集中，公司的经济力量对经济、政治、环境、科学、教育和文艺等领域产生了重要影响。所以，强化公司的社会责任已经成为当务之急。从这个角度来说，公司不仅要追求股东的利益，而且要维护利益相关者的利益。同时，公司既是商事主体也是利益的聚焦点，除了股东利益之外，公司的设立与运营还会编制成一张非股东的利益关系网，这些股东之外的社会主体对于公司的存在具有利益关系。为确保公司的繁荣与发展，股东及其代理人必须与债权人、消费者、客户和社区密切合作。成功的公司既需要对外增强对用户和消费者的凝聚力，也需要对内调动员工的劳动积极性。

(2) 公司治理客体。公司治理客体就是指公司治理的对象及其范围。公司产生的主要根源在于因委托—代理而形成的一组契约关系，问题的关键在于这种契约关系具有不完备性与不对称性，因而才产生了公司治理。所以公司治理实质在于股东等治理主体对公司经营者的监督与制衡，以解决因信息的不对称而产生的逆向选择和道德风险问题。在现实中所要具体解决的问题就是判断公司是否进行了恰当的决策与经营管理。

从这个意义上讲，公司治理的对象有两重含义：其一是经营者，对经营者的治理来自董事会，目标在于评估公司经营管理是否恰当，判断标准是公司的经营业绩；其二是董事会，对董事会的治理来自股东及其他利益相关者，目标在于判断公司的重大战略决策是否恰当，判断标准是股东及其他利益相关者投资的回报率。公司治理对象的范围指的是公司治理的边界，即公司权力、责任以及治理活动的范围及程度。之所以提出公司治理的边界，是因为集团化是当今企业形态发展的一个典型特征，或者说，现代企业的发展已进入集团化时代。由于企业集团是一个或多个企业法人组成的非法人的经济联合体，因此，如何解决因企业集团的复杂性带来的企业集团的公司治理问题，已经成为理论界和实务界所面临的新课题。

1.3.3 公司治理的内容

1. 公司治理和公司管理的联系与区别

公司治理与公司管理的异同如表 1-2 所示。

表 1-2 公司治理与公司管理的异同

项目	公司治理	公司管理
目的	实现利益相关主体间的制衡	实现公司的经营目标
涉及主体	股东、债权人、经营者、雇员、顾客	股东、债权人、经营者、雇员、顾客
地位	规定公司基本框架，以确保管理处于正确的轨道	规定公司具体的发展路径及手段
职能	监督、确定责任体系和指导	计划、组织、指挥、控制和协调
层级结构	企业的治理结构	企业内部的组织结构

续表

项目	公司治理	公司管理
实施基础	契约关系	行政权威关系
法律地位	法律、法规决定	经营者决定
政府作用	体现债权人、股东的相对地位	政府基本上不直接干预
资本结构	体现各股东的相对地位	反映企业的资本状况以及管理水平

2. 公司治理的主要内涵

经济合作与发展组织（Organization for Economic Cooperation and Development，OECD）简称经合组织，该组织于1998年草拟了《OECD公司治理准则》，并于1999年3月举办亚洲公司治理会议，并于当年年底公布《OECD公司治理准则》供会员与非会员国参考。

《OECD公司治理准则》分为五部分，分述如下。

第一部分是保障股东权利。公司治理架构应该保障股东权利，股东的基本权利包括：确保股权登记与过户的安全性，自由移转，及时与定期取得与公司相关的信息、出席股东大会与投票，选举董事，分享公司的剩余利润等。而股东应有权参与和被充分告知有关公司重大决策的改变；股东应有权积极参与股东大会及投票，并应被告知议事规则（包括投票程序）；在股东大会期间，应提供给股东向董事会提问的机会，并将其列入议程；另外，也应披露使特定股东取得超过其股权比率的投票权的资本结构与工具；最后，公司控制权市场应被准许以有效率、透明的方式运作，公司管理者不能使用反接管的措施使其免受市场监督。

第二部分是公平对待股东。公司治理架构应该确保能公平地对待所有股东，包括少数股东及国外股东。任何股东的权利被侵犯时，应有机会得到有效赔偿与救济。其方式包括：相同等级的股东均应被同等对待并具有相同的投票权；在买进任何等级的股票前，所有股东均应能取得有关该公司所有等级股东的投票权信息；内幕交易应被禁止，而且应要求董事会与管理者披露任何影响公司重大利益的交易或事件。

第三部分是公司治理与相关利益者的角色。公司治理架构应该体现与尊重法律所赋予相关利益者的权利，当相关利益者受法律保障的权益遭侵犯时，其应有权利寻求有效的救济，并应强化相关利益者参与的机会，并鼓励公司与相关利益者在创造财富、工作机会与维持企业财务健全性等方面积极赋予相关利益者取得相关信息的渠道。

第四部分是信息披露与透明度。公司治理框架应该确保公司的信息能及时且正确地披露，包括公司的财务和业务状况、公司目标、绩效、股权结构、公司治理与风险管理政策等，而这些信息通常以高标准的财务会计准则、审计原则与财务报表编制准则来编制、查核与披露。至少年报的审核应由注册会计师执行，且信息的传播渠道应能使投资者公平、及时并低成本地获得。

第五部分是董事会责任。这部分主要涉及各国公司法的规定内容，例如：公司治理架构应该确保董事会有效指引公司战略、有效监督管理者的责任以及对公司和股东应负的责任；应围绕着控制和监督经理人员行为以保护股东利益这一主题。西方学者对公司治理的内涵有三种理解，具体如下。

一是股东、董事和经理关系论。马克·丁·洛（Mark J. Roe, 1999）认为，公司治理结构是指公司股东、董事会和高层管理人员之间的关系。

二是控制经营管理者论。斯利佛和魏斯尼（Sliver and Weisnew, 1997）认为，公司治理是公司资金提供者确保获得投资回报的手段，如资金所有者如何使管理者将利润的一部分作为回报返还给自己，如何确定管理者是否侵吞他们所提供的资本或将其投资在不好的项目，如何控制管理者，等等。

三是经营者激励论。梅耶（Mayer, 1994）把公司治理定义为"公司赖以代表和服务于它的投资者利益的一种组织安排。它包括从公司董事会到执行人员激励计划的一切东西"。

在我国，理论界对公司治理具有代表性的定义有吴敬琏、李维安和张维迎等的观点。学者们对公司治理内涵的种种界定，各有侧重，各有特色。本书称之为企业所有权与公司治理结构等同论。周小川（1999）认为，公司治理结构（公司督导）是来自出资人和利益相关人对公司的控制，大体上是指股东（大）会、董事会如何通过制度性安排监督和控制高层经理人员的经营，本书称之为保护所有者利益，监督激励经营者论。杨瑞龙（1998）认为，在政府扮演所有者角色的条件下，沿着"股东至上主义"的逻辑，改制后的企业就形成了有别于"内部人控制"的"行政干预下的经营控制型"企业治理结构。本书称之为公司利益相关者相互制衡论。

综上所述，本书认为：在当前保证企业利益最大化的前提下，如何维护我国中小股东（投资者）利益是最急切的问题，也是当前我国公司治理问题的重中之重。

1.4 公司治理学的研究对象、学科性质与研究方法

1.4.1 公司治理学的研究对象及公司治理学的诞生

经过几十年的理论研究，公司治理作为一门独立的学科存在的条件已经成熟。和其他学科一样，公司治理学有其特定的研究对象。如前所述，公司治理是通过一套包括正式或非正式的、内部或外部的制度或机制来协调公司与所有利益相关者之间的利益关系，以保证公司决策的科学化，从而维护公司各方面利益的一种制度安排。这里所说的内部制度或机制是指由股东（大）会、董事会、监事会和经理（层）构成的内部权力机构的权力分配及其相互制衡机制；外部的制度或机制是指由证券市场、经理人市场、公司控制权市场、股东诉讼、机构投资者、银行、公司法、证券法、信息披露、会计准则、社会审计和社会舆论等构成的外部监控机制。

根据上述对公司治理的理解，本书认为公司治理学是一门通过对公司治理的综合性研究，探讨公司治理实践中具有共性的基本原理、运作规范和方法的学科。

在公司治理实践中，会出现各种公司治理现象。一方面，公司治理学需要对各种现象进行分门别类的考察和深入研究，从而取得对公司治理现象的分门别类的认识。另一方

面，有这样的认识还不能从整体上把握公司治理的全貌，所以公司治理学还需要对各种现象之间的相互关系进行综合研究，从总体上把握公司治理的研究对象。

不同国家或地区、不同公司因所处内外环境的差异，公司治理实践活动在客观上也存在着差异。但在这些客观差异的背后，却存在着许多的共性。首先公司在治理过程中都要坚持基本的治理思想、原理和方法。其次公司治理活动都要遵循描述公司治理现状、提出公司治理规范、开展公司治理评价、探索公司治理完善路径等运作程序规范。

1.4.2 公司治理学学科性质

1. 公司治理学是一门交叉学科

交叉学科是指在一些学科领域之间的交叉点上产生的新学科。公司治理学是近年来产生的一门新学科，其内容涉及管理学、经济学、法学、历史学、心理学等多门学科，是这些学科相互交叉、渗透的结果。作为一门交叉学科，公司治理学在研究过程中也会涉及对管理学、经济学、法学、历史学、心理学等相关知识的研究，在发展过程中必须不断吸收其他学科领域的新知识、新方法，以使公司治理学的学科体系和研究内容更加完善和丰富。

2. 公司治理学是一门应用学科

公司治理学是一门实践性较强的应用学科。一方面，公司治理理论来源于实践，公司治理学就是在发现、分析、解决公司治理实践中出现的问题时，经过归纳和提炼把公司治理的共性问题上升为一般理论问题的。另一方面，公司治理理论对实践又具有指导作用。公司治理理论在实践中的应用不仅是治理原理、方法和手段的应用，更重要的是治理思想的应用。只有把公司治理学的思想、原理、方法、手段与公司治理的实际情况结合起来，才能真正发挥公司治理学作为一门应用学科的作用。

3. 公司治理学是一门独立学科

公司治理学作为一门独立学科，其形成只有短短的几年时间，虽然已经构筑了初步的知识体系，但仍有许多问题尚待进一步研究。这些问题包括：公司治理学的研究对象、研究任务和研究方法；公司治理学的学科体系和所包括的内容；公司治理理论、原则、评价、实验模拟研究的细化与协调等。同时，还有一些问题的研究需要规范。虽然公司治理学作为一门新兴学科还存在这样和那样的问题，体系还不完备，但并不妨碍公司治理学作为一门独立学科存在的价值。也正是因为不完备之处的存在，才使公司治理学有了研究的魅力和吸引力，才使其具有活力。

总之，公司治理学具有科学性、艺术性，是一门科学性与艺术性结合的综合学科。

1.4.3 公司治理学研究方法

1. 实证分析方法

公司治理学中的实证分析就是描述公司治理现象是什么，以及公司治理问题实际是如何解决的。它所回答的问题是：如果做出了某种选择，将会带来什么样的结果。实证分析方法包括理论实证和经验实证。前者是从现实中概括抽象出基本关系并以此为起点进行理论上的逻辑演绎，逻辑演绎的结果是得出某种理论假说；后者是对理论实证得出的假说进行经验验证。如果假说能够被经验所证明，就是正确的、科学的结论。经验实证主要采取两种方法：一是案例研究，就是选择现实中比较典型的国内外案例，来验证理论的可靠性；二是问卷调查。

2. 规范分析方法

公司治理学中的规范分析是研究公司治理活动应该是什么，或者研究公司治理问题应该怎样解决。规范分析需要对公司治理活动进行价值判断和伦理判断。也就是说，在衡量公司治理行为时，还要考虑公司治理行为是否符合社会伦理规范和公司伦理规范。

3. 制度分析方法

公司治理是一种制度安排，不同的公司治理模式和治理方案代表不同的制度安排。制度安排是有成本的，人们在不同的制度安排中进行选择，实际上是权衡各种制度安排的成本收益比。如何顺应环境的变化，选择一种成本收益比最小或收益成本比最大的公司治理方案，就成为公司治理研究的重要内容，这也正是制度分析方法在公司治理学研究中的应用。

4. 比较分析方法

公司治理的比较分析主要是分析不同国家、不同性质的企业在经济、体制、社会文化上的差异对公司治理的影响，以探索公司治理发展的模式和普遍适用的治理规律。在比较分析中，首先要考察一国或单个公司治理的特殊性和探讨各国或所有公司治理的一般性，然后处理好一般性与特殊性的关系，探索不同国家、不同公司治理的途径和方案。

5. 实验研究方法

公司治理的实验研究是实验经济学的具体运用。实验研究方法主要是利用实验室条件设计出合理的实验方案，随机确定被试角色，运用实际现金支付等方式测度公司当事人的行为向量及其结果，可以发现具体的行为路径，尤其可以发现一些未曾认识到的真相，从而能够为实际公司治理方案的确定和决策提供有用的信息，所以具有较强的经济性、灵活性和较小的风险性。目前实验研究方法在公司治理领域中越来越受到重视，应用越来越普遍。

本章小结

公司治理是伴随着企业和企业制度的产生而逐步产生、发展和完善的。企业制度是指在一定的历史条件下所形成的企业经济关系，包括企业经济运行和发展中的一些重要规定、规程和行动准则。公司治理是一套程序、惯例、政策、法律及机构，影响着如何带领、管理及控制公司经营。

公司治理还涉及公司内部利益相关人士及公司治理的众多目标之间的关系,主要利益相关人士包括股东、董事和管理人员。如何选择合适的公司治理主体,提高公司治理效率,对公司的长期发展具有重要影响。

OECD公司治理准则已经成为全球政策制定者、投资者、企业和其他利益相关者的一个国际性的基准,为公司治理提供了一套国际化的标准。

公司治理中所研究的基本问题早已存在于经济与管理实践中,公司治理也已经过长期的演变。所有权与控制权的分离,以及由此产生的委托—代理关系,是公司治理问题产生的根源。

复习思考题

1. 现代企业制度的基本特征是什么?企业与公司的差别是什么?
2. 公司治理对企业为什么如此重要?公司治理的主体和客体是什么?
3. 论述公司治理的演进。
4. 公司治理与公司管理的区别是什么?
5. 公司治理的基本问题是什么?

案例讨论1

三只网红股大宗交易情况

1. 梦洁股份

2020年5月18日,梦洁股份大宗交易平台出现一笔成交,成交量700万股,成交金额5 306万元,大宗交易成交价为7.58元,较当日收盘价折价1.94%。买方营业部为天风证券上海分公司,卖方营业部为国信证券厦门金钟路证券营业部。

5月11日,梦洁股份宣布与淘宝主播薇娅在消费者反馈、产品销售、薇娅肖像权、公益等方面开展合作。5月12日至5月20日,梦洁股份连续拉出7个涨停板,5月21日在创出10.12元/股历史新高后打开涨停。9天8板,梦洁股份赚足市场眼球。

在梦洁股份大幅上涨过程中,实际控制人的前妻伍某的减持也如约而至。根据梦洁股份最新公告,2020年5月12日至2020年5月18日期间,伍某通过集中竞价和大宗交易合计减持公司股份1 419.91万股,持有公司股份占公司总股本的比例由14.03%变更为12.18%。其中5月12日、13日、14日三天,伍某减持约600万股。5月20日公告显示,相较于5月14日,伍某减持又增加了819.9万股。

梦洁股份实际控制人为姜天武,根据梦洁股份2017年6月公告,姜天武与伍某签署《离婚协议》,随后,姜天武将其直接持有的1.275亿股股份分割过户至伍某名下。

伍某精准减持引来了深交所的关注函。5月18日,深交所下发关注函,要求公司说明是否存在利用其他非信息披露渠道主动迎合"网红直播"市场热点进行股价炒作并配合股东减持的情形。根据一季报,目前梦洁股份经营状况一般,前三个月梦洁股份实现营收3.63亿元,较上年同期下滑34.63%,归属于上市公司股东净利润为3 057.18万元,较上年同期下滑46.63%。

2. 星期六

另一只网红概念股星期六也连续发生大宗交易。2020年5月18日、20日和21日,共发生了9笔大宗交易。成交价格在18.36~20.11元不等。

5月18日,星期六发生1笔大宗交易,总成交数量为50万股,总成交金额为931万元,成交价格为18.62元,当日收盘报价20.55元,成交金额5.33亿元。大宗交易成交金额占当日成交金额1.75%,折价9.39%。买方营业部为上海证券南京溧水致远路证券营业部,卖方为长城国瑞证券成都天府大道证券营业部。

5月20日,星期六发生4笔大宗交易,成交价格均为18.36元,溢价率为-17.04%。其中3笔买方为机构专用,卖方为兴业证券浙江分公司。还有1笔买方为广发证券杭州学院路证券营业部,卖方为中国银河证券杭州海运国际大厦证券营业部。

5月21日,星期六又发生了4笔大宗交易,总成交数量为66万股,总成交金额为1 327.26万元,成交均价为20.11元,为平价交易。4笔大宗交易卖方均是机构专用席位,买方有2笔是中信建投证券西安南大街证券营业部,有1笔是中信建投证券北京富丰路证券营业部,有1笔是中信建投证券杭州庆春路证券营业部。

5月18日晚间,星期六发布公告,1月16日至5月15日,公司控股股东星期六控股累计减持公司2 598.85万股股票,占上市公司总股本的3.52%。其中,5月14日至5月15日减持1 076.18万股,占上市公司总股本的1.46%。尽管尚未发布更新公告,但从星期六过去披露的公告来看,不排除控股股东继续减持的可能。

2019年12月25日,星期六披露了《关于控股股东及一致行动人减持股份的预披露公告》,表示公司控股股东星期六控股及一致行动人LYONE GROUP PTE. LTD.(新加坡力元)、上海迈佳因化解股东债务压力和股票质押融资风险,计划未来六个月内通过证券交易系统以集中竞价、大宗交易方式减持其持有的公司股份合计不超过3 294万股,部分减持所得用于向本公司提供财务资助的需要。

当时星期六尚未到达本次预披露减持的最后期限和数量上限。由于搭上网红经济的快车,星期六一度受到市场热捧,曾创出11天9板的奇迹。但从业绩来看,星期六的业绩尚未实现持续稳定增长。在2019年实现净利润1.5亿元后,2020年一季报公司亏损达到4 921万元。

总体而言,如梦洁股份、星期六这样的网红概念股当前尚未看到基本面持续改善,但股价短期涨幅已经很高,重要股东套现虽在大宗交易发生,普通投资者仍需保持一定谨慎。

3. 融捷健康

2020年5月18日,融捷健康出现1笔大宗交易,成交价格为2.75元,成交数量为386.05万股,买方为广发证券广州花城大道证券营业部,卖方为招商证券合肥北一环证券营业部。融捷健康当天收盘价为2.39元,该笔大宗交易溢价率为15.06%,为当周最高。

融捷健康该笔大宗交易在盘后公告中找到了出处。公司盘后发布公告称,于2020年5月18日收到公司持股5%以上股东金某的通知,金某及其一致行动人分别于2020年3月5

日和 2020 年 5 月 18 日通过大宗交易的方式减持公司股份共计 804.05 万股，占公司总股本的 1.00%。

融捷健康已经连续两年亏损，2018 年和 2019 年各亏损 7.82 亿元和 7.16 亿元。作为创业板公司，根据上市规则，如果连续三年亏损将直接退市，因此融捷健康今年面临较大的保壳压力。但 2020 年一季度公司继续亏损 1 540 万元，尚未看到经营有实质性好转。

5 月 22 日，融捷健康收于每股 2.38 元，大宗交易接盘方目前被套 13.45%。

此外，中工国际、中国太保、中集集团、宏创控股各有 1 笔大宗交易溢价率超过 10%。

总之，大宗交易溢价成交部分反映接盘方看好上市公司，但由于大宗交易属于事先协议价格、盘后点对点成交，因此二级市场波动可能会造成买方被动高价接盘，另外，毕竟价格围绕价值上下波动，一切的干扰终究会向内在价值回归。对大幅溢价，普通投资者还是保持平常心，多研究基本面更好。

（资料来源：每日经济网，案例经编者改动，2020-05-24）

讨论：
1. 梦洁股份实控人前妻为什么能够准确减持？
2. 对梦洁股份的实际控制人应该采取什么样的监管措施？说出你的看法和理由。
3. 如何保护中小投资者的利益？

 案例讨论 2

獐子岛董事长怒放狠话：将把证监会告上法庭！

导语

中国证监会之前下发了《行政处罚及市场禁入事先告知书》，称经过长时间调查，已查明獐子岛涉嫌财务造假，公司披露的扇贝抽测结果的公告涉嫌虚假记载，公司 2020 年 5 月，涉嫌未及时披露信息等。据此，证监会拟对獐子岛和公司相关董事、监事、高级管理人员进行处罚，其中公司董事长吴某拟被采取终身市场禁入措施。

《华夏时报》记者对獐子岛董事长吴某进行了两个小时的专访。后者对外界关注的相关情况。

记者：对证监会拟处罚的事先告知书，你们认不认可？

吴：我们认为没有事实依据，监管部门不应该以假设编制的证据作为行政处罚依据。

这个预处罚的依据是捕捞船的航行轨迹。他们（证监会）委托了中科宇图（全称中科宇图科技股份有限公司），委托水科院东海所（全称中国水产科学研究院东海水产研究所），根据航行轨迹进行了推算，对我们渔船作业的区域面积进行了估计，然后和我们财务核算的面积进行了比较。因为推算出的面积和账面面积有差异，他们（证监会）就说我们造假。

我认为这样的证据，仅凭一个笼统的脱离生产作业实际而得出的航迹图，也没经过现场检验，而测算航迹的点位不准也不完整。仅靠两份推演报告就判定我们财务造假，没有法律依据。

记者：你认为应该怎么推算或者验证或者监管是合适的？

吴：作为一家上市公司，被质疑是正常的，但是任何行业都有它的专业性。在上次自然灾害事件中，选择听取专家意见是最正确的选择。而几次的专家意见，证监会都没有采纳。

我认为证监会至少应该到现场全程了解我们的生产作业模式，这是第一个。第二个他们（证监会）必须事先告知我们，航迹是用于生产管理，用于面积计算的，应该在我们知道的前提下才有可能作为依据。

记者：事先告知你们了，这还能监管吗？

吴：证监会这次派出稽查总队30多个人，长达17个月的调查，没有发现我们有财务造假行为，可能受到某些舆论长期对獐子岛不实甚至恶意诋毁报道的影响，才使用了航迹测算（其实是假定推测）的办法。这显然与实际不符，出现差异是必然的。这种人为因素制造出的与实际生产作业不一致、无法比对的证据，能作为非常严谨的财务数据造假的证据吗？更不应该作为行政处罚的依据，也经受不住法律的检验！

一般来说，我们认为的监管，应该是他们（证监会）有制度，监管我们是否执行得好。不能临时出个制度来评价我们过往业务的对和错。

记者：你提到负面报道和监管函等监管措施，对公司有一些负面影响。负面影响主要体现在哪些方面？

吴：主要就是我们这个案子调查事件太长了，从2018年2月9日到现在还没有最终的结果。这直接导致了长期以来，公司的信用，公司跟银行的合作、与政府的合作、与市场的合作，都处于非正常状态。

尤其是我们作为一家上市公司，在资本市场上的运作，包括一些资产处置、重大资产支出，都做不成了。这给公司带来了非常大的压力。

我们2019年以来，一年收了七八封关注函。成天忙于应付这些，团队感觉到很疲惫，也影响了正常的经营业务。我在这里还要呼吁各个方面，考虑到长岛县自然灾害的压力，再给我们点力量，给我们点信任，让我们重振雄风。

记者：监管层面的一些函或者说一些调查以及处罚，公司有没有申请复议、有没有提法律意见？

吴：目前我们通过听证会把我们的意见都陈述清楚了，有些方面做了一些申辩，但现在结论还没下来。

记者：结论如果和事先告知书一致，獐子岛是有退市风险的。

吴：不能这样处罚我们。如果处罚不能依法公正，我们将会诉讼，寻求公正。

记者：你想推翻所有的负面消息、监管处罚，光靠说还不行，还需要有资料。你现在手里有哪些材料可以提供给媒体和公众？

吴：监管部门的核查情况、调查情况，最后应该向社会公开，这是一个方面。第二个方面我们需要提交的材料大部分已经提交给（证监）会，我们提交的材料可以全部向社会公开。

（资料来源：搜虎网，2020-06-01）

讨论：

1. 你觉得证监会对上市公司獐子岛的监管合适吗？

2. 上市公司獐子岛发展现状如何？用你所学的知识概括性地描述一下。

3. 从保护中小投资者利益的角度出发，你认为证监会应该怎样对獐子岛进行监管？实施怎样的监管力度？

第 2 章 公司治理的结构框架

学习目标

1. 掌握公司治理的结构、特征及其作用。
2. 了解公司科层与市场契约的关系。
3. 掌握公司的不同当事人在公司治理中所处的地位。
4. 掌握专用性资产与公司治理边界之间的关系,掌握公司边界、公司治理边界的类型和主要内容。
5. 熟悉有效公司治理机制的设计原则。
6. 了解公司治理机制与企业竞争力的关系。

本章导读

公司治理结构框涉及对公司进行管理和控制的体系,主要解决投资者的回报和企业内各利益集团的关系协调问题,还涉及公司科层契约与公司治理体系及边界、原理。

引导案例

A 先生的"王国"

1985 年,A 先生创办了深圳某制药厂,广州某大学出资 500 万元,A 先生及其创业团队为其贡献了三大发明:三九胃泰、正骨关节丸和正开丸。1987 年,这几项发明就实现盈利 1 000 万元。1991 年,该厂将其与新兴企业集团在深圳的酒店、贸易公司等资产合并,成立了深圳实业总公司,后变更为某集团。该集团也一直在 A 先生的个人领导下前行。

经过十多年的高歌猛进,A 先生将集团扩张成了 400 余家子公司和三家上市公司,涉足药业、农业、房地产、食品、汽车、旅游等行业的"王国",总资产超过 200 亿元。但在集团内,A 先生大权独揽,董事会、监事会也无所作为,财务上完全是 A 先生一个人说了算。由于管理失控,他的"个人王国"早已危机四伏。

2005 年 11 月,这位一手缔造了神话的管理者,被深圳检察机关的工作人员以协助调查为名从北京带回了深圳,关押在深圳某看守所里。对于 A 先生的落马,当时的一位领导也觉得非常可惜,感触道:"这是最好的一个例子,证明法人治理结构不健全会造成严重的问题。自己决策,自己执行,无人监督,没有谁能制约他。"

2007 年,A 先生因"国有公司人员滥用职权"被深圳某人民法院一审判处有期徒刑一年零十个月。

2008 年,出狱后的 A 先生终于重出江湖,低调加入南方一家制药集团。

思考:上述案例中,A 先生的"王国"在公司治理方面存在哪些问题?

2.1 公司治理结构的基本概念

公司治理结构(Corporate Governance Structure),或称公司治理系统(Corporate Governance System)、公司治理机制(Corporate Governance Mechanism),是一种对公司进行管理和控制的体系,即由股东会、董事会、监事会和高级执行人员(高级经理层)四者组成的一种组织机构。现代企业制度区别于传统企业的根本点在于所有权和经营权的分离,或称所有权和控制权的分离,并在所有者和经营者之间形成了一种相互制衡的机制,用以对企业进行管理和控制。现代企业中的公司治理结构正是一种协调股东和其他利益相关人关系的机制,它涉及激励与约束等方面的内容。简单地说,公司治理结构就是处理企业各种契约关系的一种制度。

公司治理结构是公司治理的核心。公司治理结构具体表现为公司的组织制度和管理制度。组织制度包括股东(大)会、董事会、监事会和高级经理层各自的分工与职责,建立各负其责、协调运转、有效制衡的运行机制。管理制度包括公司基本管理制度和具体规章,是保证公司法人财产始终处于高效、有序运营状态的主要手段,是保证公司内部各负其责、协调运转、有效制衡的基础。公司治理结构不应该仅仅是公司法人治理结构,一般来讲,公司治理结构主要包括下述四个方面:公司所有权(者)治理结构、公司法人治理结构、公司经营权(者)治理结构和公司制度治理结构。

公司治理结构的实质就是一个权力分配制衡机制,即明确股东、董事、监事、经理和其他利益相关人之间权利和责任的分配,规定公司议事规则和程序,并决定公司目标和组织结构,以及实施目标和进行监督的手段。如果把公司比喻成一辆汽车,那么公司治理结构的四个方面好比汽车的四个轮子。当四个轮子同时驱动、形成合力、达到制衡时,汽车就能高速正常前行;四个轮子中任何一个出现问题,汽车都难以正常行驶,甚至出现翻车。

2.1.1 公司所有权(者)治理结构

在公司所有权(者)治理结构中,主要涉及股东治理结构、董事会治理结构、监事会治理结构及股东会、董事会和监事会三者之间的分析、制衡关系。

股东治理结构主要指股份、股东、股权三大问题。在股份问题上,我国常常是"一股独大"，国有、民营上市公司中有些股东股份占60%~70%，出现大股东侵害小股东的现象，中小股东的合法权益难以得到有效保护。股东治理结构对中国目前来说是公司治理结构的关键和根源。让股东和股东（大）会充分发挥其治理的根本作用是解决公司治理问题的根本。董事治理结构主要涉及董事的产生、构成、责权和行权等方面。董事主要在董事会内通过投票表决而行使自己的权力。在监事治理结构方面，监事会对公司董事、经理人员有监督纠错权。监事一般没有代表公司的权限，但有权代表公司委托律师、会计师审核业务和财务。监事的权限均可由每位监事单独行使，也可以集体行使。

2.1.2 公司法人治理结构

公司法人治理结构就是所有者与经营者之间的委托—代理关系。所有者就是公司法人财产所有者或所有者代表，他们相当于资本家，他们拥有公司法人财产的所有权，要求实现股东利益最大化。在民营企业中，老板、股东是真正的资本家、所有者。经营者就是公司的职业经理人，他们是企业家，受聘于资本家，在授权范围内代理资本家经营法人财产。在两权分离的情况下，他们是公司业务的实际经营者。在现代市场经济条件下，所有者直接将自己的资产交给经营者经营已经是少数，大多数都是所有者经过好几个委托—代理环节而将资产交给经营者去经营，所有者并不直接和经营者发生关系，而是通过代表机构和经营者发生关系。因此，在现代市场经济条件下，完善公司治理结构是完善委托—代理关系的重要的内容。

所有者与经营者之间的总体利益是一致的，都是想把企业做强、做久、做大，都有物质财产扩张与精神价值实现的欲望与需求。但在利益分配、承诺兑现方面常常出现不一致的现象。所有者追求的多是长期利益，而经营者追求的则多是短期利益，以及希望股票期权尽早兑现等。在股权比较集中的情况下，特别是在所有者占主导地位的情况下，不论国有企业还是民营企业，"受伤"的总是经营者。在某些大型公司股份高度分散的情况下，则会出现"重经营者，轻所有者"的现象。

2.1.3 公司经营权（者）治理结构

经营权（者）治理结构是界定各类经营者之间的关系的方式和方法的总和。当谈到经营者的利益和权利与所有者的利益和权利的关系时，往往把不同经营者之间的利益和权利看成是一致的，虽然不同的经营者之间的根本利益一致，但是他们之间存在着很大的利益与权利的矛盾。

在这种情况下，公司治理结构的一个很重要的内容就是调节和界定不同经营者之间的相关关系，即经营权（者）治理结构。不同经营者之间的关系分为三种，一是隶属关系，即下一层经营者对上一层经营者负责；二是横向关系，即同级别经理之间是横向协调配合，竞争向上，互不隶属，平级平行；三是纵横交错关系，公司内部关系纵横并不是绝对地泾渭分明，常常会出现纵横交错的关系。

2.1.4 公司制度治理结构

公司制度治理结构的实质是制定公司游戏规则，明确职责、权利关系，用制度来约束大家，靠"法制"而不是靠"人治"，市场经济就是法制经济、契约经济。我国在进入市场经济后，国家制定了大量的经济法律、法规作为国家经济制度，如《中华人民共和国公司法》《中华人民共和国民法典》和《中华人民共和国破产法》等。企业作为市场经济的运营细胞更应该制定企业自己的"法律、法规"，指导内部各单位、各岗位开展经营活动，明确责权利关系，形成"有法可依、违法必究"的管理机制。

建立公司治理结构的目的在于提高整个公司的效率，能提高效率的公司治理结构就是合理的。各国、各个地区、各个企业的实际情况不同，公司治理结构的内容也存在差异，甚至一个企业在不同的发展时期，公司治理结构也不尽相同。

2.2 公司治理结构的特征和意义

2.2.1 公司治理结构的特征

良好的公司治理结构应该具有以下几个鲜明的特征。

第一，权责分明、各司其职。从公司的内部关系来考察，其领导体制由权力机构、决策机构、监督机构和执行机构组成。各个机构的权力和职责都是确定的、明确的，他们各司其职，相互配合，并相互制约、相互协调。

第二，委托—代理、纵向授权。首先是资产所有者将资产委托企业经营管理人员进行经营，其次是在公司中存在的多层次的委托—代理关系，如董事会，将公司财产委托给经理层经营。从公司的经理层到公司的基本作业层之间，还存在着若干中间层次，这样就形成了由此而来的多层次的委托—代理关系。

第三，多边激励、相互制约。在委托—代理关系中，存在着代理人动力不足、委托人信息不对称等问题，所以就有必要对代理人（主要是经理人员）实行激励和约束机制。一方面，通过直接或间接报酬的形式，激励经理人员，促使其采取适当的行为，最大限度地实现委托人预期的目标。另一方面，通过明确企业内部各机构的职责、权限以实现机构、人员之间的相互制约和监督。

2.2.2 公司治理结构产生的必然性

公司治理问题是西方国家公司法中两权（公司所有权与经营权）分离的法律原则的一种异化。在公司制度发展进程中，股份公司的出现和两权分离的实现，都有着不可磨灭的历史功绩。《现代公司与私有财产》一书中，对公司股权结构日益分散后产生的股份公司所有权与经营权相分离的现象进行了高度的总结，指出其在公司制度发展中所产生的巨大历史作用。但同时也指出，公司股东在从两权分离中获得巨大益处的同时，又产生了其负面影响的作用，即股东的个人利益绝对服从于有控制权的经理团队，也就是说，所有权和经营权的分离，又给公司的股东带来了另一个问题，即股东在失去对公司的直接控制权和经营权之后，如何能使拥有经营权的管理者们为实现股东利润的最大化而尽职尽责地工作。亦即产生了公司制度上的新问题，即股东如何在这种情况下动员、制约和监督公司经理层依法、依规经营的问题。

委托—代理理论（Principal-agent Theory）认为股东是委托人，管理层是代理人，公司则是股东委托管理者进行经营活动的一种工具，股东实际上把公司实现利润的全部资源，包括资金、人员和机会全部委托给管理者，希望其最大限度地予以使用并为股东创造最大的利润。代理理论的问题在于以下两个方面：第一，代理人即公司管理者，是一个生活在市场经济社会的活生生的人，其行为与委托人（股东）追求的目标可能不完全一致；第二，公司管理者一旦根据委托关系获得了自由配置公司的各种资源的权力，就具有很大的空间去追求与股东不一致的经济利益，其在信息资源方面的优越地位使股东无力与之并驾齐驱。因此，管理者在各种利益的诱引下，有条件在股东不知晓的情况下，使公司逐渐成为经理层谋利的工具。所有这一切都给股东带来了一个新的问题，即股东如何能在坚持两权分离的情况下，采取一切可以采取的措施来促进管理层为其利益服务，其中包括利用现在和未来的法律制度和其他所能利用的经济激励手段以及社会文化手段等进行综合治理，并为此付出应有的代价，即代理成本。公司治理结构就是在这样的条件下和环境中产生和发展起来的。

2.3 公司科层和契约与公司治理结构

2.3.1 公司科层和市场契约

一个公司能够良好运营，首先需要一个基本的科层组织结构，在这个结构中，信息畅通、指挥到位、上下步调一致才有可能实现组织的整体目标，科层组织是公司良好运营的必要条件，而市场力量的协调则构成实现组织整体目标的充分条件。公司内部的科层主要表现为委托—代理关系，而公司外部市场与公司之间则主要表现为契约关系，如图2-1所示。

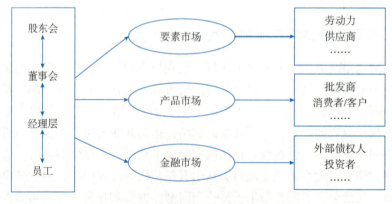

图2-1 公司科层与市场契约示意

图2-1中,左边竖框表示的是公司内部科层组织关系,科层内的当事人之间主要是委托—代理关系。公司与外部市场的联系是以公司法人组织展开的,外部市场主要由要素市场、产品市场和金融市场组成。在要素市场上与公司法人发生联系的市场当事人主要有劳动力、供应商等;在产品市场上与公司发生联系的市场当事人主要有批发商、消费者/客户等;在金融市场上与公司发生联系的当事人主要有外部债权人、投资者等。要素市场和金融市场中的部分当事人(劳动力和投资者)完成市场交易后到具体的特定公司,转换为特定的经理人员、员工和股东。劳动力、投资者在要素和金融市场上作为独立的市场交易一方与公司法人相对平等地讨价还价交易,这时公司法人与这些当事人遵循的主要规则是市场契约规则。一旦交易完成,这些人成为特定公司的某个具体角色,就被纳入公司科层的规则下运行。之所以如此,是因为公司所购买的不是纯粹转移价值的物化产品而是活生生的人,他们在劳动过程中创造价值,但同时是机会主义者,不可能在没有监督的情况下就贡献全部努力来工作,公司的科层制在很大程度上是为了弥补市场契约的不足。当然,为了抑制公司内部的科层约束,市场也保留了一定的压力机制,如股票的二级市场和经理人市场都是防止这些资源被套牢在公司科层之中。要素市场和金融市场中的供应商、外部债权人等则更多的是以市场交易者的身份与公司进行交易。

公司治理是既包括科层内部也涉及公司与市场之间的一系列制度安排。与公司有关的所有当事人,都希望从公司的经营中获得与他投入相匹配的收益,这些当事人共同博弈形成一般意义上的公司治理。但当事人所处的信息状态并不一样,信息者可能利用这些信息来为自己争得更多的好处。因此,公司治理的客体应该是公司当事人中的信息优势者。

2.3.2 公司治理涉及的问题

股份公司是由各利益相关者构成的一个契约关系网,公司的持续发展与各利益相关者的利益维护密切相关,而公司的经营者与利益相关者的目标取向一般都是背离的。在这样一个前提下,股份公司在运营中产生的治理问题主要有如下几种。

第一,因为股东远离公司的运营,往往不能进行有依据的决策,为了公司的有效运营,经营者必须具备处理风险、进行决策以及不断寻找投资机会的能力,这是他们存在的意义。但是经营者必须被禁止在运用资源和进行投资时滥用职权以及利用股东的支出来为自己谋取利益。因此,股东需要一种机制来有效监督和制约经营者。

第二,一个拥有大量股份的股东或股东群可能会完全监督经营者,但是他们的权力也必须受到制约,以防止他们做出损害其他股东利益的不公平行为。

第三,"有限责任"对股东来说是一个优势,但这一原则的滥用也会危害债权人的利益。若一个大股东操纵公司从事与其注册资本不相匹配的业务,产生的经营风险显然对其他中小股东和债权人来说是不对等的,保护中小股东和债权人的利益就成为一个重要问题。

第四,公司当事人在公司中形成数量不同的专用性资产,他们对公司的关心和利益的获得通过公司治理安排来实现,公司当事人博弈行为和他们的专用性资产之间的关系构成关键的公司治理微观行为基础,这一微观行为基础也是公司治理的重要问题。

第五,投资者(或想成为监督者的其他任何人)为了扮演有影响的监督者的角色,必须付出更多的资源，但许多投资者更希望在他们投资中拥有流动性和多样性的优势，这一优势不一定与参与监控所付出的始终一致。

第六，投资者需要可靠和准确的信息，以便于投资者进行判断，但经营者往往存在对信息不披露或粉饰业绩的倾向，这就需要设计一套机制来保证投资者能够得到他们应该得到的信息。

第七，公司科层与市场契约之间的双向关系对公司治理的调节问题，使公司治理成为一个永恒的问题。

2.3.3 公司治理当事人

从会计角度来看公司的资产由所有者权益和债权人权益构成，即资产＝负债＋所有者权益。这一会计方程式背后涉及方方面面的当事人，他们在公司资产中承担各自专用性资产，因此都是公司治理要涉及的当事人，具体可分解为股东、债权人、经营者、雇员、供应商、客户、社会、政府等。除了股东之外的当事人在不同公司有着不同的界定。

1. 债权人、经营者、雇员

公司债权人是以自己的债权向债务人（公司）要求求偿权的。公司在经济活动中形成若干债权债务关系，与之相关的具体会计科目主要有短期借款、长期借款、应付账款、应付员工薪酬、预收账款等，这些会计科目涉及的经济活动主要是公司贷款、发行公司债券、商业赊欠等。在债权人与公司的合约中，由于债权人要承担到期无法收回或不能全部收回本息的风险，因此债权人对公司拥有监督权，并在特殊情况下拥有控制权，如破产清算。

从大的范围来看，经营者和雇员都是公司的员工。经营者处于直接对股东/董事会的第一层委托—代理链上，他们直接贯彻股东意图，控制公司的运营，这一层次上的公司治理主要是建立让经营者像股东一样思考和行动的制度安排。公司雇员则是科层框架中最末的一层代理人，他们直接面对经营者。随着技术进步的加快，雇佣劳动的前提逐渐让位于劳动雇佣资本，这对公司治理安排要产生一些影响，因为这时的经营者和关键技术岗位的雇员被纳入重要的人力资本范畴。从人力资本角度进行的公司治理安排要考虑经营者和雇员的剩余索取权和控制权以及监督权和管理权。

2. 供应商、客户和社区、政府

这四类当事人尽管不一定作为完全的内生变量纳入公司治理，但与公司治理的关系相当密切。经营者与供应商、客户和社区的关系最直接，供应商在公司中形成的专用性资产取决于它与公司的交易规模与合约期限。供应商对公司治理的关系更多地考虑其在公司中专用性资产的转换成本，而良好的公司治理也是吸引供应商形成特定公司专用性资产的前提，这之间是互为因果的。

客户是公司生存发展的决定因素，将公司做大、做强本身就是公司治理的主要目的之一。客户的流动性特点决定了初始的客户关系取决于良好的公司治理，在网络经济中的客户锁定依赖到正反馈的临界值，所有这些都构成了强烈的外部压力来影响公司治理。

公司与社区之间最有可能形成相互套牢的关系。一方面，公司为社区提供了较好的税源和丰富的就业岗位，公司有要挟社区提供更优惠条件的博弈资源；另一方面，社区的土

地、水源和忍受污染的行为又构成社区要挟公司的博弈资源。发展中的或者在招商引资阶段的社区可能更多地容忍公司的要求，而发达社区或者公司入驻后的社区则更多地要求复合准租金。要处理这些问题，必须设计好公司治理安排。

政府是一个特殊的公司治理当事人，公司主要通过纳税等手段来购买政府提供的各种公共物品。"政治企业家"效用函数（效用函数通常用来表示消费者在消费中所获得的效用与所消费的商品组合之间数量关系的函数，以衡量消费者从消费既定的商品组合中所获得满足的程度）中的经济增长、就业以及他们的个人偏好等变量构成公司治理的重要考虑因素。

2.3.4　公司治理的基本框架

公司治理的基本框架就是遵循上述基本原理，按照说明责任和问责的规则，由公司当事人以自己的专用性资产为基础相互博弈而形成的体系。

1. 说明责任和问责制

委托—代理安排的实施，要求代理人（接受权限、责任委托者，从信息经济角度则被定义为信息优势者）在行使权限、履行职责时要将行为的结果向委托人报告，以示其行为的正当性。这是代理人必须履行的义务，因为代理人一般为信息优势者，说明责任也是他与委托人交易的基础。委托—代理安排中的说明责任和问责制，是指由于代理人利用了委托人的资源并以此获得利益，因此代理人有将自己行为的结果向委托人进行说明报告的义务。从委托人角度来看，他有权要求代理人向其报告行为结果，并追究代理人不负责任的行为。

分布于公司治理安排节点上的公司当事人扮演着不同的角色，在委托—代理链上，节点上的当事人可能面临双边或多边关系。维持这种关系的基础安排就是说明责任和问责制。

在理解说明责任和问责制时，关键问题是理解委托—代理关系。在委托—代理关系中涉及的当事人有委托人和代理人，对委托人和代理人的划分主要就是看他们是否拥有私人信息。信息经济学的文献一般将拥有私人信息的博弈参与人称为代理人（Agent），不拥有私人信息的博弈参与人称为委托人（Principal）。

2. 公司治理结构

公司治理主要是按照《公司法》规定的法人治理结构来进行的，可大体上分为内部治理和外部治理。内部治理是《公司法》所确认的一种正式的制度安排，构成公司治理的基础，主要是指股东（大）会、董事会、监事会和经理之间的博弈均衡安排及其博弈均衡路径。外部治理主要是指通过外在市场的倒逼机制、市场的竞争压迫使公司建立适应市场压力的治理制度。股东/潜在股东、债权人与公司主要通过资本市场连接起来；经营者、雇员和顾客与公司主要通过劳动力市场和产品市场联系。竞争市场的压力要求公司有自动的选择良好公司治理安排的激励因素。政府对市场的部分替代也构成公司的外部治理，它是公司治理的一个重要的外生变量。

公司的内部治理主要通过《公司法》确定的"三会四权"（三会指股东会、董事会、监事会；四权指出资者所有权、法人财产权、出资者监督权和法人代理权）来实现。内部治理主要特征表现在两个方面：第一，自我实现性，主要通过董事会、监事会和股东会来实现。第二，在所有者和经营者博弈中注重设计理性，即从股东角度出发设计制度安排来激励约束经营者。

公司的外部治理活动场所主要体现在资本市场、产品市场、劳动力市场、国家法律和社会舆论等。如股东在股票市场上"用脚投票"、消费者在产品市场自由选择等迫使公司尽量选择良好的公司治理安排，保持自己在资本市场和产品市场上的吸引力。劳动力市场竞争则迫使在职的经营者和员工减少逆向选择、道德风险等机会主义行为。国家法律规定了公司赖于活动的基本框架。社会舆论作为非正式的压力机制也可以将公司推向辉煌或者死亡。

公司治理根植于不同的文化之中，不同的文化创造了不同的商业规则和商业文明。这些不同的治理模式都是一种文化的精练。

3. 公司治理的一般模式

在分析了公司治理的各主体的行为以及公司治理形式的基础上，下面将对公司治理的一般模式进行探讨。对于公司治理的一般构筑，应遵循三个原则：一是可以对公司治理的不同类型的制度安排作出描述和分析；二是应能说明特定公司治理安排产生的条件；三是必须说明一种公司治理安排的不同构成之间的联系，它们与金融体系以及经济系统的其他部分之间的相互关系。

一般来说，公司治理大致分为三种模式。

（1）亚洲的家庭式治理模式。在东南亚国家及我国台湾和香港地区等地，许多大型公司都是由家庭控制的，表现为家庭占有公司相当比例的股份并控制董事会，家庭成为公司治理系统中的主要影响力量。这种模式形成的原因有两个方面：一是儒家思想文化和观念的影响；二是在这些地区经济落后时，政府在推动经济发展过程中，采用鼓励家族经济发展的政策。家庭式治理模式体现了主要所有者对公司的控制。在这种模式下，主要股东的意志能得到直接体现，这种模式也可以称为"股东决定直接主导模式"。但有其明显的缺点，即企业在发展过程中需要的大量资金从家族那里难以得到满足，而在保持家族控制的情况下，资金必然大量来自借款，从而使企业受债务市场的影响很大。

（2）日本和德国式的内部治理模式。在日本和德国，虽有发达的股票市场，但企业从中筹资的数量有限，企业的负债率较高，股权相对集中且主要由产业法人股东持有（企业间交叉持股现象普遍），银行也是企业的股东。在这些企业里，银行、供应商、客户和职工都积极通过公司的董事会、监事会等参与治理事务，发挥监督作用。这些银行和主要的法人股东所组成的控制力量被称为"内部人集团"。企业与企业之间、企业与银行之间形成的长期稳定的资本关系和贸易关系所构成的一种内在机制对经营者的监控和制约被称为"内部治理模式"。相比较而言，日本公司的治理模式更体现为"经营者阶层主导模式"。在正常情况下，经营者的决策独立性很强，很少直接受股东的影响；经营者的决策左右公司的战略问题，且将公司长远发展处于优先考虑地位。而德国的治理模式更体现为"共同决定主导型模式"，在公司运行中，股东、经理阶层、职工共同决定公司重大政策、目标和战略等。

(3) 英国和美国式的外部治理模式。英美等国的企业的特点是股份相当分散，个别股东发挥作用相当有限。银行不能持有公司股份，允许代理股东行使股东权力。机构投资者虽然在一些公司占有较大的股份，但由于其持股的投机性和短期性，一般没有积极参与公司内部监控的动机。这样公众公司控制权掌握在管理者手中。在这种情况下，外部监控机制发挥着主要的监控作用，资本市场和经理市场相当发达。经理人市场的隐性激励和以高收入为特征的显性激励对经营者的激励约束作用也很明显。这种公开的流动性很强的股票市场、健全的经理人市场等对持股企业有直接影响。这种治理模式被称为"外部治理模式"，也被称为"外部人系统"。虽然在英美公司治理模式中，经理层有较大的自由和独立性，但受股票市场的压力，股东的意志能够得到较多的体现，这种模式也被称为"股东决定相对主导型模式"。

> **小知识**
>
> **美国公司治理结构的革命性变革**
>
> 1992年，美国几家著名大公司的董事会先后解雇了五名声名显赫的超级总裁。他们分别是当时的IBM公司总裁约翰·埃克斯、通用汽车总裁罗伯特·斯坦颇尔、美国运通公司总裁杰姆斯·罗宾逊、西屋公司总裁保尔·莱格和康柏公司总裁若德·凯宁。在短短的一年多时间内，五位巨星级总裁被"炒鱿鱼"，这在美国历史上还是第一次。究其原因，就是美国公司治理结构的革命性变革。机构投资者从幕后走到了台前，成为推动公司治理的一个重要的外部力量。
>
> 根据美国的一份调查报告，由于机构投资者近年来的积极参与，董事会对总裁的制度制约出现了"硬化"的趋势。被调查的1 188家企业中，有25%的企业在1992年以后出现了总裁的"非自愿离职"的现象。据调查估计，美国总裁的平均任职周期已经从20世纪80年代的10年降到目前的7年甚至更短。这标志着美国的企业制度已经从经理人员事实上执掌全权的"经理人资本主义"转变为投资人对经理人实行有效制约的"投资人资本主义"。
>
> （资料来源：搜狐网，2009-09-05）

2.4 公司治理边界及其原理

2.4.1 现代公司与公司边界

公司治理边界与公司的边界有着密切关系。一般而言，公司边界可从以下三个角度进行界定。

1. 财产边界

公司作为一种成熟的企业形态，是依法设立的具有与自然人相同民事行为能力的独立经济实体。公司以其法人身份拥有法人财产。法人财产以投资者的出资为主要来源，也包括资本金的增值和在经营中因负债而形成的资产。法人财产则是公司对全部法人财产依法拥有的独立支配的权利，这种权利包括占有、使用、收益和处分的权利。

公司法人财产具有以下性质：第一，它以独立的财产和实体为基础承担相应的民事责任，具有严格的规范条件和法律界定；第二，其独立性表现为占有、支配、使用和处分财产的全部权利，公司的终极所有者不能干预这种权利的行使；第三，法人财产具有永恒的性质，只要其法人身份不变，这种权利就不会改变。可见，法人财产是公司存在的重要物质基础，没有独立支配的财产和财产权，公司便不能存在。因此，公司的财产边界是现代公司以其法人身份所拥有或使用的全部财产所形成的范围，其实质是公司产权，因此，财产边界也称产权边界。

2. 组织边界

现代公司是依法成立的企业组织，这种组织不仅要有自己的名称、经营场所和必要的财产，而且必须有相对稳定的组织机构和相应的职能部门。公司组织主要包括行使所有权、决策权、监督权和经营权的股东（大）会、董事会、监事会及高层管理（层）和生产经营的职能部门等。从形式上看，公司表现为一个由法人结构规制的组织实体。如果说法人财产是公司赖于存在的基础，那么公司组织则是其赖以运行和活动的基础。从公司治理的角度看，公司的组织边界决定了公司的组织特征。

3. 法人边界

法人边界反映了公司的人格特征，是公司财产边界和组织边界的最终体现。现代公司是一个人格化的企业法人，有别于社会中的其他法人，如学校、医院、宗教团体等。作为法人企业，它又不同于个人业主、合伙制等自然人企业。现代公司是以其独立的法人身份参与市场经济活动，公司的合并、分立、破产和清算也都表现为法人资格的变更与终止。公司作为一个经济实体，法人则是责任的承担者和实体的代表，公司不仅是具有与自然人相同的民事行为能力，可以起诉与被诉，并以其全部的法人财产承担有限责任；也因为法人对财产的独立拥有，法人的有限责任原则决定了不同的公司之间的交易与活动可以明确归属于不同的法人，不论现实中的公司活动多么复杂，法人之间的界限总是清晰的和不容模糊的。因此可以说，现代公司的活动主要是法人的活动，公司的行为表现为法人的行为，公司的边界也体现为法人的边界。

公司边界与公司治理的边界既有区别又有联系，公司的参与人为了各自的利益而达成的一种制度安排构成公司的治理框架，不同的公司参与人与公司的关系及其评价是不一样的，这取决于公司当事人在公司中形成的专用性资产的多少。因此，理论上的公司治理边界是公司中所有专用性资产当事人的行为集合。而公司边界主要是从静态上以公司为视角来判断它的财产边界、组织边界和法人边界。当然，有时候公司治理边界在特定条件下可以与公司边界重合。

2.4.2 专用性资产与公司治理边界

1. 交易维度差异和专用性资产

交易的主要表现维度是资产专用性、不确定性和交易次数。资产专用性是为支持某项特殊交易而进行的耐久性的投入，如果初始交易没有达成，该项投入在另一用途上或由其他人使用时的机会成本要低得多。这样一来，交易双方的具体身份显然很重要，也就是说，关系的持久性是有价值的，于是，为支持这种交易的各种安排就会出现。

专用性资产的形成，会使合约的性质发生根本性转换。这种根本性转换发生在交易过程中，因为开始的大量竞价局面并不一定表明在以后仍然会继续存在。事后竞争有效与否取决于所交换的商品或服务是否获得交易专用性人力资产或实物资产上的耐久性投资支持。如果没有这种专用性投资，最初的中标者相对于未中标者并没有取得任何优势。虽然在较长时期内中标者可能继续提供商品或服务，但这只是因为相对于其他竞争者而言他的标价具有竞争力而已。但是，一旦大量交易专用性资产投资发生，相互竞争的供应商就不可能在同一层次上经营了。在这种情况下，中标者相对于其他竞争者拥有优势，即大量竞价局面实际上转化为一种双边供应的局面。因为如果专用性资产被投入其他用途，供应商便无法获得相同的价值；如果买方要更换供应商，他还必须诱使潜在的供应商进行相同的专用性投资。因此，双方尽力维持而不是终止交易关系的动力显而易见。对于从事经济活动的组织而言，这具有重要意义。

哈耶克指出，只有和不确定性相联系，有趣的经济组织问题才会出现。当然，不同的治理结构对扰动有效反应的能力各不相同。而所有这些都是有限理性和机会主义造成的，因此，面对要同时解决的有限理性和机会主义的需要，必须对不同治理结构的适应性特征进行比较分析。策略型不确定性称为机会主义，这种机会主义被威廉姆森称为行为上的不确定性。面对公司这样的经济组织，治理的主要问题就是建立弱化这种行为不确定性的机制。

交易次数被用来表征专门治理结构的合理性。当交易频繁发生时，设计专门的治理机制是合算的。在交易的三个维度上，资产专用性是最主要的。从最广泛的交易角度来推演公司治理边界的内在逻辑也取决于资产专用性。

2. 公司的治理边界

公司治理边界内生于资产的专用性，这是因为公司当事人各自在公司中的专用性资产具有锁定或套牢的特征，由此而产生了各种求偿权的行为。各种各样的行为博弈形成的均衡构成一般意义的公司治理安排，它涉及的边界和范围以公司不同当事人专用性资产的累积状态为依据。

不同专用性资产的补偿，在一定的法律框架下又有先后顺序，这可根据状态依存所有权的理念进行一般的界定。

当 I 为公司的总收入，且 $0 \leq I \leq P$，P 为公司最大可能的收入；ω_i 为应该支付的各类合同工资，其中 ω_1 为支付员工的工资，ω_2 为支付经理人员的工资；r 为应该支付给债权人的本金加利息；π 为股东所追求的满意利润；t 为公司上缴的税费。根据目前各国法律的制度安排，上述不同当事人索取权的分布为：员工>债权人>股东>政府。分析如下。

（1）当 $I<\omega_i+r$ 时，员工的专用性资产首先得到补偿，其他人都在为员工打工，他们继续保持公司运转是寄希望于公司未来盈利，或者说他们的积极行为是因为未来的美好预期。当然，也排除有一部分股东在二级市场上由于各种原因没有来得及出清而被套牢（这部分人也希望未来是美好的，以下均含这类股东）。这时除了员工以外的公司当事人由于专用性资产的约束，都有对公司治理的高度要求。

（2）当 $\omega_i<I<\omega_i+r$ 时，员工和经理人员的利益得到了保障，债权人的专用性资产处在临界补偿状态，这时股东处在资产专用性补偿的边缘。相对来说，政府提供的制度服务具有公共物品的性质，需要借助于强权来实施与公司享受制度服务而必需的支付交换，在公司无利可言的情况下，以利润为基础的所得税就失去了依据，政府没有兴趣去过分关心亏损的公司。因此，这时真正为公司操心的只有股东，其积极行为的基础仍然是对未来的美好预期。股东对公司治理的要求表现更为强烈。

（3）当 $I>\omega_i+r+\pi$ 时，股东对未来美好的预期变成了现实，股东和政府的利益都有依据。但由于股东和经理人员依附于公司的黏性更大，他们在公司中的利益和专用性资产比其他当事人丰富。因此，即使在这种情况下，他们仍然有追求公司治理的要求，尤其是股东具有专属的专用资产的补偿利益部分，股东对公司治理的要求具有一贯性。

基于以上分析，公司治理边界就是指公司当事人在公司的专用性资产的维度和半径所形成的范围。在公司中相关当事人所形成的关系如图2-2所示。

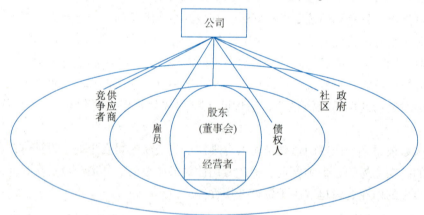

图2-2　公司相关当事人的关系

公司中的当事人——股东、债权人、经营者、雇员，都不同程度地形成了特定公司的专用性资产，所有这些当事人对公司治理的要求程度表现为各自专用性资产的函数。而竞争者、供应商、社区和政府尽管也在广义上构成公司的利益相关者，但他们在公司中的专用性资产表现不明显，因此资产专用性框架下的公司治理边界不应该将这三类当事人纳入其中。

公司治理边界的主要内容包括：①主要当事人组成的组织机构，在这种机构中，他们之间形成一定的制衡关系；②董事和董事会作为股东代表在相互博弈以及与其他当事人的博弈均衡中实现公司治理；③除了以上两点，内部人控制威胁、代理权争夺、财务结构博弈形态也成为公司治理的内容。

董事会受股东信托负责公司战略和资产经营，监督和制约经营者的主要决策，并在必要时撤换不称职的执行人员。通常有三种类型的公司董事，即独立董事、执行董事和非执行董事。执行董事是公司股东同时又是本公司的内部行政人员，通常是公司的高级经理；独立董事是指既不是公司股东，也不担任行公司政职务的董事；非执行董事是公司股东，但不担任公司任何行政职务的董事。设置独立董事的目的是避免出现"内部人控制"问题，防止拥有控制权的内部人——经理们利用公司资产牟取私利。在美国，大型公司制企业一般采用多数外部人员组成的董事会形式。对公司实施控制和对公司业绩负责任是董事会的职责。董事会一般要具有四项基本功能，即制定战略、确定政策、监督管理和承担责任。但在具体实践过程中，董事会的活动差异很大。在一个极端，董事会只是任命 CEO 并赋予其充分的权力，而将干预维持在最低限度。在另一个极端，董事会把自己看作是最高管理者，提出或批准所有重要决策。

代理权竞争作为一个治理博弈，是股东罢免那些不称职经营者的基本做法。经理们通常向股东请求由他们代表股东在股东大会上投票的代理权，在一般情况下，这些请示会得到满足。但在代理权竞争中，持有异议的股东可以通过"争夺"其他股东的代理权委托来投票反对现任的经营者或提出新的候选人。从理论上讲，任何人都可以通过代理权争夺来向现任经理进行挑战，但这必须受到法律中有关代理权处理规则的约束。代理权竞争是一种可供选择的、低成本的改变公司控制权的做法。争夺代理权与其他接管方法的不同之处在于必须使投票表决的股东相信提议者有能力比现任的经营者做得更好。尽管其他股东很难对这些"另类"提议者的动机和盈利承诺作出准确的判断，但"争夺运动"发动者的大股东（通常是大型的机构股东）身份所显示出的号召力往往会帮助其取得其他股东的支持。

一般情况下，只有持有大股份的投资者才愿意忍受其他人的"搭便车"行为而花费成本去监督董事会或发起代理权竞争。所以股权的集中能显著影响公司的控制。对经理人员来说，大股东的存在是一种威慑，致使他们不敢过分偏离股东意志。因为接管可以使大股东出售其所拥有的大量股票而获得可观的利润，所以大股东比一般小股东更愿意促进接管活动，从而使接管可能性上升，威胁经理们的职务。另外，大股东还可以通过与在位的经营者进行非正式的谈判，甚至直接取得控制权来实施变革，而其成本却比接管或代理权竞争低。正是由于大股东拥有足够多的权益，才使得其监督、接管等活动产生的利润增加足以抵补成本，所以他们有能被激励去实施监督活动，努力促成接管或改革，迫使经理们精心经营公司的资产。

在大型公司里，公司通过董事会这种内部控制治理实施某种转变往往进展缓慢，或代价太高，没有效率。而接管等市场活动却可以自动发生作用。只要接管者能看到机会，他们就可以迅速通过标购夺取公司控制权。一般认为，发生在公司控制权市场上的接管是有利于股东、社会和公司组织的。当技术和市场的变化需要公司进行调整，而现有的经营者却囿于认识而不愿改变既定的策略、组织和管理方式时，由外部人员来接管可以迅速地实施转变。

债务对经营者来说是一个硬预算约束。公司的控制权或者说企业所有权是一种依存所有权状态。所以，融资合同实际上起着配置剩余控制权、改变控制状态的作用。公司向债权人借款并承诺在某时按某条件进行偿还。如果到时无法偿还，公司控制权就被移交债权人。这种安排既能防备投资者随意插手和滥用权力，又能防备经营者攫取投资者投资收益的机会主义行为。

公司治理既要解决准租金的分配问题，又要解决企业科学决策的问题，以保持企业长期稳定的增长。企业长期稳定的增长是准租金产生的前提，这有赖于有效的公司治理。个体的理性往往会导致集体的非理性，因此基于权威的科层组织对市场的替代在许多情况下就顺理成章。有效的公司治理是基于企业组织目标对有关当事人的内外部激励和约束而达到的一种均衡状态。

3. 公司治理边界的主要类型

（1）**有限责任公司与集团子公司的治理边界**。公司的有限责任是公司作为独立企业法人具有的最为重要的法律特征，被奉为公司法的经典原则，也是公司成为现代市场经济社会赖以存在的基础和迅猛发展的动力源泉。

然而，随着现代公司的发展，公司与各方面利益关系的复杂化，以及由关联交易引起的公司间关系的复杂化，所有者与公司、母公司与子公司之间的关系往往比较微妙。也就是说，公司的实际活动往往是超越法人边界的，公司自身的行为往往是忽视法人边界的。主要体现在以下几个方面。

①有限责任为母公司滥用公司的法律人格提供了机会，在某种情况下，子公司会受到来自母公司的支配和操纵，甚至也可能利用公司的法人资格，借助于有限责任的保护损害子公司债权人的利益而为集团谋取利益，如隐匿财产、逃避清偿债务的责任等。②对子公司雇员和股东利益的忽视。如子公司因经营不善而破产，则雇员无法向公司的集团或母公司请求赔偿工资和福利。子公司的股东也不能向其母公司请求利益补偿。③对消费者潜在债务的责任回避。在现实中，往往存在这样的情况，子公司的行为可能导致消费者的损害，使消费者成为债权人，由于有限责任的存在，如果子公司在侵权后因资产不足而倒闭，则消费者作为潜在的债权人其损失也无法向母公司追索。④对政府有关法律和义务的规避。在许多情况下，集团公司也同样利用子公司的法律人格来规避政府法律。例如，一家公司因其经营业务受法律许可的限制或注册登记的限制，它就会成立一家新的公司，并实际上拥有和操纵这家公司来进行变相经营。一家公司还可以通过新设立公司或通过关联交易控制另一家公司，然后通过转移资产和利润的办法来规避税收。

可见，在集团公司治理的实践中，处于被支配地位的子公司的法人边界作为其治理边界是不能反映公司的实际权责关系的。近些年来，西方的公司治理和法律实践已经证明，经典的有限责任原则并不是神圣的、永久的法则。在许多情况下，需要揭开公司的法人面纱，扩大子公司的治理边界，通过从属公司的法人面纱去透视背后的控制者和支配者，从而平衡公司与其利害相关者之间的关系。显然这些情况下，公司治理的边界就需要扩大。

一些西方国家的判例和立法已经在相当程度上对这一问题进行了突破，如以下几个案例。

1）"揭开公司面纱"是英美国家的法律，是在处理关联公司中债权人保护时所遵循的主要原则。这一原则最早在1897年英国的"萨洛姆诉萨洛姆有限责任公司"一案中得到确认。就一般情况而言，控制性公司仅对其投入子公司的财产对子公司的债务承担有限责任，如果控制性公司无度操纵子公司，而使子公司实际上丧失独立法人地位时，法律将揭开覆盖在公司上的法人面纱，追溯公司背后的操纵者。控制性公司也可能对从属公司的债务承担责任，维护子公司的利益。

2）在德国的公司法中，对如何处理集团关联公司间交易做了相应的规定。在公司集团的关联公司之间，由于交易不是在竞争的市场平等的基础上进行的，因此就有可能存在通过虚假交易来粉饰业绩、欺骗利益相关者的情况。《德国股份公司法》第三编"关联公司"中规定了有关保护从属公司之间关系的复杂性，并赋予从属公司债权人向处于控制地位的公司及其所有者追索债权的权利，在一定程度上突破了有限责任的原则。

3）欧盟第九号指令特别强调了集团公司中的情形，而且赋予债权人、中小股东及子公司的雇员了解集团其他公司的状况，以及采取行动反对控制公司及其董事会的权利。第九号指令也提出了公司集团中控制与依赖的概念，并建议当依赖性公司资不抵债或破产清算时，其债权人、雇员、中小股东有权向他们的控制性公司追索债务与利益。因为损失是由控制性公司造成的，并且这些决策忽视了他们的利益。公司治理不应再局限于公司法人的自主权和公司的边界之内，在许多情况下，公司治理的边界大于公司的法人边界。

(2) <u>集团母公司的治理边界</u>。企业集团的复杂性使得集团公司治理具备了双重特征：母公司、子公司以及关联公司分别有行使治理的职责；企业集团本身又构成了一个统一的治理机制运作系统。同时，企业的社会责任决定了企业集团公司治理的主体从股东扩大到利害相关者。这样使得企业集团的权力、责任配置以及监督、指导、决策等治理活动超越了企业法人边界，从而引出企业集团公司治理边界的问题。

例如，在企业集团中，母公司M与子公司a、b、c是控制权的关系，母公司的决策意志能够充分体现在子公司的行为中，也就是说母公司决策意志延伸的范围构成了母公司与子公司外延的界限，这个界限称为集团治理内边界，它体现了母公司决策权的范围。集团治理内边界超越了母公司的法人边界。从公司法意义上讲，母公司和子公司都在独立的法人治理内边界，但从实际的经济意义上看，子公司要受母公司的治理，其行为体现了母公司的决策意志，对母公司负有说明责任。因而，集团治理内边界体现了说明责任的范围，如图2-3所示。

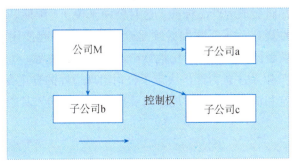

图2-3 集团治理内边界

公司N与关联公司d、e、f基于共同拥有市场、共同拥有资源等战略目标，通过各种契约而形成关联关系。它们构成了外延的界限，被称为集团公司治理外边界。集团治理外边界确定了母公司在企业集团公司治理的发言权范围，即在关联公司治理中表达自己意志的权力，而这一项决策对其意志的体现程度取决于关联公司董事会成员间谈判的结果。集团治理的外边界体现了有限责任的范围，即集团公司作为关联公司决策者的一员要按其出资份额承担的权利和义务，如图2-4所示。

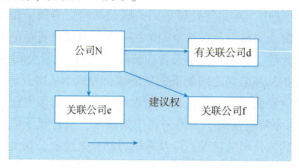

图2-4 集团治理外边界

(3) **网络经济中的公司治理边界**。网络经济的技术基础是互联网，这种经济形态是人类智慧的伟大结晶。它有着自己独特的运行规则，这些规则主要有：直接经济；超强的正反馈；网络的外部性；标准化竞争；互补性；信息产品成本的高固定性和低边际性；消费转移的高成本；注意力经济；系统竞争。

网络经济的基本规则引起了公司治理的一些变化，主要体现在以下几个方面。①网络经济采用最直接的方式拉近服务提供者与服务对象的距离，将工业时代的迂回经济变成了信息时代的直接经济。这减少了公司治理边界的中间环节，使过去颇费交易成本的治理过程变成可能。②在网络经济形态中，需求方规模经济和供应方规模经济有机结合起来，结果导致"双重作用"：一是需求方的增长既减少了供应方的成本，又使产品对其他用户更具吸引力；二是进一步加速了需求的增长，结果形成了超强的正反馈效应，从而导致产业和市场超速发展。③与网络的外部性紧密相关的就是总转移成本。对试图在市场中推出新的、不兼容的技术的公司来说，所面临的最大的挑战就是通过克服总转移成本（即所有用户的成本总和）来扩大网络规模。这对单个公司来讲，治理边界和内容必须向合作和兼容方面逼近。④受强烈的网络效应影响的技术一般会有一个长的引入期，紧接着是爆炸性增长。被预期的标准产品将会成为产品标准。这对公司来说，"预期"也构成了重要的决定公司治理边界的专用性资产。⑤互联网必须是众多消费者一起使用才能充分获得它的福利。对公司来说，消费者同序偏好的专用性资产达到临界是关键。⑥信息产品的近乎零边际成本和"经验产品"以及注意力经济决定了公司治理边界的自主变量，这也是专用性资产的又一新变化，锁定和消费者的转移成本以及搜索引擎也纳入其中。

2.5 有效公司治理机制的设计原则和企业竞争力

2.5.1 三类公司治理机制

公司治理机制主要有权益机制和市场机制。

（1）权益机制主要是与利益相关者的专用性资产相对应，包括股权机制、债权机制、经营者机制、工会机制、消费者和供给者机制。权益是指对专用性资产的求偿权。股权是构成公司的最基本的标志，公司从其诞生的那一天开始就是建立在股权基础之上的。只有在一定的股权基础之上，债权才有其依据；同样，经营者和员工及消费者和供给者的行为也都是在股权和债权基础之上的。但当公司发展到一定程度，尤其是各种权利共同形成企业的资产或权利背后的行为人在公司形成了一定的专用性资产而相互获取准租金时，股权根本性的地位就会让位。当然，这要看各种专用性资产与公司的总价值之比，这里牵扯到的一个技术性问题就是各种专用性资产的确认和计量，且这种可以用数量表现的专用性资产又是一个动态的数据。这样看来，不同的公司或同一公司在不同时期要有不同的治理机制。

历史上曾有过股东利益至高无上的公司治理理念。这种理念应该有其具体条件和时间约束，当货币资本、实物资本的稀缺性远大于其他资本的稀缺性时，公司的治理范式只能建立在资本雇佣劳动的基础上，拥有这种理念当然无可厚非。但社会发展到今天，货币资本和实物资本的稀缺性相对于其他资本的稀缺性得到了大大缓解，特别是网络经济时代的到来，各种资本相互融合，很难判断谁是主要、谁是次要。这样，强调利益相关者共同利益的公司治理理念应运而生。

在利益相关者公司治理理念的框架下，股权机制只是公司治理机制体系中一个重要的机制，一个公司一旦成立，公司法人随即成为一人相对独立的信息节点，再加上债权人和经营者及雇员的人力资本所形成的资产增大了公司信息节点的能量，股权反过来就要依附于公司法人，资本保全制度的框架使得相当大一部分股权不能流动，从而也就弱化了最初意义的所有权。公司要保证自己这一信息节点的有效性，首先要保证公司的利益，其次才能考虑其他的利益相关者。在这种状态下，股权机制通过董事会的形式与管理层进行博弈来争取股东利益最大化。

股权机制的实施一般面临的问题有：一是管理层实际上控制了董事会，即所谓的"内部人控制"，董事会缺少激励管理层积极创新的政策，妨碍了整体福利的提高；二是大股东损害了小股东的利益等。前一类问题的焦点在于信息的不平衡和监督成本，再加上董事会一方属于集体行动的范畴，"搭便车"的痼疾不可避免，这就造成了董事会一方很难有像一个人那样的行为意志，因此在董事会有绝对权威的时候，需要设计出好的激励机制激励管理层最大限度地发挥其积极性。后一类问题主要是同一集团内部存在的少数人对多数人的"剥削"，这需要根据风险和收益配比原则借助于压力机制来适当解决，主要强调股权平等的原则。

（2）市场机制是借助市场力量来实现有效治理的机制，这里的市场主要指外部市场，但也包括企业的内部市场。外部市场机制包括多个方面，主要有资本市场、职业经理人市场和产品市场等。企业生存和发展的唯一依据是它的产品或服务获得相应的市场认可。产品市场的表现一定程度上决定了公司在资本市场上的价值。公司在产品市场上出现危机，说明企业的竞争力在减弱，随之而来的可能是股价下跌、债券等级下调以及并购威胁。公司一旦出现上述危机或遭受并购，股东往往要更换经理人，这时职业经理人市场就提供了更多的高级人才资源。实际上，职业经理人市场提供了有效的声誉机制和替代威胁，能有效约束经理人的代理行为，激励他们为公司发展而努力。在一些企业尤其是企业集团的内部，还存在内部交易和内部经理人员市场，这些也已发挥着类似外部市场的作用。

2.5.2 公司治理机制设计的主要原则

一般而言，债权依附于股权。债权人之所以愿意将自己的货币或者其他物品出借给债务人是因为这样可以得到好处，同时债务人目前拥有的资产等信号表明其有很好的发展能力。即使这样，债权人也要承担债务人不能还本付息的风险。为了使风险最小化，债权人在出借前和出借过程中对债务人的信息考核和监督就是不可或缺的。公司治理中的债权机制恰恰也就体现在这里。在长期的债权债务关系中，债权人在本期（t）如果得到满意的回报且根据已有的信号表明债务人状态良好（主要表现在财务方面），那么债权人可以在下一期（$t+1$）继续与债务人合作。这一机制的良好运行需要高质量的资讯信号和完备的法律环境等。因此，事前的资信评估，事中和事后的监督和信托及其他金融机构的托管制度需要体系化的完善。

公司中凭借自己的劳动来创造财富的阶层被称为人力资本的所有者。实际上这部分人被分为两部分：一是凭着自己较多的专业知识和以往良好的业绩被推举到经营管理或技术管理与实施层面上的一部分人；二是一般员工，他们一旦选择某一特定的公司，自身的发展与知识积累就会与公司的实际结合在一起，形成专用性资产形式。这部分人中的第一部分凭借自己对公司的管理和技术方面的信息优势对公司治理有着相当重要的作用，形成一个经营者机制。至于一般员工层次的人力资本和众多的小股东相似，属于大集团问题，尽管一般员工采取工会机制在公司治理中发挥作用，但大集团中集体行动的困境在工会中表现突出。

消费者和供给者分布于公司的上游和下游两端，由于较长期的交易往来形成了一定量的专用性资产，像供给者为提供特定产品而投入的专用性设备，消费者购买到特定产品（如软件产品）所需要的技术服务或者性能升级等。他们作为公司的利益相关者尽管不能像股东、债权人那样直接参与公司治理，但这一间接机制从两端框定着公司内部的所有机制。

公司治理中的各种机制背后的行为人集团有着不同的机构，各集团之间、集团内部相互博弈，形成的均衡很可能是个人理性而集体非理性，为使博弈人走出"囚徒困境"获得整体的更大利益，管理机制的实施就显得非常重要。公司治理中的管理机制使公司治理原则的制定得以贯彻，管理机制的落实要借助于一定的规则、规范、背后的行为人。这种规则有效的前提就是激励相容，有了这一前提保证再加上强制或提倡性的信息强化，公司治理中的行为人就会在网络正反馈作用下正向趋同其行为，使公司治理走上良性轨道。

总之，公司治理的各种机制都是与具体的行为人及其集团相对应，要发挥各种机制的作用，需要很好地把握行为人的行为模式。公司治理是各种机制体系共同作用的结果，在时间和空间上的分布也是经常性的。

任何一种机制都是在保证行为人都参加游戏的前提下后发形成的。上述对公司利益相关者行为逻辑的分析，构成了公司治理机制后形成的基础。公司治理机制是不同的利益相关者在各种变量的压力下相互作用而达成的一种保证各自利益的运动规则，而这种机制性规则的目的在于使公司这一信息节点最大限度发挥其能量，在目的和机制之间存在着机制设计的一般原则。

1. 激励相容原则

保持一个机制有效的根本原则就是激励相容，这一原则强调了机制设计者和机制需求者最终目的的一致性。机制的形成有两种基本类型：一是行为主体在相互博弈中自发形成；二是在经济主体相互博弈的基础上由第三者设计。激励相容原则在第一机制的形成中是自然地贯彻。强调激励相容的关键是第二类机制的形成，因为在这类机制的形成中，第三者设计机制时很可能陷入信息不对称，而使设计的目的与机制需求者的目的发生偏离。因此，机制设计者必须清楚机制需求者的行为基础及其模式。现实中的公司治理机制主要表现为设计的属性，因此贯彻激励相容原则尤为重要。

2. 资产专用性原则

一般情况下，判定公司利益相关者的依据是资产专用性，所谓资产专用性是指某种资产只能用于某种专门的用途，如果转作其他用途，则其价值大大降低，放弃其他用途构成此类专用资产的机会成本。公司的利益相关者形成了某一数量的专用性资产，这些能够用数量来表示的专用性资产可以用一定的标准和方法分离出来，而这恰恰成为不同利益相关者的不同行为决策的关键。无论是股东、债权人、经理人员、员工，还是与公司具有长期契约关系的供应者和消费者，都有一定的专用性资产锁定在特定的公司中。设计公司治理机制必须将这一原则放在重要的位置。

3. 等级分解原则

等级分解原则是这样的：使组织的内部结构安排能够克服各当事人的机会主义行为，进一步地说，就是对组织中的决策权和相应的责任进行分解，并落实到每个便于操作的基层单位，从而有助于防止道德风险，进一步节约交易费用。

4. 效用最大化动机和信息不对称假设原则

效用最大化动机和信息不对称假设原则是信息范式下研究问题的出发点，效用最大化动机表明了行为人的行为方向，信息不对称或不完备表明了过程中的约束。因而，行为人即使从效用最大化动机出发，由于信息不完备的约束也不见得就能达到效用最大化，因为最大化的行为动机受制于信息的不对称。

2.6 公司治理机制对企业竞争力影响

公司治理的重要目的之一是提高企业的竞争力，促使企业能长期存续和发展。企业是一个整体，它与外界市场发生交互作用，通过外界市场可以获得资源，吸纳投资。在内部通过一系列活动，把外部投入转化为自己的产品或服务，再输出到市场中。在产品和服务销售之外，企业也与外界环境发生其他交互活动，包括社会责任的履行、投资回报的支付等。企业要想生存和发展，就必须能从外部获得资源，同时企业的输出必须赢得市场的认同，这是比较静态的视角。而动态地看，当外部环境发生变化时，企业也不可避免地受到影响。企业能否适应环境变化，应对动态复杂系统的挑战，是企业保持基业长青的关键。企业可以主动迎合环境，也可以在一定程度上主动改变环境，使环境对自己有利。企业能赢得外部环境的认同和支持，并有效地适应和利用环境，是企业竞争力的根源。而这些能力和资源如果具有不可模仿性、稀缺性和关键价值，就可以称为核心竞争力。

从生产角度看，企业经营过程是一个投入—产出过程：它从外界得到人、财、物等各项投入，然后转化为产品，输出到市场，再换回资源。从制度角度看，企业是一级契约，它是参与企业、拥有不同资产的人或组织达成的一组合同。企业中不同的利益相关者有各自的诉求，他们通过企业这样的一组契约来安排各自的权利和义务，并通过权利、义务、责任和利益的适当分配来实现一定的产出，进而实现自己的利益诉求。合理安排利益相关各方的责、权、利，使其协调一致，以便进一步顺畅地组织资源并提升竞争力，就是公司治理机制的内容和目的。由此可以看出，治理机制是竞争力的根本来源。良好的公司治理，都有良好的经营管理，它们最终会形成强大的竞争力。

企业在创设之初，面临的第一个问题就是建立企业股东未来权利、责任和义务的分配机制。股东以不同的资产投入企业，就必须协商怎样划分未来预期的收益，并且就未来企业经营过程中的权力职能分配进行安排。最初设计的企业股东权力结构，在日后会深远地影响企业的发展。很多民营企业建立之初，股东往往非亲即友，所以股权结构不清；在企业发展壮大以后，为争夺企业控制权和剩余索取权，股东们相互对立，分裂企业，这样企业的竞争力就大打折扣。股东权益机制的设计是企业最根本、最上层的治理机制，也是企业最根本的制度，它决定着其他治理机制的设计，也从根本上制约着管理制度的各个方面，如职权的安排、财力的去向以及企业的战略等。

企业理顺与资源提供者的关系并赢得关键资源是企业生存发展的先决条件之一。当企业以集团形式存在时，集团治理就发挥着这样的作用：通过股权结构、董事会、高管任免与激励等公司治理机制，有效地控制和指挥各个分公司和子公司，而子公司之间也通过股权安排等治理机制相互联结，构成有效的整体。当企业与企业之间相互独立时，就需要网络治理机制来安排它们之间的关系，保证企业生产链条的联运。企业外销产品需要获得消费者的认可，企业与社区发生联系，这些都意味着利益相关者视角下的公司治理机制必须处理好企业的社会责任和公共形象问题。企业获得关键资源的能力以及企业赢得市场认同和社会赞誉的能力，是企业核心竞争力的一部分，同时也是企业长期发展的重要保证。治理机制的完善是管理制度发挥作用的基础和平台。

企业内部的运作也是竞争力本身的一部分。内部管控体制直接源于公司治理机制，而企业的战略和愿景也要由治理机制顶端的股东和高管层来决定。员工把自己的专用性资产投入企业，他们作为利益相关者，关心维持企业的发展。公司治理机制设计最重要的原则就是激励相容、按等级分解等，适当的股权、期权激励方案和 EVA（Economic Value Added）评价体系等可以使得高管利益与企业利益一致，实施有效的执行和控制。董事会的战略审计和独立董事的独立审查，不仅保证了企业发展方向和决策能符合股东的利益，也在一定程度上保护了企业免于错误决策的困境。这些都能在一定程度上防范企业过度的投资，防止企业利益被侵占。为了企业的战略和愿景，还需要有良好的管控和执行，这需要员工主动为企业整体的战略和策略尽力。只有完善的治理机制才能促进合理的管控，激励员工去努力。股权的性质和高管与股东的关系，决定了采取何种内部激励与监督机制。而监事会和独立董事也在某些方面保证了企业决策得到贯彻执行。公司治理机制带来了良好的内部管理，而这进一步转化为竞争力。

综上所述，治理机制对企业竞争力有着根本的影响。公司治理机制作为协调企业责、权、利的根本机制，决定了企业内部权力结构的特征，并进一步影响管理制度的制定和企业的根本决策。各种具体决策的背后，无不闪现着治理的身影。公司治理机制调整了企业利益相关者的关系。在各方协调的基础上，按照治理机制规定的秩序，决定企业的战略和各项决策，建立企业的管理制度，以及制定和执行策略。这样，竞争力最终体现为企业获得外部环境承认的能力，它的根源就是公司治理机制。

本章小结

公司治理结构是一种对公司进行管理和控制的体系，是指由所有者、董事会、监事会和高级管理人员组成的一种组织结构。建立公司治理结构的目的在于提高整个公司的效率。公司治理结构具有权责分明、各司其职，委托—代理、纵向授权，多边激励、相关约束三个特征。

公司治理结构主要解决投资者的投资回报和企业内各利益集团的关系协调问题。不同的公司其治理结构也大不相同，从而产生不同的公司治理模式，企业应根据自身的实际情况来选择适当的公司治理结构。

公司科层和市场契约是公司治理的基本问题，阐述了公司治理边界的基本概念和类型，提出了三类公司治理的基本机制及其设计原则。

复习思考题

1. 公司治理结构中的"四轮驱动"是什么?
2. 有效合理的公司治理结构对于企业为什么如此重要?
3. 怎样理解公司科层和市场契约的关系?
4. 简述有效公司治理机制的设计原则。

 案例讨论

公司治理的迪士尼童话

一场长达数年之久的迪士尼市场控制战终于落下了帷幕,仅从媒体上公开的情节看,公众就可以深刻地感受到它的跌宕起伏和惊心动魄。迪士尼游乐园、米老鼠、狮子王、白雪公主和七个小矮人给全世界带来了无数快乐,而在这些梦幻般美丽故事的背后,却是错综复杂的家族斗争。

1. 仆人成了主人

1923 年至 1945 年是迪士尼兄弟创业并走向辉煌的时期,三只小猪、唐老鸭、米老鼠、白雪公主和七个小矮人等经典角色就是产生在这个时期。但随着公司业务的快速发展,其治理结构并没有摆脱个人化、家族化的模式。那时候的迪士尼虽然是一家创业成功并且很赚钱的企业,但并不是一家安全的企业。华特·迪士尼依靠他的天才创作成就了一家近乎伟大的公司,但他的个人家族式管理却让迪士尼在通往伟大的门槛上止步了。

如何在保持创始人家族对企业的控制的同时,又能确保源源不断的卓越领导人加入公司并继续带领公司前进,一直是公司治理中的一道难题。华特·迪士尼如果在 1945 年能建立完善的公司治理结构,组建起合适的董事会和监事会,也许可以避免之后的种种问题,可惜他对改善公司治理结构似乎并不感兴趣,对自己去世后的迪士尼抱着鸵鸟态度。1945 年,华特·迪士尼任命比自己年长的哥哥罗伊·迪士尼接任总裁,已经预示了公司的人才不济,以及家族式管理常常引发的家族内斗和亲情离散。华特的强迫症和对迪士尼公司的独断管理给迪士尼公司埋下了隐患,但这些都被此前的成功掩盖。果然,华特在 1966 年去世后给迪士尼公司带来了无法估量的损失。迪士尼公司在 20 世纪 70 年代格外暗淡,几乎没有什么影响力的作品出现。出于无奈,沃特的 73 岁高龄的哥哥老罗伊不得不继续主持工作,但 1971 年罗伊去世后,迪士尼公司内部开始了上演争权夺利的斗争。

从 20 世纪 70 年代后期到 80 年代初期是迪士尼失去的十年,公司不仅徘徊在低增长甚至亏损的边缘,而且曾是好莱坞首屈一指的迪士尼公司也变成了二流制片商。直到 1980 年华特的女婿米勒接任公司总裁,局面才暂时稳定了一下。然而老罗伊早在 1951 年就想方设法把自己的儿子弄进公司,年幼的罗伊·E. 迪士尼在 1967 年成为公司董事。1984 年迪士尼公司陷入了严重危机,人们普遍认为他已回天乏术。一些意图收购的公司像掠食的秃鹫一样在迪士尼的四周盘旋,公司面临着分拆的危险。罗伊·E. 迪士尼赶走了自己的堂姐夫米勒,引出了职业经理人迈克尔·艾斯纳,在迪士尼公司的历史上第一次实现了所有权与经营权的分离。

随着职业经理人的引入，迪士尼公司总算起死回生。20 世纪 80 年代末到 90 年代初，在艾斯纳接手后，迪士尼帝国经历了名副其实的中兴。在艾斯纳任期的前十年，这个动画王国的年收入从 17 亿美元增长到 254 亿美元，公司市值上涨 30 倍，进入当时财富 500 强。然而隐患仍然存在，权力制衡的公司治理结构并没有在迪士尼公司建立起来，即 CEO（首席执行官）、董事会、监事会的三权分立和制衡。迪士尼公司没有设立监事会，艾斯纳就兼董事长和 CEO。由于公司的不断扩张，股权也越来越分散，每个股东的声音越来越微不足道，难以对公司施加影响，从而给这位贪婪的职业经理人带来了"极好的"机会。

艾斯纳是个弄权好手，自然不会放过公司治理方面的漏洞。在管理层，他独断专行，几乎赶走所有人才，比如为迪士尼立下赫赫战功的卡曾伯格，最后导致整个管理层无人可用。在所有权层面，他不断提高自己的薪水和股票期权，并请美国最杰出的薪酬顾问格雷夫·克里斯特尔起草了自己的薪酬合约。这份合约的核心就是高薪加大量股票期权。在控制迪士尼公司发给自己的大量股票后，艾斯纳成为仅次于创始人的侄子罗伊·E. 迪士尼的最大股东，直至最后超过罗伊·E. 迪士尼。艾斯纳在操控迪士尼董事会近 20 年的过程中一步一步、一点一点地把自己人塞进董事会。最后，本来应该代表股东利益的董事，代表股东大会行使公司权力的董事会被劫持，董事会成了艾斯纳个人的董事会。

在 2001 年罗伊·E. 迪士尼还是最大股东的时候，曾向艾斯纳提议把他的一个儿子安插到公司董事会中，为公司向迪士尼家族下一代交接做好准备，但遭到艾斯纳无情的阻拦，可见当时的董事会投票已经是艾斯纳的个人意志。2003 年，艾斯纳又利用 72 岁以上的董事会成员退休条款挤走了迪士尼家族在公司中仅存的血脉——罗伊·E. 迪士尼。这位当年将他引入公司并将他推上董事长兼 CEO 宝座的恩人，当然也是"艾氏"董事会的"外人"，一个"非自己人"，一个最后需要排除的"绊脚石"，实现了他对迪士尼公司的完全控制，把迪士尼窃为己有，变成了自己的独立王国，仆人最终成了主人。

2. 失效的董事会

公司董事会一般通过建立以独立董事为主的提名委员会、薪酬委员会和审计委员会等来约束 CEO 的决策行为。由提名委员会来提名董事和 CEO、CFO（首席财务官）、COO（首席运营官）等高层管理人员，然后由董事会审核批准，而不是反过来由 CEO 提名并任命董事人选。而独立董事为主的薪酬委员会制定 CEO 等高层管理人员的薪水和其他报酬，可避免"豺狼们"自己给自己定薪水，或者操控董事会，勾结所谓的薪酬专家或顾问。

迪士尼公司董事会的失效在迈尔克·奥维茨的 1.4 亿美元"遣散费"一案中得到了充分暴露。艾斯纳在赶走了卡曾伯格等公司里的人才后，就把公司变成了对他言听计从的天下，公司也由此失去了活力，从而遭受各方面的批评。艾斯纳于是招揽了自己的好友奥维茨进入公司，但在朋友想独立做事的时候，艾斯纳马上赶走了奥维茨。董事会提名委员会的作用在其中近乎为零，完全是 CEO 艾斯纳一个人做主。奥维茨在位 10 个月就拿走公司 1.4 亿美元的遣散费，而公司薪酬委员会对此的作用又是零。当股东集体诉讼他们的投资被如此浪费的时候，董事会居然一致支持 CEO。法官在暂时无相关法律的情况下，按照商业判例法则最终判迪士尼公司董事会无罪，但法官钱德勒仍表达了自己的愤慨："艾斯纳往董事会里安排了很多朋友和熟人，说明这些人自愿听从艾斯纳的意愿，并不是真正独立的人。"钱德勒把艾斯纳叫作"精通权术的人"和"帝国主义者"，并谴责他是美国企业的坏榜样。被激怒的股东们渐渐清醒过来，不再满足于在媒体上谴责，而是开始追问一个真正的问题：当公司发生状况前、发生状况时、发生状况后，我们的董事在哪里？董事对股东和公司的勤勉义务、忠诚义务、熟悉义务和注意义务在哪里？董事对公司的信托责任在哪里？违背这些义务和责任的董事如何接受公司治理条例的处理？大部分股东对此仍然选择消极策略"用脚投票"，卖掉股票走人。而少数选择积极策略的股东则通过集体诉讼来维权，尤其是机构投资者，因为这些机构投资者持有的股票比较多，而且他们也比散户股东掌握更多的公司治理知识。目前追求公司长远发展目标的机构投资者越来越关注公司治理的趋势，甚至有机构投资者自己提名公司治理专家进入董事会任董事。

2004年3月3日，迪士尼公司股东大会上艾斯纳虽然操纵着股东大会，董事长和CEO的人选只有他自己，但股东在没有其他人选的情况下，对艾斯纳投了43%的不信任票。加州公务员退休基金坚持要求公司按照最佳准则的建议将董事长和CEO分设，最终艾斯纳被迫辞去了董事长职务，另外一名同样被股东投了24%不信任票的美国前参议员、公司首席董事乔治·米切尔继任董事长，而艾斯纳仍留任CEO。"艾氏"董事会在股东们投出如此多的反对票的情况下，却仍然表示对管理层的信任。可想而知，股东们当然不会就此罢休。当时一位股东服务机构的发言人就表示，迪士尼董事长和CEO职务的分离仅仅是公司管理改革的第一步。果然一年之后，2005年9月30日，艾斯纳被迫辞去了CEO、董事、顾问等一切和迪士尼有关的职务。

(资料来源：百度文库，2018-12-07)

讨论：为什么在艾斯纳管理迪斯尼的20年中，前后两个10年的好坏如此泾渭分明，根本原因何在？

第3章 股东及股东(大)会结构设计

学习目标

1. 熟悉股东的定义、类型及股东的权利和义务。
2. 掌握各种类型股份的含义、特点及股份比例设计。
3. 掌握股权的类型及股权结构模式的内涵与特点。
4. 熟悉股东(大)会的类型、性质与职权,以及股东(大)会表决制度的形式与特点。
5. 了解中小股东权益维护的措施。

本章导读

在现代股份制企业中,股东是公司存在的基础,是公司的核心要素,没有股东,就不可能有公司。股东(大)会由全体股东组成,它既是一种定期或临时举行的由全体股东出席的会议,又是一种非常设的由全体股东所组成的公司最高权力机关,它对公司重大事项进行决策,有权选任和解除董事,并对公司的经营管理有广泛的决定权。股权结构是决定公司决策方式的重要基础。股东(大)会是公司的最高层决策机构,股权结构的无效将在一定程度上导致公司决策的无效,并引发一系列的股东矛盾,进而影响公司经营。股份制企业重大决策的实质决定方式是与股权分布息息相关的。

引导案例

一次失败的探索

黄河集团是以家族成员为核心进行经营管理的一家民营企业。集团的掌门人杨纪强从企业发展的长远目标出发,一直进行将企业由家族式企业转为现代制企业的探索。1993年12月,集团拿出部分优质资产成立了由其控股的兰州黄河企业股份有限公司。黄河集团的发展和向现代企业转制的努力和探索得到了当地政府的热心扶持。1997年,甘肃省获得6个上市名额,其中一个指标就给了兰州黄河企业股份有限公司。

在准备上市时,杨纪强希望借公司上市的机会把转制再向前推进一步。1997年9月,杨纪强聘请了曾长期跟踪报道黄河集团的记者王元为黄河集团公司副总经理，并任兰州黄河企业股份有限公司副董事长兼总经理，负责股份公司的上市和宣传工作。1999年6月23日，兰州黄河股票上市，杨纪强出任公司董事长，王元任该公司副董事长兼总经理。此外，还聘请了包括国内知名学者王钰、国内公司法专家董安生等7名非出资人担任董事，王钰和董安生为独立董事，这7人占据11名董事会席位的多数。

杨纪强是在矛盾中尝试着将自己的家族企业转为现代企业。一方面，他认识到家族管理对企业发展的制约，特别是在利用资本市场方面的局限，所以发起成立股份公司，并聘请社会人士出任董事会成员和经理人员；另一方面，他又想将股份公司置于自己的控制之下，这是造成日后他同董事会一些人士产生矛盾的根源。股份公司上市后不久，杨纪强与王元的矛盾逐渐暴露出来，最后到了剑拔弩张、不可调和的地步。王元指责杨纪强的家族公司一股独大，滥用控股地位，侵占股份公司资产，三次强行从股份公司划拨募集资金5 107万元，从而招致一些董事会成员的不满。而杨纪强指责王元未经董事会授权，在第一大股东和股份公司董事长在内的多数董事会成员不知情的情况下，私自以低价转让第一大股东的股权。其间，两人多次各自召集并召开由部分董事会成员参加的董事会会议。两人的矛盾发展成为一部分董事会成员同另一部分董事会成员的矛盾。

为了恢复公司秩序，兰州黄河企业股份有限公司监事会和3家大股东按照有关规定申请并获有关方面批复，于1999年12月29日召开了临时股东大会。占公司股份49.08%的6家发起人股东代表全票通过了会议议案：免去上一届全部董事和监事，选举产生了新一届董事及监事。继续选择杨纪强为公司董事长，杨纪强之子杨世江为公司副董事长，解聘全部高管人员，由杨世江兼任总经理。在新组成的董事会中，上届8名董事被全部换掉。其中王钰、董安生两位独立董事请辞亦未获挽留，董事长和他的两个儿子占据了11席中的3席，这次临时股东大会使董事长与总经理的个人冲突暂时画上了句号，公司的经营管理恢复了正常。但上市后公司的内部纷争、董事会人士的大更迭，使企业转制的探索失败。

（资料来源：齐东平. 一次失败的探索［J］. 企业管理，2000（3）：43-44.）

思考：假如你是杨纪强，应该如何实施公司的股份制改造？

3.1 股 东

3.1.1 股东的定义

股东（Shareholder）是股份公司的出资人或投资人，股份公司中持有股份的人，有权出席股东大会并享有表决权。此外，股东也可指其他合资经营的工商企业的投资者。

股东是公司存在的基础，是公司的核心要素，没有股东，就不可能有公司。根据《公司法》的规定，有限责任公司成立后，应当向股东签发出资证明书，并置备股东名册，记载股东的姓名或者名称及住所、股东的出资额、出资证明书编号等事项。《公司法》同时规定，有限责任公司股东依法转让其出资后，应由公司将受让人的姓名或者名称、住所以及受让的出资额记载于股东名册。据此，未依上述规定办理过户手续者，其转让对公司不产生法律效力。由此可见，有限责任公司的股东应向公司出资，并将其名字登记在公司股东名册上。

对于股份有限公司，我国《公司法》既允许发行记名股票，也允许发行无记名股票。公司发行记名股票的，应当置备股东名册，记名股票的转让由公司将受让人的姓名或者名称及住所记录载于股东名册，据此应理解为：股份有限公司的记名股票的持有人即为公司股东，而无记名股票的持有人则须同时将其姓名或名称及住所记载于股东名册，方能成为公司股东。另外，股东作为公司的出资人，也具有其相应法律地位，主要表现如下。

(1) 在股东与公司的关系上，股东享有股东权，即股东作为出资者按其出资数额（股东另有约定的除外）而享有所有者的分享收益、重大决策和选择管理者等权利，同时承担相应的义务。股东基于自己的出资或持有的股份，对公司承担义务，享有权利。

(2) 在股东之间的关系上，股东地位一律平等。股东基于其股东资格，按所持股份的性质、数额享受平等待遇，原则上同股同权，同股同利，但公司章程可进行其他约定。

比较特殊的是，国有独资公司由国务院或者地方人民政府委托本级人民政府国有资产监督管理机构履行出资人职责的，可以视为"股东"。

3.1.2 股东的类型

由于公司的性质和类型不同，投资者向公司出资的时间以及取得股权的方式和种类不同，按照不同的标准可以对股东做出以下分类。

1. 隐名股东和显名股东

以出资的实际情况与登记记载是否一致，公司股东分为隐名股东和显名股东。隐名股东是指虽然实际出资认缴认购公司出资或股份，但在公司章程、股东名册和工商登记等材料中却记载为他人的投资者，隐名股东又称隐名投资人、实际出资人。显名股东是指在正常状态下，出资情况与登记状态一致的股东。根据《公司法》的规定，有限责任公司成立后，应当向股东签发出资证明书，并置备股东名册，记载股东的姓名或者名称及住所、股东的出资额，出资证明书编号等事项。

2. 机构股东和个人股东

以股东主体身份来划分，公司股东可分为机构股东和个人股东。机构股东指享有股东权的法人和其他组织，包括各种基金、保险机构等。个人股东是指一般的自然人股东。

3. 创始股东与一般股东

以获得股东资格的时间和条件来划分，公司股东可分为创始股东与一般股东。创始股东是指为组织设立公司、签署设立协议或者在公司章程上签字盖章，认缴出资，并对公司设立承担相应责任的人。一般股东是指因出资、继承、接受赠予而取得公司出资或者股权,并因而享有股东权利、承担股东义务的人。

4. 控股股东与非控股股东

以股东持股的数量和影响力来划分,公司股东可分为控股股东与非控股股东。控股股东又分为绝对控股股东与相对控股股东。控股股东是指其出资额占公司资本总额50%以上或依其出资额所享有的表决权已足以对股东、股东(大)会的决议产生重大影响的股东。与之相对的股东就是非控股股东。

5. 大股东与中小股东

按照公司支配权与持有的表决权资本数量来划分,公司股东可分为大股东和中小股东,这是一组相对的概念。一般来说,以公司中股东持有的股份数为标准,持有多数股份的股东为大股东。大股东可依靠其掌握的相对较多的表决权资本数量享有控制权。相对持股较少的是中小股东,掌握具有表决权资本数量相对较少的第二大股东和广大中小股东的控制权依次弱于大股东。虽然大股东通常会处于拥有公司支配权的地位,但是其与控股股东的概念不完全一致。如可以存在不拥有支配权的大股东,也可以存在不持有多数股份的控股股东。

3.1.3 股东的权利和义务

1. 股东的权利

股东权利又称股东权,是指在按《公司法》注册的企业中,企业财产的一个或多个权益所有者拥有的权利和按相应的方式、程序来行使权利。相对于所有权、产权、出资人权利而言,股东权利是最清楚、明确的权利。具体表现如下。

(1) 知情质询权。有限责任公司股东有权查阅、复制公司章程、股东会会议记录、董事会会议决议、监事会会议决议和财务会计报告;股份有限公司股东有权查阅公司章程、股东名册、公司债券存根、股东大会会议记录、董事会会议决议、监事会会议决议、财务会计报告等,对公司的经营提出建议或者质询;董事、高级管理人员应当如实向监事会或者不设监事会的有限责任公司的监事提供有关情况和资料,不得妨碍监事会或者监事行使职权;股东有权知悉董事、监事、高级管理人员从公司获得报酬的情况;股东(大)会有权要求董事、监事、高级管理人员列席股东会议并接受股东的质询。

(2) 决策表决权。股东有权参加(或委托代表参加)股东(大)会并根据出资比例或其他约定行使表决权、议事权。《公司法》还赋予对违规决议的请求撤销权,规定:如果股东(大)会、董事会的会议召集程序、表决方式,违反法律、行政法规和公司章程,或者决议内容违反公司章程的,股东可以自决议作出之日起60日内,请求人民法院撤销。

(3) 选举权和被选举权。股东有权选举和被选举为董事会成员、监事会成员。

(4) 收益权。股东有权依照法律、法规、公司章程规定获取红利,分取公司终止后的剩余资产。

(5) 强制解散公司的请求权。《公司法》第一百八十二条规定,公司经营管理发生严重困难,继续存续会使股东利益受到重大损失,通过其他途径不能解决的,持有公司全部股东表决权 10% 以上的股东，可以请求人民法院解散公司。

（6）**股东代表诉讼权**。股东代表诉讼，又称派生诉讼、股东代位诉讼，是指公司的董事、监事和高级管理人员在执行职务时违反法律、行政法规或者公司章程的规定，给公司造成损失，而公司又怠于行使起诉权时，符合条件的股东可以以自己的名义向法院提起损害赔偿的诉讼。《公司法》第一百四十九条规定，董事、监事、高级管理人员执行公司职务时违反法律、行政法规或者公司章程的规定，给公司造成损失的，应当承担赔偿责任。第一百五十一条则规定，他人侵犯公司合法权益，给公司造成损失的，连续 180 日以上单独或者合计持有公司 1% 以上股份的股东，可以依照规定向人民法院提起诉讼。而第一百五十二条规定，董事、高级管理人员违反法律、行政法规或者公司章程的规定，损害股东利益的，股东可以向人民法院提起诉讼。

在公司高管侵犯公司利益和股东权利的情况下，中小股东的举证能力处于劣势地位。根据《中华人民共和国民事诉讼法》（以下简称《民诉法》）"谁主张谁举证"的原则，让受损的中小股东承担对损害事实、损害后果和因果关系的证明责任是不公平的。因此有必要根据公平原则对举证责任进行合理分配，保护处于弱势地位的中小股东的诉讼权利。如对于公司保管的财务会计报告、合同等资料，可裁定公司和董事、高级管理人员承担证据提举责任，拒不提供的则可让其承担不利后果。此外，对中小股东调查取证存在困难的，法院应当根据当事人的申请或主动依职权调查取证。

（7）**优先权**。股东在公司新增资本或发行新股时，在同等条件下有认缴优先权，有限公司股东还享有对其他股东转让股权的优先受让权。

（8）**临时股东会的提议召集权**。

（9）**公司章程规定的其他权利**。

在这里，如果是有限公司，则主要体现为"单独股东权"；如果是股份有限公司，则主要体现为"少数股东权"，以维护小股东利益。

2. 股东的义务

权利和义务总是相对的，股东享有权利，也要承担义务。根据我国有关法律、法规的规定，公司的股东应承担以下义务。

（1）遵守法律、行政法规和公司章程。

（2）按时足额缴纳出资，不得抽逃出资。

（3）不得滥用股东权利损害公司或者其他股东的利益，如有侵害，应当依法承担赔偿责任。

（4）不得滥用公司法人独立地位和股东有限责任损害公司债权人的利益。公司股东滥用公司法人独立地位和股东有限责任，逃避债务，严重损害公司债权人利益的，应当对公司债务承担连带责任。

3.2 股份与股权结构

3.2.1 股份的含义与种类

1. 股份的含义

投资者（股东）向股份有限公司的投资即为股份（Stock）。股份是股份有限公司资本构成的基本单位和最小单位，股份是股东权利与义务的产生根据和计算单位；股份通过股票表现其价值，并且可转让。

2. 股份的种类

依据不同的标准，可以将股份有限公司的股份划分为不同的种类。

（1）根据股东所享有权益的内容和承担风险的大小，可将股份分为普通股份和优先股份。

①普通股份，即普通股，指股东所拥有的权利和承担的义务在性质上完全相等，没有差别待遇的股份。普通股是股份有限公司资本中最重要、最基本的股份。各国立法普遍赋予普通股具有表决权，特别是要求上市公司的普通股必须具有表决权，并禁止以章程或股东（大）会决议予以剥夺或限制。这样，拥有普通股数量的多少决定了股东对公司事务的控制程度。

普通股具有以下特点：一是股利不固定，一般视公司有无利润、利润多少、现金情况而定，而且在支付了公司债券利息和优先股股利后才能分配。不过，如果公司利润丰厚，普通股股利不封顶，普通股股东是公司获利的主要受益者；反之，在公司亏损时，不仅没有股利，还可能连本亏掉。二是在公司清算时，普通股东要排在公司债权人和优先股股东之后分配公司剩余财产。三是普通股一般都享有投票表决权，即参与公司重大问题投票决策。四是许多公司的普通股股东享有优先购股权，即普通股股东可以按一定比例优先购买新发行股票。

②优先股份，也称优先股，即比普通股享有优先权的股份。

优先股具有以下特点：一是优先股可优先参加分配股利或剩余财产，且股利一般是固定的，不受公司经营状况等因素的影响。二是优先股在分配公司盈余或剩余财产方面享有优先权利，相应地，其表决权等权利受到限制或剥夺，这是优先股在取得优先权时所付出的代价。

（2）根据股份有无表决权，可将股份分为表决权股份和无表决权股份。

①表决权股份，即在任免董事等公司重大事项上享有无条件的表决权的股份。表决权股份具体又分为三种：普通表决权股份，指每股享有一票表决权的股份；多数表决权股份，指一股享有一票以上（如两票或更多票）表决权的股份，这种股份一般由特定股东如董事、监事拥有；限制表决权股份，指表决权受到公司章程限制的股份，如优先股。设置多数表决权股份是为了保持特别股东对公司事务的控制权，但多数表决权股份助长了少数

股东的特权，公司容易被少数股东操纵。

②无表决权股份，指依据法律或公司章程取消了表决权的股份。依法被剥夺表决权的股份，主要是公司的自有股份；依据章程自愿放弃表决权的股份，主要是享有分配公司利润或剩余财产的优先股。此外，还有表决权受到公司法或章程限制的股份，即限制表决权股份。如有的公司法规定，股东持有股份占公司资本的一定比例（如30%）时，公司应以章程限制其表决权，这是为了防止大股东对公司事务的操纵和对小股东权益的侵害。

3.2.2 股份比例设计

股份比例，即每个股东投入的股份占总股本的比例，如注册资本为100万元，1元1股，总股本为100万股。A股东投入90万元，即持有90%的股份。B股东投入10万元，即持有10%的股份。在公司股份比例中，持有66.7%的股份具有绝对控制权，在董事会和股东大会上拥有绝对的表决权；持有51%的股份具有相对控制权，在董事会经营决策上，拥有超过半数的表决权；持有33.4%的股份具有否决权，即拥有1/3的否决权。

1. 设置股份比例的原则

（1）一般以出资额为准，这是确定今后行使表决权的基础。

（2）股份比例最好不要均等，若股份比例均等，在股东意见不一致的情况下，就会面临困局，如两个股东的公司股份比例为50%∶50%，三个股东的公司股份比例为33%∶33%∶34%等。在实际运作中，最好有明显的股份梯次。

（3）要有核心股东能够掌握控制权和话语权。

（4）股东之间要资源互补。股东之间的合作不仅是资金的集合，更是股东在资金之外的其他资源的互补，如技术、运营、品牌、专利、政策等。

（5）股东之间要信任。股东之间合作是为了一个目标，是通过契约关系结合的经济组织，股东之间要共创、共担、共享。

案例 3-1

真功夫与海底捞：世上最差股权结构公司的不同命运

1. 真功夫

潘宇海在东莞长安镇107国道旁开了一家"168甜品店"。1994年其姐姐潘敏峰和姐夫蔡达标加入并投资4万元。潘宇海自己也出资4万元，并把"168甜品店"改为"168快餐店"。股权结构是潘宇海占50%，姐姐和姐夫各占25%。初期，企业经营以潘宇海为主，姐姐主管收银，姐夫做店面扩张。

1997年，"168快餐店"借助其电脑程控蒸汽设备，攻克了中式快餐的"速度"和"标准化"两大难题，开始在全国各地开设连锁店，企业快速发展起来，并更名为"东莞市双种子饮食有限公司"。在这个阶段，负责店面扩张的蔡达标对企业的贡献越来越大。2003年，企业的主导权从潘宇海转到了蔡达标手中。2004年，公司确定总体发展战略，将品牌名称改为"真功夫"。2006年9月，蔡达标和潘敏峰夫妇离婚，潘敏峰所持有的25%股权归蔡达标所有。至此，潘宇海与蔡达标各占50%的股权。

真功夫出色的商业模式和发展业绩,以及中式快餐市场的广阔前景,吸引了众多股权投资基金。2007年10月,今日资本和中山联动两家私募股权投资基金投资真功夫。真功夫市场估值50亿元,两家投资基金各投入1.5亿元,各占3%的股权,蔡达标和潘宇海的股权比例由50%降为47%。

这时蔡达标和潘宇海的发展思路出现了严重分歧。蔡达标追求企业快速发展,潘宇海重视企业稳健发展,蔡达标和潘宇海为争夺公司控制权斗争多年。之后,潘宇海之妻向公安机关报案,2011年3月17日,蔡达标被广州警方以"涉嫌经济犯罪"的名义带走。

2013年12月13日,广州市天河区法院认定,真功夫前董事长蔡达标职务侵占和挪用资金两项罪名成立,判处有期徒刑14年,没收个人财产100万元。真功夫的命运表明了股权结构对于企业发展的重要性。

2. 海底捞

1994年,四个关系很好的年轻人在四川简阳开了一家只有四张桌子的小火锅店,这就是海底捞的第一家店。现在的海底捞董事长兼总经理张勇没有出一分钱,其余三人凑了8 000元,四人各25%的股权。后来,这四个年轻人结成了两对夫妻,两家各占50%的股权。

随着企业的发展,没有出一分钱的张勇认为另外三个股东跟不上企业的发展,毫不留情地先后让他们离开企业,只做股东。张勇最先让自己的太太离开企业,2004年让另一股东施永宏的太太也离开企业。2007年,海底捞步入快速发展时期,张勇让无论是股权投入还是时间和精力付出都与自己平分秋色且具有20多年交情的施永宏也离开了企业。张勇让施永宏下岗的同时,还以原始出资的价格,从施永宏夫妇的手中购买了18%的股权,张勇夫妇成了海底捞的绝对控股股东。

2007年,在海底捞成立了13年后,一方股东却将18%的股权以13年前原始出资额的价格转让给了另一方股东,这简直匪夷所思。施永宏是如此回答的:"后来我想通了,股份虽然少了,赚钱却多了,同时也清闲了。还有,他是大股东,对公司就会更操心,公司发展会更好。"

问题:试讨论公司股权结构对公司治理的影响。

(资料来源:南方都市报,2013-12-17)

2. 股份集中度设计

股份集中度指第一大股东所持有的股份与后面 n 个股东所持有股份之和的比值关系。

股份集中度大于1,股份集中,说明第一大股东具有控制权。股权集中的一个优势是存在一个有足够控制权和足够激励的股东主动监督公司的经营管理,并确保公司以股东利益最大化原则运营。股权集中的一个劣势是大股东可能滥用权力,迫使管理层作出对自己有利却损害中小股东利益的决策。

股份集中度小于1,股东较为分散,说明第一大股东的控制权不稳定,有可能遭到其他股东的联合抵制。

股权结构分散的优势有以下几点。一是提高了股票的变现能力。随着有更多的投资者持有股票，有可能形成一个活跃的股票市场，股票出售者将更容易找到股票购买者。同时，更高的股票变现能力最终会使资金成本更低，有利于公司整体利益的提升以及市场价值的提高。二是股权结构分散，权力分配也较为分散，在股东之间形成一种制衡机制，有利于产生权力制衡和民主决策。

股权结构分散的劣势是存在股东搭便车问题。如果一家公司股权过度分散，那么可能没有人具有足够的动力来监督公司的管理。如果其中的一个股东决定花费时间、金钱及精力来监督公司的管理，好处将由所有股东分享，成本却由执行监督的股东自己承担，那么对于单一股东而言，监督成本很可能高于其本应该获得的收益。因此，在股权分散的公司中，管理层可能只受到很少的监督或几乎没有受到任何监督。

3.2.3　股权结构模式

1. 股权的分类

股权结构是指股份公司总股本中，不同性质的股份所占的比例及其相互关系。股权即股票持有者所具有的与其拥有的股票比例相应的权益，是基于其股东资格而享有的权利。按照股权的不同属性，股权可以进行如下划分。

（1）股权控制权与意思表决权。

股权控制权一般是相对于所有权而言的，是指通过股份持有对某项资源的支配权，并不一定对资产享有所有权。通过持有更多的股份，股东可取得对公司的控制权。一般来说，持有66.7%~100%的股份，具有绝对控制权；持有51%~66.7%的股份，具有相对控制权；持有33.4%~51%的股份，具有一票否决权。

意思表决权又称股东议决权，是指股东基于出资人地位而享有的对股东大会的审议事项作出一定的意思表决的权利。股权控制权与意思表决权有时一致，有时不一致，主要表现在股权与表决权的分享。在现实中，公司权利的实现主要体现于表决权的制度安排。

意思表决权具有以下性质。

①表决权为一种固有权。表决权系基于股东地位而从股东权中延伸出来的一种权利，除非依据法律规定，否则不容公司章程或股东大会决议予以剥夺或限制。

②表决权为一种共益权。表决权的行使固然要体现出各股东的利益和要求，但公司的意思表示是由多个股东表决权的行使汇集而成的。表决权行使必须介入公司和其他股东的利益，此种介入形式既可表现为对公司和其他股东利益的尊重和促进，又可表现为对公司和其他股东利益的限制和压抑。

③表决权为单独股东权。这是一股一表决权原则的必然要求。

④表决权为一种特殊的民事权利。当表决权为公司所侵害时，股东可以此为由提起撤销股东会决议的诉讼，并对直接参与此种侵权行为的董事请求损害赔偿；当表决权为第三人所侵害时，股东可依《中华人民共和国民法典》中有关侵权责任的一般原则，向侵权人请求停止损害、排除妨碍和损害赔偿。

（2）自益权和共益权。

自益权是指股东专为自己的利益而行使的权利。股东的自益权主要包括获得出资证明或股票的请求权、股份转让过户权、出资转让权、新股认购优先权、可转换股份转换请求权、分配股息红利等投资受益权、剩余财产分配权等。

共益权是指股东为自己的利益同时兼顾公司的利益而行使的权利。股东的共益权主要包括出席股东会权、表决权、选任公司董事等管理人员的请求权、代表诉讼提起权、股东会召集权、提案权、质询权、股东会或董事会决议无效确认请求权和撤销请求权、申请特别清算权、公司重要文件查阅权等。

可见,自益权与共益权就其内容而言,前者主要表现为股东自身的、直接的经济利益,多具有所有权的内容;后者主要表现为股东对公司经营的参与和监督,多具有所有权中的占有、使用、管理等权利的内容。二者相辅相成,共同构成了股东所享有的完整股权。

(3) 固有权和非固有权。

固有权又称法定股东权或不可剥夺权,是指公司法赋予股东的、不得以公司章程或股东会决议予以剥夺或限制的权利。非固有权又称非法定股东权或可剥夺权,是指可由公司章程或股东会决议予以剥夺或限制的权力。划分固有权和非固有权的标准在于明确股东的哪些权利是法定不可剥夺或限制的、哪些权利是可依公司章程或股东会决议予以剥夺或限制的,从而既可加强对股东权的保护,又可对股东权利重新进行分配或配置。如果股东的固有权被公司限制或者剥夺,属于公司的违法行为,股东可依法主张权利。

(4) 单独股东权和少数股东权。

单独股东权是指不论股东持股数多少,股东一人即可依自己的意志而单独行使的权利。单独股东权包括股东在股东会上的表决权、宣告股东会决议无效的请求权。

少数股东权又称共同股东权,是指持有公司已发行股份一定比例以上的股东才能行使的权利。少数股东权的行使与股东人数的多少并无必然联系,行使少数股东权的关键是必须持有一定数额或比例的出资或股份。因此少数股东既可以是持股达到一定比例以上的单个股东,也可以是持股数总计达到一定比例以上的多个股东。设立少数股东权是为了防止多数股东滥用多数表决规则。因此,共益权多属于少数股东权,自益权均属于单独股东权。

(5) 一般股东权和特别股东权。

一般股东权是指公司的普通股东行使的权利。特别股东权是指公司的特别股东(如优先股股东、劣后股股东、发起人股东等)才可以享有的权利,公司的特别股东虽然享有某些特别的权利,不过其权利和义务也是对等的,他们在某些权益上的所得往往少于公司的普通股东。

2. 股权结构模式

按照公司所有权和控制权的组合可以划分为四种模式,如表 3-1 所示。

表 3-1 股权结构模式

组合模式		控制权	
		弱	强
所有权	分散	组合 A:分散的所有权和弱控制权	组合 B:分散的所有权和强控制权
	集中	组合 C:集中的所有权和弱控制权	组合 D:集中的所有权和强控制权

（1）组合 A：分散的所有权和弱控制权。

这种组合模式增加了股票流动性和公司被收购的可能性，且公司可能缺少来自分散股东的监管，如何处理股东与管理层之间的委托—代理问题是关键。可口可乐公司就是这种模式，如表 3-2 所示。

表 3-2　可口可乐公司的前十位最大股东（2019 年年报）

投资者名称	持股比例/%
伯克希尔·哈撒韦	9.35
先锋集团	7.41
财富四分卫公司	4.47
惠灵顿管理集团	2.16
摩根大通	1.46
资本研究全球投资者	1.37
资本国际投资者	1.31
FMR 公司	1.30
GEODE 资本管理	1.24
美洲银行	1.21

资料来源：马克·格尔根. 公司治理 [M]. 王世权，等，译. 北京：机械工业出版社，2014。

（2）组合 B：分散的所有权和强控制权。

这种组合模式是在所有权分散的条件下采用杠杆控制，即用少量的股权控制相当大比例的表决权，具体的控制方式有以下几种。

①所有权金字塔控制。所有权金字塔控制是指入股东通过设置多层的子公司，以较少量的现金流拥有更多的公司控制权。例如，A 公司用 51% 的股份控制 B 公司，B 公司用 51% 的股份控制 C 公司，C 公司最终由 A 公司控制，即 A 公司通过 26.01%（51%×51%）的股份拥有 C 公司的控制权。

②交叉持股控制。交叉持股又称相互持股，是指两个以上的公司基于特定的目的，互相持有对方发行的股份而形成的企业法人间相互参股。交叉持股一方面可以稳定公司的股权结构，规避被并购的风险；另一方面可以降低经营失败的风险，推动公司之间的合作，带来协同效应。例如，A 公司联合 B、C 两个公司，分别投资 2 000 万元、1 000 万元、1 000 万元，成立 D 公司，A 公司在设计 D 公司的股权结构时，让 D 公司再给 A 公司投资 1 000 万元，持有 A 的股份。这样，A 公司实际上与 B、C 两个公司出资一样多，都是 1 000 万元，但 A 公司拥有 D 公司 50% 的股份，具有绝对控制权。

③代理投票控制。代理投票制度是指召开股东大会时，股东本人因故不能参加，可以委托他人代表自己参加股东大会并行使表决权的投票制度。股东委托书由公司印发，一个股东出具一张委托书，以委托一人为限，应于股东大会五日前送达公司。委托书通常载明授权范围、委托—代理人、出席股东大会行使表决权是否合法等。某个股东即使只有少量股份，也可利用征集代理投票的方式，实现控制公司的可能性。我国《公司法》第一百零

七条规定:"股东可以委托代理人出席股东大会会议,代理人应当向公司提交股东授权委托书,并在授权范围内行使表决权。"

> **案例 3-2**
>
> **持股比例低于其他股东,怎么就被认定为控股股东了呢?**
>
> 2017年6月19日,咸华股份(002240)发布公告称,公司控股股东及实际控制人发生变更,控股股东由李建华变更为盛屯集团。李建华持股比例为10.49%,为公司第一大股东,盛屯集团持股比例为8.15%,为公司第三大股东。
>
> 盛屯集团持股比例低于李建华,怎么就变成控股股东了呢?原来李建华与盛屯集团签订了《表决权委托协议》,李建华将其持有的咸华股份51 475 200股(占公司总股本的10.49%)对应的表决权及提名和提案权委托给盛屯集团行使,本次表决权委托后,盛屯集团可实际支配表决权的股份占公司股份总数的比例为18.64%,成为公司的控股股东。
>
> (资料来源:中国证券报,2017-06-19)

④一致行动人联合投票控制。根据中国证监会发布的《上市公司收购管理办法》(2020年修订)第八十三条的规定:"本办法所称一致行动,是指投资者通过协议、其他安排、与其他投资者共同扩大其所能够支配的一个上市公司股份表决权数量的行为或者事实。"一致行动人通过协议、合作、关联方关系等合法途径扩大其对一个上市公司股份的控制。

> **案例 3-3**
>
> **网宿科技《一致行动人协议》**
>
> 陈宝珍和刘成彦分别持有网宿科技34.86%和21.37%的股份,为网宿科技第一大股东和第二大股东,其于2009年4月签署了《一致行动人协议》,该协议自双方签署后生效,至网宿科技首次公开发行股票并交易36个月届满后失效,该协议对双方保持一致行动事宜进行如下约定:
>
> (1)在处理有关公司经营发展且需要经公司股东大会审议批准的重大事项时应采取一致行动。
>
> (2)采取一致行动的方式为:就有关公司经营发展的重大事项向股东大会行使提案权和在相关股东大会上行使表决权时保持充分一致。
>
> (3)如任一方拟就有关公司经营发展的重大事项向股东大会提出议案时,须事先与另一方充分进行沟通协商,在取得一致意见后,以双方名义共同向股东大会提出提案。
>
> (4)在公司召开股东大会审议有关公司经营发展的重大事项前须充分沟通协商,就双方行使何种表决权达成一致意见,并按照该一致意见在股东大会上对该等事项行使表决权。如果协议双方进行充分沟通协商后,对有关公司经营发展的重大事项行使何种表决权达不成一致意见,双方在股东大会上对该等重大事项共同投弃权票。
>
> (资料来源:中财网,2018-07-16)

⑤表决权分设控制。该控制方式是指同样的股份享受不同的表决权利。具体有两种情况，一是优先股份，二是双重股权结构。

优先股份，也称优先股，即比普通股享有优先权的股份。根据《上市公司章程指引》(2019年修订) 第十五条规定中的注释，发行优先股的公司，应当在章程中明确以下事项：优先股股息率采用固定股息率或浮动股息率，并相应明确固定股息率水平或浮动股息率的计算方法；公司在有可分配税后利润的情况下是否必须分配利润；如果公司因本会计年度可分配利润不足而未向优先股股东足额派发股息，差额部分是否累积到下一会计年度；优先股股东按照约定的股息率分配股息后，是否有权同普通股股东一起参加剩余利润分配，以及参与剩余利润分配的比例、条件等事项；其他涉及优先股股东参与公司利润分配的事项；除利润分配和剩余财产分配外，优先股是否在其他条款上具有不同的设置；优先股表决权恢复时，每股优先股股份享有表决权的具体计算方法。

双重股权结构。双重股权结构也称为二元股权结构、双重股权制，是一种通过分离现金流和控制权而对公司实行有效控制的有效手段。区别于同股同权的制度，在双重股权结构中，股份通常被划分为高、低两种投票权。高投票权的股票拥有更多的决策权。

> **案例3-4**
>
> **京东的双重股权结构**
>
> 根据京东招股说明书，上市前夕京东的股票区分为A股和B股，机构投资者的股票被指定为A股，每股只有一个投票权。刘强东持有的23.1%的股权（含代持的4.3%激励股权）被指定为B股，每股有20个股票权。因此，上市前夕实行A、B股计划后，虽然机构投资者会收回此前委托给刘强东行使的投票权，但通过A、B股计划1:20的投票权制度设计，刘强东掌控的投票权不但不会下降，还会提高。
>
> （资料来源：百度文库，2006-06-08）

(3) 组合C：集中的所有权和弱控制权。

这种组合模式实行表决权最高限制，即限制单一股东在股东大会上行使投票权的最大比例，或者投资人仅对关系其核心经济利益的少部分特定事项（如公司发行新股、分红与清算等）具有一票否决权，以保障决策效果和决策效率，平衡双方利益。

(4) 组合D：集中的所有权和强控制权。

这种组合模式的优点是所有权被控股股东掌握，因此容易形成很强的监督激励。缺点是降低了资产变现能力和增值收购的可能性，以及存在大股东通过关联交易等手段侵占中小股东利益的可能性。

3.3 股东（大）会

3.3.1 股东（大）会的定义

股东（大）会是公司的最高权力机关，由全体股东组成，对公司重大事项进行决策，有权选任和解除董事，并对公司的经营管理有广泛的决定权，对于有限责任公司，一般称之为股东会；对于股份有限公司，一般称之为股东大会。

股东（大）会既是一种定期或临时举行的由全体股东出席的会议，又是一种非常设的由全体股东所组成的公司制企业的最高权力机关。它是股东作为企业财产的所有者，对企业行使财产管理权的组织。企业一切重大的人事任免和重大的经营决策一般都要得到股东（大）会的认可和批准方可有效。

法律规定，股东（大）会的议事方式和表决程序，除法律另有规定的以外，由公司章程规定。我国《公司法》在确定股东（大）会的议事方式和表决程序由公司章程规定的同时，对一些特定问题有明确规定，主要包括以下内容。

（1）股东（大）会对公司增加或者减少注册资本、分立、合并、解散或者变更公司形式作出决议，必须经代表三分之二以上表决权的股东通过。这一规定较通常的二分之一以上表决权通过的规定，扩大了利益保护的范围。

（2）公司可以修改章程，但修改公司章程的决议必经代表三分之二以上表决权的股东通过。

（3）股东（大）会会议由股东按照出资比例行使表决权。

（4）股东（大）会的首次会议由于尚未形成会议召开方法，故应由出资最多的股东召集和主持，依照《公司法》规定行使职权。

（5）股东（大）会会议分为定期会议和临时会议，定期会议应当依照公司章程的规定按时召开。代表十分之一以上表决权的股东，三分之一以上的董事，监事会或者不设监事会的公司的监事提议召开临时会议的，应当召开临时会议。

（6）公司设立董事会的，股东（大）会会议由董事会召集、董事长主持，董事长不能履行职务或者不履行职务的，由副董事长主持；副董事长不能履行职务或者不履行职务的，由半数以上董事共同推举一名董事主持。

（7）召开股东（大）会会议，应当于会议召开15日前通知全体股东。股东（大）会应当对所议事项的决定形成会议记录，出席会议的股东应当在会议记录上签名。

无论公司章程有无规定，股东（大）会会议的有关问题涉及上述方面的，都必须按规定的程序执行。《公司法》未作规定而章程有规定的，则可依章程规定的程序执行。

3.3.2 股东（大）会的类型

股东（大）会主要有以下三种形式。

1. 法定大会

凡是公开招股的股份公司，从它开始营业之日算起，一般规定在最短不少于一个月，最长不超过三个月的时期内举行一次公司全体股东大会。会议主要任务是审查公司董事在开会前 14 天向公司各股东提出的法定报告。目的在于让所有股东了解和掌握公司的全部概况以及进行的重要业务是否具有牢固的基础。

2. 年度大会

股东（大）会应当每年召开一次年会，通常是在每一会计年度终结后的 6 个月内召开。由于股东（大）会定期会议的召开多为法律强制，所以世界各国一般不对该会议的召集条件做具体规定。召开股东（大）会年会，应当将会议召开的时间、地点和审议的事项于会议召开 20 日前通知各股东。

年度大会内容一般包括选举董事、变更公司章程、宣布股息、讨论增加或者减少公司资本、审查董事会提出的营业报告，等等。

3. 临时大会

临时大会讨论临时的紧迫问题，股东（大）会临时会议通常是因为发生了涉及公司及股东利益的重大事项，无法等到股东（大）会年会召开而临时召集的股东（大）会议。临时大会一般应当于会议召开 15 日前通知各股东；发行无记名股票的，应当于会议召开 30 日前公告会议召开的时间、地点和审议事项。

关于临时大会的召集条件，世界主要国家大致有三种立法体制：列举式、抽象式和结合式。我国采取的是列举式，《公司法》第一百零四条规定，有以下情形之一的，应当在两个月内召开临时股东大会：①董事人数不足本法规定的人数或者公司章程所定人数的 2/3 时；②公司未弥补的亏损达实收股本总额 1/3 时；③单独或者合计持有公司股份 10% 以上的股东请求时；④董事会认为必要时；⑤监事会提议召开时。

德国、日本等国家的法律采取的是抽象式的立法体例，即不具体列举召集条件，而将决定权交由召集权人根据需要确定。

除了上述三种股东（大）会外，根据需要，还可以召开有特种股东（大）会。

3.3.3 股东（大）会的性质和职权

股东（大）会的性质，主要体现在以下两个方面。

1. 体现股东意志

股东（大）会是由全体股东组成的权力机关，它是全体股东参加的全会，而不应是股东代表大会。现代企业股权分散，股东上万甚至几十万，不可能全部出席股东（大）会。因此，股东不能亲自到会的，可以委托他人代为出席投票，以体现全体股东的意志。

2. 公司最高权力机关

股东（大）会是企业经营管理和股东利益的最高决策机关，不仅要选举或任免董事会和监事会成员，而且企业的重大经营决策和股东的利益分配等都要得到股东大会的批准。但股东大会并不具体和直接介入企业生产经营管理，它既不对外代表企业与任何单位发生关系，也不对内执行具体业务，本身不能成为企业法人代表。

3.3.4 股东会议表决制度

股东会议的决议是通过一定的表决制度形成的，所以某种决议能否获得通过以及通过的决议是否科学、正确，关键取决于股东会议表决制度的选择与安排。股东会议的表决制度通常有以下两种。

1. 举手表决

股东会议议案的表决在多数情况下是采用一人一票的举手表决制，获多数票的议案得以通过。举手表决制又称按人头表决，与股权的占有状态有联系，就是说不论股本的持有量是多少，一律一人一票。采用这一表决制度，委托投票的受托人不论其受委托的票数有多少，也只能投一票。举手表决制将股权的多少与议案的表决割裂开来，弱化了大股东的表决权限，加之受从众心理的影响，其表决结果一方面有悖于公平、公正、公开的投资原则，另一方面也未必能够准确反映广大股东们的真正意向。举手表决制的优点是操作简便、节省时间，所以只适合于那些象征性表决，或比较琐碎、不大容易引起争议的议案。但是，有些议案看似简单，在付诸表决时却极易引起争议。有争议的举手表决议案经某些股东提议后，可以通过投票表决重新审议。如果董事会所提议案被举手表决制否决，董事会成员或会议执行主席可以要求以投票表决方式重新审议。

一般说来，会议执行主席提出的复议要求是具备法律效力的。这主要是突出董事会在股东会议决策过程中的作用，使董事们能有更多的机会按自己的意愿，充分行使投票表决权。

2. 投票表决

投票表决制度经历了逐渐演进、成熟的过程，由早期的直接投票表决制度逐步过渡到现在的累积投票表决、代理投票表决和网络投票表决等多种投票表决形式。

（1）**直接表决制度**。直接表决制度是指当股东行使投票表决权时，必须将与持股数目相对应的表决票数等额地投向他所同意或否决的议案。譬如某股东的持股量为100股，表决议题是选举5个董事。直接表决制度规定，一股股票享有一票表决权，有效表决票数等于持股数目与法定董事人选的乘积，这样，该股东的有效表决票数就等于500（100×5）张。所以，该股东必须将有效表决总票数分成五份等额地投向他所选定的每一董事，即他所选定的每一董事都从他那里获得100张选票。这种表决制度对控股的大股东绝对有利。第一大股东的持股比例一旦达到50%以上，便有更多的权力控制董事人选，控制某项议案的表决权；其他股东不论其持股比例高低，都只能静观第一大股东的决策。

（2）**累积投票制度**。累积投票权，是指股东（大）会选举两名以上的董事或监事时，股东所持的每一股份拥有与当选董事或监事总人数相等的投票权，股东既可以用所有的投票权集中投票选举某一人，也可以分散投票选举数人，按得票多少依次决定董事人选的表决权制度。

累积投票制的目的就在于防止大股东利用表决权优势操纵董事的选举，矫正"一股一票"表决制度存在的弊端。按这种投票制度，选举董事时每一股份代表的表决权数不是一个，而是与待选董事的人数相同。股东在选举董事时拥有的表决权总数，等于其所持有的股份数与待选董事人数的乘积。投票时，股东可以将其表决权集中投给一个或几个董事候选人，通过这种局部集中的投票方法，能够使中小股东选出代表自己利益的董事，避免大股东垄断全部董事的选任。

股东累积投票权的实质在于通过选举技术的引进而使小股东"把好钢用在刀刃上"，从而促成小股东将其代言人选入董事会和监事会，扩大小股东的话语权，增强小股东表决权的含金量，弱化大股东的话语霸权。在小股东与大股东争夺控制权的博弈过程中，大小股东之间的表决权力此消彼长。股东的累积投票权有助于在一定程度上平衡小股东与大股东之间的利益。

累积投票制度作为小股东选择代表自己利益董事的一种表决权制度，最早起源于美国《伊利诺伊州宪法》的规定。世界上关于累积投票制度的立法模式有两种：一是强制性累积投票模式；二是许可式累积投票模式，即法律允许公司章程或股东大会决议是否采用此制度。目前，绝大多数国家对公司是否采用累积投票制度采用许可式立法模式，即通常允许由公司章程或股东大会决定。

《上市公司治理准则》（2018修订）第三十一条规定："董事、监事的选举，应充分反映中小股东的意见。股东大会在董事、监事选举中应积极推行累积投票制。单一股东及其一致行动人拥有权益的股份比例在30%以上的上市公司，应当采用累积投票制。"

我国《公司法》明确规定了累积投票制度，第一百零六条规定："股东大会选举董事、监事，可以依照公司章程的规定或者股东大会的决议，实行累积投票制。"

示例：某公司要选5名董事，公司股份共1 000股，股东共10人，其中1名大股东持有510股，即拥有公司51%的股份；其他9名股东共计持有490股，合计拥有公司49%的股份。若按直接投票表决制度，每一股有一个表决权，则控股51%的大股东就能够使自己推选的5名董事全部当选，其他股东毫无话语权。但若采取累积投票制，表决权的总数就为5 000票（1 000×5），控股股东总计拥有的票数为2 550票，其他9名股东合计拥有2 450票。根据累积投票制，股东可以集中投票给一个或几个董事候选人，并按所得同意票数多少的排序确定当选董事。因此，从理论上来说，其他股东至少可以使自己的2名董事当选，而控股比例超过半数的股东最多只能选上3名自己的董事。

(3) **代理投票制**。代理投票制是现代股份公司会议表决的一个重要组成部分。按常规，参加会议或投票表决必须本人亲自完成。但是，由股东委托—代理人代为投票，长期以来在全世界范围内一直是各公司所认定和遵从的投票表决习惯。早期的代理投票大多是股东间相互委托，而且许多公司的章程中都规定，这种委托只能发生在本公司的股东间，就是说代理人也必须是本公司的股东。

股东间的相互委托有两个局限性：第一，早期公司股本比较集中，股东人数少，加之股本的分布带有明显的地域色彩，所以就活动空间范围而言并不存在相互间的委托障碍。但是随着生产集中程度的不断提高，公司的规模越来越大，股本越来越分散，股东也越来越多，股东间的相互委托已经越来越困难。第二，当大多数股东对会议议案持赞同态度时，少数持反对意见的股东很难找到"志同道合"的代理人。所以，股东间的相互委托不再符合时代要求，而董事会逐渐成为不愿莅会的股东们行使投票表决权的委托—代理人。股东们委托董事会或者其他人行使表决权的凭证是股东委托书。

伴随着委托投票，就出现了委托书收购，即收购者以大量征集股东委托书的方式取得表决权，在代理股东出席股东大会时，集中行使这些表决权，以便通过改变经营策略、改选公司董事会等股东大会决议，从而实际控制上市公司经营权的公司收购的特殊方式。

(4) 网络投票制。网络投票是指上市公司借助互联网召开股东（大）会，股东可以通过网络远程参加股东（大）会并行使表决权。网络投票是20世纪70年代以来伴随着互联网技术的发展而出现的一种新型表决权行使方式。

世界上最早允许采用网络方式行使股东表决权的是美国（1996年），美国Bell & Howell公司允许经纪商为客户代理进行股东大会的网络投票表决，成为美国第一家在互联网上进行股东大会表决的上市公司。由于网络投票具有可以有效地保障中小股东合法权益，降低股东参加股东大会的成本，以及有效地克服委托—代理投票制度的内在缺陷等诸多优点，近年来受到各个国家和地区的证券监管部门的重视，并得到迅速推广。

投资者对上市公司股东（大）会的议案进行网络投票，其操作类似于新股申购。上市公司召开股东（大）会，其董事会应在会议召开30日前以公告方式通知各股东。根据中国证监会发布的《关于加强社会公众股股东权益保护的若干规定》：涉及增发新股、重大资产重组、以股抵债、分拆上市等重大事项，上市公司还应在股权登记日后3日内再次公告股东（大）会通知。上市公司应当在股东（大）会通知中注明是否要进行网络投票、投票代码、表决议案、股权登记日、网络投票日等信息，提醒股权登记日在册的股东投票。网络投票为中小投资者提供了低廉、便捷、有效的参会途径和具有公信力的表决平台，大大提高了中小投资者的话语权，是现阶段完善我国上市公司治理不可或缺的制度。对于有争议的事项，要求上市公司股东（大）会提供网络投票，这也成为投资者维权的重要手段。

3.4 中小股东及其权益维护

3.4.1 中小股东及其权益

中小股东一般是指在公司中持股较少、不享有控制权，处于弱势地位的股东。与其相对的概念是大股东或控股股东，在上市公司中，中小股东主要指社会公众股股东。

中小股东的权益是上市公司股东权益的重要组成部分，上市公司的中小股东往往也是证券市场上的中小投资者。我国《公司法》规定了"同股同权、同股同利"的股份平等原则，每一股份所享有的权利和义务是相等的。因此，中小股东与大股东同为公司的股东，在法律地位上是一致的，都享有内容相同的股东权，其权益本质也是一致的。

但是，由于中国证券市场是从计划经济环境中产生的，因而从其诞生的那一天起，在制度设计方面就存在某些局限性，这导致大股东和社会公众股股东客观上存在利益矛盾和冲突，社会公众股股东利益的保护难以真正落到实处。一方面，国有股（或法人股）一股独大，对控股股东行为缺少有效制约，中小股东的权益得不到有效保护，投资者和经营管理层之间有效的约束机制难以建立。国家所有权的代理行使缺乏妥善措施，上市公司往往出现内部人控制的现象。内部人控制下的一股独大是形成大股东对中小股东侵害行为的直接原因。另一方面，我国《公司法》对表决权的规定比较简单，基本原则为股东所持每一股份有一表决权，股东可以委托代理人行使表决权。一股一票表决权在使大股东意志上升为公司意志的同时，却使小股东的意志对公司决策缺乏影响，使股东大会流于形式，从而出现小股东意志与其财产权益相分离的状态，这在一定程度上破坏了股东之间的平等关系。

3.4.2 中小股东权益的维护

纵观世界各国，维护中小股东合法权益的举措大致有以下几种。

1. 累积投票权制度

按照适用的效力不同，累积投票权制度可以分为两种：一是强制性累积投票权制度，即公司必须采用累积投票权制度，否则属于违法。二是许可性累积投票权制度，该制度又分为选出式和选入式两种，前者是指除非公司章程作出相反的规定，否则就应实行累积投票权制度；后者是指除非公司章程有明确的规定，否则就不实行累积投票权制度。这表明累积投票制度的立法政策随着现代企业制度的成熟与公司治理结构的完善而呈现宽松的发展趋势。

累积投票制可以有效防止大股东利用表决权优势操纵董事的选举；该制度还能使中小股东选出代表自己利益的董事，避免大股东垄断全部董事的选任。

2. 强化小股东对股东大会的请求权、自行召集和提案权

（1）请求权。我国《公司法》规定，单独或合计持有公司10%以上股份的股东请求时，应在两个月内召开临时股东大会。从目前看，此比例过高，可将10%的持股比例降至一个合理的程度，如5%或3%。

（2）自行召集权。我国《公司法》规定，股东大会由董事会召集、董事长主持；董事长不能履行职务或者不履行职务的，由副董事长主持；副董事长不能履行职务或者不履行职务的，由半数以上董事共同推举一名董事主持。董事会不能履行或者不履行召集股东大会会议职责的，监事会应当及时召集和主持；监事会不召集和主持的，连续90日以上单独或者合计持有公司10%以上股份的股东可以自行召集和主持。

（3）提案权。股东提案权是指股东可就某个问题向股东大会提出议案，以维护自己的合法权益，抵制大股东提出的或已通过的损害小股东利益的决议。股东提案权能保证中小股东将其关心的问题提交给股东大会讨论，实现对公司经营决策的参与、监督和修正。

3. 类别股东表决制度

类别股是指在公司的股权设置中，存在两个或以上的不同种类、不同权利的股份。具体区分包括：发起人股、非发起人股、普通股、优先股、普通表决权股份、无表决权股份、特殊表决权（如双倍表决权）股份，不同交易场所的股份（如在上海证券交易所、香港交易所、伦敦交易所、纽约交易所等地上市的股份），关联股东股份、非关联股东股份等。进行股东类别区分的实质是限制优势股东的优势，保护弱势股东的利益。类别股东大会在我国尚未有明确的规定，但实际上已存在国有股、法人股、个人股，或从主体角度划分的发起人股和社会公众股。

类别股东表决制度，是指一项涉及不同类别股东权益的议案，需要各类别股东及其他类

别股东分别审议，并获得各自的绝对多数同意才能通过。但是，类别股东投票也有其自身的局限性，不能过分强化股东的分类，不能过度使用；否则，会造成各类股东代表过分追求自身利益的最大化，致使冲突升级，从而影响公司的稳定发展。

4. 股东民事赔偿制度

我国现行法律为股东民事赔偿提供了实体权利根据，只是程序法上的诉权领域尚有空白。我国《公司法》规定：公司股东滥用股东权利给公司或其他股东造成损失的，应当依法承担赔偿责任。董事会的决议违反法律、行政法规或者公司股东大会决议，致使公司遭受严重损失的，参与决议的董事对公司负赔偿责任。但经证明在表决时曾表明异议并记载于会议记录的，该董事可免除责任。根据上述规定，一旦我国建立了股东代表诉讼制度和投资者集体诉讼制度，就可以对那些蓄意侵犯股东利益特别是中小股东利益的公司董事、监事、经理及其他管理人员严格执法，让那些以身试法者为此付出沉重的代价。

5. 表决权排除制度

表决权排除制度也称为表决权回避制度，是指当某一股东与股东大会讨论的决议事项有特别的利害关系时，该股东或其代理人均不得就其持有的股份行使表决权制度。这一制度在德国、意大利等国家得到了广泛的应用。表决权排除制度是对利害关系和控股股东表决权的限制和剥夺，因为有条件、有机会进行关联交易或者在关联交易中有利害关系的往往都是大股东。表决权排除制度相对地扩大了中小股东的表决权，在客观上保护了中小股东的利益。通常认为，在涉及利益分配或自我交易的情况下，股东个人利益与公司利益存在冲突，因此实施表决权排除制度是必要的。

我国《公司法》第十六条规定："公司为股东提供担保时，被担保股东的表决或表决权排除。"中国证监会2000年5月18日修订的《上市公司股东大会规范意见》中确立了关联交易股东表决权排除制度，其中规定："股东大会就关联交易进行表决时，涉及关联交易的各股东，应当回避表决。上述股东所持表决权不应计入出席股东大会有表决权的股份总数。"这一规定是对《公司法》的有益补充，是对中小股东权益的保护。

6. 小股东的委托投票制度

委托投票制是指股东委托一代理人参加股东（大）会并代行投票权的法律制度。在委托投票制度中，代理人以被代理人的名义，按自己的意志行使表决权，我国《公司法》规定：股东可以委托代理人出席股东大会会议，代理人应当向公司提交股东授权委托书，并在授权范围内行使表决权。《上市公司治理准则》规定：股东既可以亲自到股东大会现场投票，也可委托代理人投票，两者具有同样的法律效力。但现实中，委托—代理制容易成为大股东用来对付小股东的手段，发生了异化。各国公司法立法的宗旨是为了保护小股东，故对此采取比较严格的限制措施。

7. 异议股东股份价值评估权制度

异议股东股份价值评估权具有若干不同的称谓，如公司异议者权利、异议股东司法估价权、异议股东股份买取请求权、解约补偿权或退出权等。它是对于提交股东大会表决的公司重大交易事项持有异议的股东，在该事项经股东大会多数表决通过时，有权依法定程序要求对其所持有的公司股份的"公平价值"进行评估,并由公司以此价格买下其所持股票,从而实现自身退出公司的目的。该制度的实质是一种中小股东在特定条件下的解约退出权。它是股东从公司契约中的直接退出机制,是股权资本与公司契约的直接分离。

各国公司法对异议股东股份价值评估权制度适用范围的规定各不相同,但一般都适用于公司并购、资产出售、章程修改等重大事项,并允许公司章程就该制度的适用范围进行各自的规定,从而使中小股东对于在何种情况下享有异议者权利有明确的预期,并进行是否行使异议者权利的选择。

8. 中小股东维权组织

建立专门的维护中小股东和中小投资者权益的组织、机构或者协会,为中小股东维护合法权益提供后盾和保障。中小股东的权益受到侵害时,往往由于其持股比例不高、损害不大而且自身力量弱小、分散的特点而怠于寻求救济和保护。这方面,可以借鉴德国、荷兰和我国台湾地区的股东协会制度或中小投资者保护协会制度,由协会代表或组织中小股东行使权利。这样可以降低中小股东行使股东权利的成本,减少中小股东因放弃行使权利而导致大股东更方便控制股东(大)会、董事会及公司经营的情况。

本章小结

股东是股份公司的出资人或称投资人,股份公司中持有股份的人,有权出席股东大会并有表决权。股东作为出资者按其出资数额(股东另有约定的除外)而享有所有者的分享收益、重大决策和选择管理者等权利,同时承担相应的义务。

股份是股份有限公司资本构成的基本单位和最小单位,股份是股东权利与义务的产生根据和计算单位;股权即股票持有者所具有的与其拥有的股票比例相应的权益,是基于其股东资格而享有的权利;股权结构是指股份公司总股本中,不同性质的股份所占的比例及其相互关系;股权结构按照公司所有权和控制权的组合可以划分为四种模式。

股东(大)会是公司的最高权力机关,它由全体股东组成,对公司重大事项进行决策,有权选任和解除董事,并对公司的经营管理有广泛的决定权。企业一切重大的人事任免和重大的经营决策一般都要得到股东(大)会认可和批准方可有效。股东(大)会的议事方式和表决程序,除法律另有规定的以外,一般都由公司章程规定。

中小股东的权益是上市公司股东权益的重要组成部分,由于其在公司中持股较少、不享有控制权,还处于弱势地位,所以应加强对中小股东权益的维护。

复习思考题

1. 简要说明股东有哪些权利和义务。
2. 简述股份有哪些类型。

3. 简述四种股权结构模式的特征。
4. 股东（大）会的性质是什么？包括哪几种类型？
5. 简要说明股东（大）会的职权。
6. 如何进行中小股东权益的维护？

案例讨论1

中恒电气的神奇收购

大股东仅5.95万元的无形资产，杭州中恒电气股份有限公司（简称中恒电气）却欲以2.76亿元的无形资产估值收购，这是一桩怎样的买卖？

中恒电气日前发布的非公开增发草案显示，上市公司拟以3.82亿元收购大股东中恒投资控制的中恒博瑞100%股权，而中恒博瑞剔除货币资产、投资性房地产、车辆、电子设备后，核心资产为账面价值5.95万元的无形资产，该无形资产以基础法评估出的价值为6 756.94万元，但若以收益法估值，该无形资产的价值2.76亿元。

根据增发草案可以看到，中恒电气实际控制人朱国锭直接持有中恒博瑞4.20%的股权，又通过中恒投资间接控制中恒博瑞37.72%股权，为中恒博瑞的实际控制人。

该无形资产的增值让人吃惊，而两种评估方法评估出的价值差距竟如此之大，为保护中小投资者利益，为何不采用更低的基础法评估而是采用高出一截的收益法来评估呢？

"根据增发草案，鉴于本次评估目的，收益法评估的途径能够客观合理地反映中恒博瑞的价值。本次评估以收益法的结果作为最终评估结论。"中恒电气如此表示。

有资深评估人士表示，资产基础法评估是以被评估标的重置成本为依据，而收益法则是以标的未来净现金流折现为依据。

投资者疑惑，如果基础法反映的是企业基于现有资产的重置价值，也就是说，中恒电气从零开始复制一个中恒博瑞同等规模的公司也只需要约1.73亿元资金，而现在收购现成的公司却要花3.82亿元，而且中恒博瑞的资产结构并不复杂，复制起来岂不是省钱又省时间？

但中恒电气董秘办一位姓宋的工作人员表示，估值差异较大是由于两种评估方法不同，评估师能作出这样的评估结果肯定是有依据的，具体可以看评估报告。作为项目本身来说，考虑的是项目的长远价值，中恒博瑞未来的业绩肯定会有不确定性，但是总体来说还是有依据的，对此公司还是比较有信心，软件行业专业要求高，而公司若复制中恒博瑞同等规模的公司，不如收购的效果明显。

关于2013年后盈利预测未经审核的疑问，有如下说明。

增发草案里，在以收益评估的过程中，预测了收购标准的中恒博瑞2012—2017年以及这之后的业绩，从而确定了其每年的净现金流，然而，报告并未对详细预测过程进行说明。

（资料来源：证券日报，2012-05-26）

讨论：你认为上市公司高价收购大股东控制的资产，股东（大）会能通过吗？

案例讨论2

只有董事长一人参加的股东大会

2000年9月11日,在一家名为"伊煤B"的上市公司所举行的股东会议上,出席的股东就只有1人,创下中国股市股东会议人数的最低纪录。

股东虽然只有一个,但代表的股权却不少。因为出席者就是国有股股东伊煤集团,代表股权20 000万股,占总股本的54.64%,因此会议"总表决票数"超过了出席会议股份总数的1/2,符合《公司法》及《公司章程》的有关规定,合法有效。当然,参加股东会议的自然人远不止1人,包括9名董事、7名监事,还有鉴证律师,全部到会,因此,会议也开得像模像样。参会的唯一一名股东(也就是现任董事长)代表国有股股票时,推举出一名股东代表、两名监事,担任投票表决的监票和清理工作,自己投票,自己监票。当然,所有议程都是"一致通过"。

伊煤B的这次股东会议,共有两项议程:一项是给予董事每人每月1 000元津贴,给予监事每人每月600元津贴;第二项是审议董事会及高管人员年薪报酬的议案,包括基础报酬和效益报酬,也有具体的计算公式和发放方式。

伊煤B自1997年8月上市以来,出席股东会议的股东及股东代理人从来就没有超过10人,尽管据1999年年报披露的股东人数有4 000多人。如1998年股东年会,出席股东5人,1999年股东年会出席股东3人。事实上,公司1997年上市时,当年净利润还有1.13亿元;上市后的第二年,便迅速滑落到2 112万元,下降81%;第三年,再降61%,滑落至650万元;第四年,即2000年中期,又同比下降58%;每股收益从上市那年的0.31元,如自由落体般地跌至0.01元。公众股东除了出资之外,没有任何权利,这样的股东会议,谁会有兴趣参加?

(资料来源:李维安,武立东. 公司治理教程[M]. 上海:上海人民出版社,2002.)

讨论:

1. 伊煤B的股东权益能否得到维护?应该如何改进?
2. 伊煤B出现这种股东大会的根源何在?

 案例讨论3

从公司治理角度分析国美控制权的争夺

以黄光裕和陈晓为主角的国美控制权之争,是我国民营企业发展史上的一次影响深远的事件。国美事件涉及公司治理、经理选用、伦理道德等多方面,对现代企业制度的完善具有重大参考意义。

一、国美控制权之争始末

(一)黄光裕时代(1987.1—2008.12)

根据国美发展史,1987年,黄光裕怀揣仅有的4 000元只身来京,艰难起步,在北京创立了第一家国美电器店,经营进口家电产品,由此揭开了国美辉煌的发展史。1987年7月11日,国美率先在《北京晚报》刊登中缝报价广告,借助这一当时创新营销手段引导顾客消费，走出了"坐店经营"的传统模式，国美也赢得了"中缝大王"的称号。

1993年，国美学习国外先进连锁经营模式，成立了总公司，各门店统一命名为国美电器，开始连锁经营、统一管理。1999年，国美电器率先走出北京，在行业内首次迈出了异地连锁的步伐，成功地实现了跨区域连锁经营，并长期保持先发优势。在家电市场由卖方市场向买方市场的转变过程中，国美电器抓住机遇，以"薄利多销，服务当先"为经营理念，将超低价格视为制胜的法宝，同时开展包销定制等经营创新，所到之处迅速掀起降价风暴，被誉为"价格杀手"，使"买电器，到国美，花钱不后悔"成为家喻户晓的企业宣传语，在给老百姓带来实惠的同时促进了家用电器的普及和中国家电制造业的发展，推进了中国家电渠道的扁平化进程。国美高速发展的现象被理论界誉为"商业资本抬头"。依靠强大的商业逻辑，国美以薄利多销促使规模迅速增长，规模增长又反过来推动低价战略的实现，国美盈利模式类似于家乐福模式，即以通过向上游厂商收取渠道费用实现电器业务的主要盈利。2005年开始，国美在全国掀起并购狂潮，先后成功收购哈尔滨黑天鹅、广州易好家和中商家电、常州金太阳、上海永乐、北京大中、山东三联。

黄光裕在国美发展史中还成功地进行了一系列资本运作。2004年6月，国美电器（00493）在香港上市，黄光裕先后四次被评为中国富豪榜首富。

（二）陈晓时代（2008.12—至今）

2008年12月，白手起家、35岁就成为中国首富的黄光裕被调查，国美出现危机。2009年1月，陈晓接任黄光裕董事局主席一职，开始掌舵国美。为应对国美危机，在陈晓的主导下，国美引入美国贝恩资本解决资金链断链的危险，这也为黄陈之争埋下伏笔。对贝恩资本而言，国美电器是其投资中国家电零售业龙头企业以赚取暴利的难得机会，贝恩为国美带来了急需的资金，帮助国美渐渐走出危机并恢复增长。2010年国美年度股东大会成为黄陈之争的导火索，在股东大会上，作为大股东的黄光裕对贝恩资本提出的三位非执行董事投了反对票，但以陈晓为首的董事会一致同意推翻股东大会结果，重新任命了三位董事。同时，陈晓带领团队转危为安后开始觊觎控制权，在国美内部通过股权激励等方式加强了自己的控制力，通过计划增发股票、疏远黄光裕等方式谋求国美"去黄化"，这引起了黄光裕的忧虑，担心其股份被稀释，丧失对国美的控制权。因此，黄光裕方从2010年8月4日起要求召开临时股东大会，撤销陈晓董事局主席职务，同时收回对董事会增发股票的一般授权，至此，黄光裕与陈晓矛盾公开激化并愈演愈烈。在9月28日国美临时股东大会上，资本市场显示出高水平的商业智慧，最终的理性决策结果是意料之外，却又在情理之中——黄光裕成功取消了董事局一般授权，但其推出的董事局人选未获认可；陈晓成功留任，但几乎已失去三张王牌，其领导的董事局被削权，管理层公开明确表示并非"力挺陈晓"，其给国美带来了不稳定以及被削权、公众形象恶化或导致贝恩支持力度减弱的恶果。此役双方各有斩获，但黄陈之争并未结束，双方围绕国美控制权的争斗还在继续。

二、国美事件中双方核心矛盾和交战焦点

（一）股东在董事局的责权利不对等

国美控制权之争，一争董事局席位。在国美股东大会上，黄光裕方五项提议中有四项都是围绕董事局构成的，包括即时撤销陈晓国美执行董事兼董事局主席职位，即时撤销孙一丁国美执行董事职务,即时委任邹晓春作为国美执行董事,即时委任黄燕虹作为国美执行董事。

现代企业制度下的股份公司特别是上市股份公司,董事局是公司常设的权力机构,经股东大会授权后,董事局往往集经营决策大权、财务大权、人事任免大权于一身。在这一点上,董事局是个组织,组织的背后是制度,制度的背后是利益。董事局由董事组成,董事是股东利益的代言人,对董事会议案有表决权。在股份公司的操作实践中,董事局的构成体现出一种出资比例和董事比例相匹配的特征,这反映了一种责权利相匹配的理念。大股东出资比例最大,承担的风险也最大,因此与之相对应的权力也应该最大。

国美控制权之争的主要原因之一便是国美董事局责权利严重不均,作为大股东的黄光裕,虽然持有约32%的股权(即出资最多),但在董事局中代言董事席位为零;而与之形成显明对比的是,在贝恩债转股之后,拥有约10%股份的贝恩与陈晓合作,却在11个董事局中直接控制了至少5个董事席位。不能掌控董事局,就不能掌控整个国美,董事局话语权的旁落,使得黄光裕方对自己的利益是否能够得到保障产生忧虑,因此黄光裕在五项提议中有四项是事关董事人选。

(二) 股权增发威胁大股东地位

国美控制权之争,二争股权比例。在国美股东大会上,黄光裕五项提议中第一项便是"即时撤销国美2010年5月11日召开的股东周年大会上通过的配发、发行及买卖国美股份之一般授权"。

股份制企业股东靠股权说话,股权决定话语权和控制权是现代企业的基本特征。在股份制公司特别是上市公司的各项章程中,股份比例与权力分配是完全成正比关系的。股份制公司或上市公司,遵循的是少数服从多数的票选原则,票选原则有很重要的两点:一是议案获某一规定的多数股权支持则通过,若议案通过,董事会需要履行股东大会的决定;二是股权达到一定数额的大股东可以就某议案要求召开临时股东大会。

在此之前,黄光裕方作为大股东,其持股比例达到32%,倘若进行股权增发,大股东股权比例便有被摊薄的风险,与之对应的是大股东的影响力和控制力也势必减弱。股权的重要性在国美控制权之争中已表现得淋漓尽致。一方面,由于黄光裕方股权比例达32%之多,所以才有权要求召开股东大会,对自己的提议进行表决;另一方面,由于黄光裕一方股权比例不足以决定股东会决议的通过,所以才导致五项动议四项被否,这侧面证明了黄光裕方对股权增发的担忧不无道理。

(资料来源:①付明德. 从国美之争看公司治理 [J]. 企业管理,2010 (12). ②新京报,2010-09-12)

讨论:试从股权与股东会议表决制度等角度分析公司控制权之争。

第4章　董事及董事会

学习目标

1. 明确董事和董事会在公司中的地位。
2. 了解董事的权利和义务，以及董事会的职责。
3. 理解独立董事存在的必要性及其特征。
4. 掌握董事会专业委员会的性质、特征、构成及功能。

本章导读

在公司治理体系中，董事是具有实际权力和权威的管理公司事务的人员，是公司内部治理的主要力量，对内管理公司事务，对外代表公司进行经济活动。由全体董事组成的公司董事会是公司的经营决策机构，董事会向股东（大）会负责。股份公司成立以后，董事会作为一个稳定的机构而产生。董事会的成员可以按章程规定随时任免，但董事会本身不能撤销，也不能停止活动。董事会是公司最重要的决策和管理机构，公司的事务和业务均在董事会的领导下开展。

引导案例

将董事长的权利关进"笼子"里

2013年10月17日，湘鄂情公告，北京证监局日前向该公司下发《行政监管措施决定书》（以下简称《决定书》），提示湘鄂情经营管理中的一些深层次问题，包括湘鄂情财务核算存在问题、董事长个人权限过大造成不规范操作、公司治理及经营管理等，责令公司限期进行整改。

值得关注的是，《决定书》还提到，湘鄂情《董事会议事规则》的相关条款违反《公司法》规定，造成董事长个人权限过大，影响董事会、监事会及股东大会发挥作用，大额对外投资未能及时经"三会"审议并披露，不规范运作的问题屡屡发生。在湘鄂情的《董事会议事规则》中，董事长在长期股权投资方面的权限为"公司最近一期经审计净资产总额10%以内（含10%）的单项投资额"。根据湘鄂情2013年半年报，公司净资产为 10.1 亿元，这意味着 1 亿元以下的长期股权投资，都可以由董事长决定。此外，董事会还将出售资产、资产抵押、对外担保事项、委托理财、关联交易等权限直接授权给了董事长。

值得注意的是，孟凯不仅是湘鄂情的董事长，还是公司的实际控制人，通过直接或间接的方式，他累计持有公司 37.45% 的股份。这种情况下，董事长权限是否应该受到限制？

(资料来源：新京报，2013-10-18)

思考：董事长个人权限过大对公司治理会产生什么影响？

4.1 董 事

4.1.1 董事的定义

董事是指由公司股东（大）会选举产生的具有实际权力和权威的管理公司事务的人员，是公司内部治理的主要力量，对内管理公司事务，对外代表公司进行经济活动。占据董事职位的人可以是自然人，也可以是法人。但法人充当公司董事时，应指定一名有行为能力的自然人作为代理人。

董事可以由股东或非股东担任。董事的任期，一般在公司章程中给予规定，有定期和不定期两种。定期是指把董事的任期限制在一定的时间范围内，每届任期一般不超过三年，不定期是指从任期那天算起，满三年改选，但可连选连任。

董事被解聘的原因有：任期届满而未能连任；违反股东大会决议；股份转让；本人辞职；其他（如董事会解散或董事死亡、公司破产、董事丧失行为能力等）。

按照董事与公司的关系来划分，可将董事分为内部董事和外部董事。

1. 内部董事

内部董事（Inside Director）也称执行董事（Executive Director），主要指担任董事的本公司管理人员，如总经理、常务副总经理等，一般董事会成员中至少有一人担任执行董事，负有积极地履行董事会职能的责任或指定的职能责任。

因董事会职能未得以全面、合理行使，致使公司遭受经济损失的，股东要求董事会承担赔偿责任，且该原因发生时并未明确归属某位董事职责分工的，则所有执行董事应当承担连带经济责任。

《公司法》第五十一条规定："股东人数较少和规模较小的有限责任公司，可以设一名执行董事，不设立董事会。执行董事可以兼任公司经理，执行董事的职权由公司章程规定。有限责任公司不设董事会的，执行董事为公司的法定代表人。"

2. 外部董事

外部董事（Outside Director）亦称外聘董事，指不是本公司职工的董事，包括不参与管理和生产经营活动的企业外股东和股东（大）会决议聘任的非股东的专家、学者等。

董事会的职权可以概括为对公司重大事务的决策权和对公司经理层的监督控制权。外部董事的作用是帮助董事会摆脱经理层的不当影响，从而更有效率地行使以上两种职权。在行使决策职权时，外部董事与其他董事一样，定期参加董事会，并尽量使董事会决议的过程和结果都能体现外部董事的意见。由于引入了外部董事，尤其是设立了主要由外部董事组成的专事监督的专门委员会，董事会对经理层的监督效果大大提高。外部董事的性质决定了其职权不包含对公司具体事务的执行。

在外部董事的职权中，有权向股东大会汇报情况，其中提议召开临时股东（大）会的权力显得特别重要，因为引入外部董事的目的是解决董事会"失灵"的问题。某公司的外部董事如果发现该公司的董事会"失灵"，此时要将这种情况及时通知股东（大）会，最有效的方式莫过于提议召开临时股东（大）会。

4.1.2 董事的任职资格

董事与股东不同，不是任何人都可以成为公司的董事；而对于股东来说，任何持有公司股份的人都是公司的股东。董事是由股东（大）会或者由职工民主选举产生的，当选为董事后就成为董事会成员，就要参与公司的经营决策，所以董事对公司的发展具有重要的作用。各国公司法对董事任职资格均有一定限制。

我国2018年修订的《公司法》第一百四十六条规定，有下列情形之一的，不得担任公司的董事、监事、高级管理人员。

（1）无民事行为能力或者限制民事行为能力。

（2）因贪污、贿赂、侵占财产、挪用财产或者破坏社会主义市场经济秩序，被判处刑罚，执行期满未逾五年，或者因犯罪被剥夺政治权利，执行期满未逾五年。

（3）担任破产清算的公司、企业的董事或者厂长、经理，对该公司、企业的破产负有个人责任的，自该公司、企业破产清算完结之日起未逾三年。

（4）担任因违法被吊销营业执照、责令关闭的公司、企业的法定代表人，并负有个人责任的，自该公司、企业被吊销营业执照之日起未逾三年。

（5）个人所负数额较大的债务到期未清偿。

公司违反前款规定选举、委派董事、监事或者聘任高级管理人员的，该选举、委派或者聘任无效。董事在任职期间出现上述所列情形的，公司应当解除其职务。

事实上，一个公司在具体选择董事的过程中，除了要考虑上述几个方面的因素外，更重要的还是要关注董事个人自身所具备的能力、素质与董事会整体协调的需要。根据全美公司董事联合会的建议，董事应具备以下五个方面的个人特征。

（1）正直和责任心。这是评价任何董事人选时的首要考察内容，董事会应寻求那些在个人和职业行为中显示出高尚的道德和正直的品质，愿意按董事会的决定行动并且对此负责的候选人。

(2) 见多识广的判断能力。

(3) 财务知识。董事应知道如何解读资产负债表、利润表和现金流量表，他们应了解用来评估公司业绩的财务比率和其他工具。

(4) 成熟的自信。

(5) 曾取得很好的工作业绩。

此外，该联合会还建议，为了充分完成董事会复杂的任务，董事会应具备一整套的核心能力。这些核心能力包括会计财务、商业判断力、管理才能、危机反应、行业知识、（了解）国际市场、领导才能和战略眼光。而每位董事至少应在一个领域内贡献其知识、阅历和技能。

4.1.3 董事的权利和义务

1. 董事的权利

我国《公司法》对董事会的职权有集中的规定，但对董事的权利没有集中的规定。此类内容，可散见于有关董事的条款，主要包括以下几种。

(1) 出席董事会会议。依《公司法》第一百一十二条规定：董事会会议，应由董事本人出席，董事因故不能出席，可以书面委托其他董事代为出席，委托书中应载明授权范围。

(2) 表决权。根据《公司法》第一百一十一条规定：董事在董事会会议上，有就所议事项进行表决的权利，董事会作出决议，必须经全体董事的过半数通过。董事会决议的表决，实行一人一票制。

(3) 董事会临时会议召集的提议权。《公司法》第一百一十条只规定董事会可以召开临时会议，却未规定如何召集。当然，董事长可视情况主动召集，但也可以根据一定人数的董事的提议而召集。后者产生了董事对召集董事临时会议的提议权。

(4) 通过董事会行使职权。无疑，董事会的职权不是董事个人的职权，因而不能由董事分别单独行使。但是没有董事的参与，董事会无法行使其职权。并且，董事作为董事会的成员，可以通过行使表决权而影响董事会的决定。从这个意义上说，董事除上述权利外，还有通过董事会行使职权的权利。

2. 董事的义务

我国《公司法》第一百四十七条就明确规定：董事、监事、高级管理人员应当遵守法律、行政法规和公司章程，对公司负有忠实义务和勤勉义务。这是我国法律明确对公司董事提出的义务要求。董事与股东之间存在着委任或代理的关系，董事是受托对股东的出资进行管理的人，因此对于股东负有忠实、勤勉的义务。

(1) 忠实义务。忠实义务又称为诚信义务。这一义务要求董事履职时必须诚实、善意且合理地相信其行为符合公司（而非其个人）的最佳利益。董事的所有行为不得使其个人利益与公司利益陷入相冲突的境地。如果出现个人利益与公司利益发生冲突的情形，当以公司利益优先。忠实义务实际上是道德义务的法律化，其含义通常包括以下几个方面。

①董事不得与公司之间进行交易。

②如发生关联交易时，应声明和回避表决。

③董事不得从事公司竞业活动（即董事不得为了个人而从事与公司业务相同或相类似的经营活动，篡夺公司的商业机会）。

④董事本人的报酬应该公平、合理。

⑤董事不得实施动机不纯的公司行为（如为了维持管理层的地位而回购公司股份以对付敌意收购）等。

我国《公司法》第一百四十八条对包括董事在内的公司高管人员的忠实义务所包括的方面做了列举，概括起来主要有以下几个方面。

①挪用公司资金。

②将公司资金以其个人名义或者以其他个人名义开立账户存储。

③违反公司章程的规定，未经股东会、股东大会或者董事会同意，将公司资金借贷给他人或者以公司财产为他人提供担保。

④违反公司章程的规定或者未经股东会、股东大会同意，与本公司订立合同或者进行交易。

⑤未经股东会或者股东大会同意，利用职务便利为自己或者他人谋取属于公司的商业机会，自营或者为他人经营与所任职公司同类的业务。

⑥接受他人与公司交易的佣金归为己有。

⑦擅自披露公司秘密。

⑧违反对公司忠实义务的其他行为。

董事如果违反这些规定，其所得收入应当归公司所有；给公司造成损失的，还应当承担赔偿责任。

(2) 勤勉义务。勤勉义务也可称为善管义务或注意义务，就是要求董事付出适当的时间和精力，关注公司经营，并按照股东和公司的最佳利益谨慎行事，具备善良管理人那种勤勉的品质和应有的忠诚。根据信息不对称理论，公司作为市场竞争的主体，处于一个所有资源均在瞬息万变的环境之中，而公司的董事需要不时地对这些情况和信息进行决断，无论是理论上还是事实上，董事均不可能完全掌控这些情况，要求董事在决策之前全部了解这些情况是不现实的。但董事在行事前应尽自己的能力去得到所有对决策构成影响的重要信息，合理地了解不同的决策方案，然后根据自己的经验和技能进行决策。此外，这一义务还要求董事对履行自己的职责要保证足够的时间和对公司发展的足够关注，否则也会被视为是一种不勤勉的表现。不少上市公司的章程均规定，对于连续两次无故缺席董事会会议的董事即可免职，这实际上也是对违反勤勉义务的惩罚。一名董事，如果不能参与会议，不能了解公司经营的基本状况，不能阅读相当数量的报告，不能在公司需要时提出必要的解决办法，就不能承担起自己职位的正常事务，也就违反了他们应当履行的注意义务。

那么，董事作为决策者，努力到什么程度才算是尽到了勤勉义务呢？对此基本上有两种不同的观点：一种是主观标准，即认为应以具体担任董事的这个人所实际拥有的知识、经验和技能来判断他是否尽其所能地去进行决策；而另一种是客观标准，则认为应以"董事"这一岗位本身所要求的知识、技能为标准去判断在这个岗位上的人是否履行了义务。

在立法和司法实践中，客观标准逐渐占据了主流。例如，德国1993年修订的《股份公司法》中规定："董事会成员在领导业务时，应当具有一个正直的、有责任心的业务领导人的细心。如果对他们是否发挥了一个正直的和有责任心的业务领导人的细心存在争议，那么他们就负有举证责任。"这里不仅在实体上加重董事应具有"业务领导人的细心"，而不是"普通谨慎之人的细心"；而且在程序上加重了董事的举证义务，因为在诉讼过程中，举证的一方往往处于不利的地位。

4.2 董事会

4.2.1 董事会定义

董事会（Board of Directors）是依照有关法律、行政法规和政策规定，按公司章程设立并由全体董事组成的业务执行机关。

股份有限公司的董事会，是由股东大会选举产生的董事组成的。董事会是股份有限公司的执行机构，贯彻公司股东大会的决议，对内管理公司事务，对外代表公司。此外，董事会也是股份有限公司的必设机构，我国有关法律十分重视董事会在股份有限公司中的作用，认为它既是公司的执行机构，又是公司的集体领导机关，其领导水平对公司的稳定与发展起着举足轻重的作用。

我国《公司法》规定，股份有限公司的董事会由5~19人组成。首届董事会成员由公司创立大会选举产生，以后各届董事会成员由股东大会选举产生。董事任期由公司章程规定，但每届任期不得超过三年。董事任期届满，可以连选连任，董事在任期届满前，股东大会不得无故解除其职务。

4.2.2 董事会的类型

1. NACD 的分类

全美公司董事协会（National Association of Corporate Directors，NACD）将公司治理的目标定义如下：公司治理要确保公司的长期战略目标和计划的确立，以及为实现这些目标建立适当的管理结构（组织、系统、人员），同时要确保这些管理结构有效运作以保持公司的完整、声誉，以及对它的各个组成部分负责。NACD 的这个定义实际上是将公司的董事会看作治理结构的核心，是针对不同类型的董事会功能而言的。NACD 根据功能不同，将董事会划分为以下四种类型。

（1）底限董事会。这种类型的董事会仅仅是为了满足法律上的程序要求而存在。

（2）形式董事会。这种类型的董事会仅仅具有象征性或名义上的作用，是比较典型的"橡皮图章"机构。

（3）监督董事会。这种类型的董事会检查计划、政策、战略的确认、执行情况，评价经理人员的业绩。

（4）决策董事会。这种类型的董事会参与公司战略目标、计划的制订，并在授权经理人员实施公司战略的时候按照自身的偏好进行干预。

2. 公司演化角度的分类

从公司演化的角度看，董事会也可以分为如下四种类型。

（1）立宪董事会。这种类型的董事会强调董事会是依照一定的法律程序，在某个权力主体的批准下成立的。《公司法》对公司而言就是一部宪法，董事会遵照法律规定成立，仅具有形式上的意义。公司要么由创始人控制，要么由首席执行官（CEO）控制。在规模小、技术水平低的私有公司中，这类董事会比较多。

（2）咨询董事会。随着公司规模的扩大和经营复杂程度的提高，CEO需要更多的专业人员，如技术专家、财务顾问、法律顾问等的帮助。通过招募这些人进入董事会，CEO将得到他们的专业技能。如果这些人是公司外部的专家，则董事会可称之为"外部人控制型"。如果这些人是来自公司内部的专职人员，则为"内部人控制型"。在这个过程中，董事变得越来越高素质、越来越称职、越来越独立。

（3）社团董事会。随着股权分散化、公众化程度的提高，董事会内部将形成不同的利益集团，意见差别通过少数服从多数的投票机制来解决。这样的董事会需要经常召开会议，且董事们必须尽量出席会议，否则董事会可能通过不利于某一集团（或董事）的决议，决策过程往往由于会议的拖延而不得不中断，一些大型的公开上市公司就存在这样的董事会。

（4）公共董事会。董事会成员包括政治利益集团代表，这种类型的董事会仅在公有制或混合所有制的公司中存在。

对一个公司而言，具体董事会类型的选择受制于占统治地位的社会环境，而社会环境又是社会政治经济力量共同作用的结果。一个需要企业革新的社会将不断孕育出适当的公司治理机制。表4-1从四个方面对四种董事会类型进行了对比，这四个方面是董事会起因、授权形式、决策者和董事会在决策中的参与程度。

表4-1 董事会类型对比

类型特征	董事会类型			
	立宪董事会	咨询董事会	社团董事会	公共董事会
董事会起因	法律	经济	社会、经济	政治
授权形式	自动	寡头	技术官僚	行政官员
决策者	CEO	CEO或董事会	董事会	中央计划当局
决策参与程度	接受	咨询	限定	适应

4.2.3 董事会的职权

董事会既是股份公司的权力机构，又是企业的法定代表。除法律和章程规定应由股东大会行使的权力外，其他事项也均可由董事会来决定。公司董事会是公司经营决策机构，董事会向股东(大)会负责。

董事会的义务主要是：制作和保存董事会的议事录，备置公司章程和各种簿册，及时向股东大会报告资本的盈亏情况和在公司资不抵债时向有关机关申请破产等。

董事会是公司的最重要的决策和管理机构，公司的事务和业务均在董事会的领导下，由董事会选出的董事长、常务董事具体执行。根据我国《公司法》的规定，董事会对股东(大)会负责，行使下列职权。

1. 执行权

执行权的具体表现可以概括为以下两种。

(1) 召集股东(大)会会议，并向股东(大)会报告工作。董事会由董事组成，董事由股东(大)会选举产生，董事会对股东(大)会负责。因此，召集股东(大)会会议，并向股东(大)会报告工作，既是董事会的一项职权，也是董事会的一项义务。

(2) 执行股东(大)会的决议。股东(大)会作为公司的权力机构，是公司的最高决策机关，依照法律规定和公司章程规定决定公司的重大问题，股东(大)会对公司生产经营方面作出的决议，由董事会执行。因此，执行股东(大)会的决议，既是董事会的一项职权，其实也是董事会的一项义务。

2. 宏观决策权

宏观决策权主要指决定公司的经营计划和投资方案。经营计划是指管理公司内外业务的方向、目标和措施，是公司内部的、短期的管理计划；投资方案是指公司内部的资金运用方向。一般说来，决定公司的经营方针和投资计划是公司股东(大)会的职权，因此，公司的具体经营计划和投资方案是公司董事会执行股东(大)会决定的经营方针和投资计划的一项具体措施。

3. 经营管理权

经营管理权具体包括以下几个方面。

(1) 确定公司的年度财务预算方案、决算方案。根据规定，审议批准公司的年度财务预算方案、决算方案是公司股东(大)会的职权，董事会应当按照规定确定公司的年度财务预算方案、决算方案，并及时报请公司股东(大)会进行审议批准。

(2) 确定公司的利润分配方案和弥补亏损方案。根据规定，审议批准公司的利润分配方案和弥补亏损方案是股东(大)会的职权，董事会应当按照规定确定公司的利润分配方案和弥补亏损方案，及时报请公司股东(大)会进行审议批准。

(3) 确定公司增加或者减少注册资本以及发行公司债券的方案。根据规定，对公司增加或者减少注册资本、发行公司债券作出决议是股东(大)会的职权，董事会应当按照公司经营的需要针对公司增加或者减少注册资本及发行公司债券的决议要求，及时确定具体方案，并提请股东(大)会审议。

(4) 确定公司合并、分立、解散或者变更公司形式的方案。对于公司合并、分立、解散，或者变更公司形式等均属于公司的重大事项，根据规定，应经过股东(大)会作出决议，但是具体与谁合并、如何分立及变更等具体方案应该由董事会来确定，然后提请股东(大)会会议进行审议并作出决议。

4. 机构设置与人事聘任权

董事会是公司的执行机关，负责公司经营活动的指挥和管理，因此有权决定公司内部管理机构的设置。决定公司内部管理机构的设置是指董事会有权根据本公司的具体情况，确定内部的管理机构设置，如设立教学服务部、事业开发部、市场营销部、企业管理部、客户服务部等具体的业务部门或者行政管理部门。董事会也可以决定聘任或者解聘公司经理及其报酬事项，并根据经理的提名决定聘任或者解聘公司副经理、财务负责人及其报酬事项。

除上述四种职权之外，董事会还要确定公司的基本管理制度，行使公司章程规定的其他职权。

4.2.4 董事会的形成

公司董事会的形成有资格上、数量上和工作安排上的具体要求，也有其具体职责范围。

1. 资格

从资格上讲，董事会的各位成员必须是董事。董事是股东在股东大会上选举产生的。所有董事组成一个集体领导班子，即董事会。

法定的董事资格如下：首先，董事可以是自然人，也可以是法人，如果法人充当公司董事，就必须指定一名有行为能力的自然人作为其代理人；其次，特种职业和丧失行为能力的人不能作为董事，特种职业包括国家公务员、公证人、律师和军人等；最后，董事可以是股东，也可以不是股东。

2. 数量

从人员数量上说，董事人数不得少于法定最低限额。因为人数太少，不利于集思广益和充分集中股东意见，但人数也不宜过多，以避免机构臃肿、降低办事效率。因此，公司一般在最低限额以上，根据业务需要和公司章程确定董事的人数。由于董事会是会议机构，为便于表决，董事会最终人数一般为奇数。

3. 分工

从人员分工上讲，董事会一般设有董事长、副董事长和常务董事等。人数较多的公司还可设立常务董事会。董事长和副董事长可以由股东（大）会直接选举，也可以由董事会成员投票选举，还可以按照股东的出资比例大小决定，视公司自身情况而定。有限责任公司股东人数较少和规模较小的，可以设一名执行董事，不设立董事会，执行董事可以兼任公司经理；有限责任公司不设董事会的，执行董事为公司的法定代表人。

4. 权限

在董事会中，董事长具有最高的权限，是董事会的主席。主要行使下列职权：第一，召集和主持董事会会议；第二，在董事会休会期间，行使董事会职权，对业务执行的重大问题进行监督和指导；第三，对外代表公司，即有代表公司参与司法诉讼的权力，以及签署重大协议的权力等。

4.2.5 股东（大）会和董事会的关系

股东（大）会和董事会的关系，实际上是代理与被代理关系，委托与被委托关系。董事会是公司的权力常态机构，而股东（大）会只是在特定时间召开，也就是说，股东（大）会只有在特定时候才会行使权力。平常是股东（大）会委托董事会对公司进行管理，董事会委托经理、副经理等具体执行公司日常管理事务。

董事会所做的决议必须符合股东（大）会决议，如有冲突，要以股东（大）会决议为准。股东（大）会可以否决董事会决议，直至改组、解散董事会。

董事会由股东（大）会选举产生，按照《公司法》和《公司章程》行使董事会权力，执行股东（大）会决议，是股东（大）会代理机构，代表股东（大）会行使公司管理权限。

4.3　董事长

4.3.1　董事长的定义

股份有限公司董事会设立董事长职务，并限定为一人。之所以要设立董事长，是由于董事会是用会议形式进行集体决策，需要有人召集和主持，董事会本身的一些事务需要有人检查，同时有些公司事务需要由董事会的某个单独成员作为代表。董事长是股东利益的最高代表，统领董事会，也可以理解为"董事会主席"或"董事局主席"。

董事长是公司董事会的领导，其职责具有组织、协调和代表的性质。董事长的权力在董事会职责范围之内，不管理公司的具体业务，一般也不进行个人决策，只在董事会开会或董事会专门委员会开会时才享有与其他董事同等的投票权。

董事长可以解除公司内所有人的职务，但董事和监理除外。

4.3.2　董事长的权利

董事长一般由董事会全体董事中过半数的投票选举产生，充任公司的法定代理人或法人代表。从各国的公司立法看，董事长的权力不是由股东（大）会授予的，而是由公司法直接规定的。有限责任公司、股份有限公司设立董事会的，股东（大）会由董事会召集，董事长主持。董事会会议由董事长召集和主持，一般来说，董事长拥有如下权力。

（1）主持股东（大）会和召集、主持董事会会议。

（2）召集和主持公司管理委员会议，组织讨论和决定公司的发展规划、经营方针、年度计划及日常经营工作中的重大事项。

（3）检查董事会决议的实施情况，并向董事会提出报告。

（4）提名公司总经理和其他高层管理人员的聘用、解聘、决定报酬、待遇，并报董事会批准和备案。

（5）审查总经理提出的各项发展计划及执行结果。

（6）定期审阅公司的财务报表和其他重要报表，全盘控制全公司系统的财务状况。

（7）签署批准公司招聘的各级管理人员和专业技术人员。

（8）签署对外重要经济合同，上报印发的各种重要报表、文件、资料。

（9）处理其他由董事会授权的重大事项。

（10）签署公司股票、公司债券。

（11）由董事会授权董事长在董事会闭幕期间行使董事会的部分职权。

（12）提议召开临时董事会。

（13）除章程规定须由股东（大）会和董事会决定的事项外，董事长对公司重大业务和行政事项有权做决定。

4.3.3 董事长与首席执行官的关系

董事长的英文是 Chairman，总裁的英文是 President，首席执行官的英文是 Chief Executive Officer，缩写为 CEO。总裁和首席执行官的权力理论上都来源于董事长，一般情况下，只有董事长拥有召开董事会、罢免总裁和首席执行官的权力，但董事长一般不掌握具体的行政权力。

董事会不是一个行政机构，而是一个立法性质的委员会，这就决定了董事长和董事们之间没有真正的上下级关系。一位强大的董事长可能拥有真正的"生杀"大权，这种大权有时候来自他掌握的多数股份，有时候来自他的人脉资源，有时候来自他早年积累的威信。一位董事长如果不兼任总裁或 CEO，只仅仅是一个礼仪职务，一个德高望重的仲裁者。一般来说，董事长是大股东的代表，而总裁或首席执行官是由董事会任命的，是公司的经营执行领导。总裁掌握着公司的日常行政权，又可以译成总经理。总裁这个称谓包含的荣耀和地位比 CEO 要高，因此经常用于礼仪场合。许多时候，总裁和 CEO 是同一个人；但在大公司里，总裁和 CEO 是两个人，这时"总裁"和"首席执行官"才有严格的差异。有时候两者地位平等，有时候 CEO 是总裁的上级。有时候，总裁和董事长一样，也是一种礼仪职位，但 CEO 从来都是一种实质性职位。

为了解决董事会的决策、监督和 CEO 的决策、执行之间存在的脱节问题，美国一般由董事长（即董事会主席）兼任 CEO。在美国，有 75% 的公司 CEO 和董事长就是同一人，但是英国和日本的董事长（会长）多为退休的公司总裁或外部知名人士，只是董事会的召集人和公司对外形象的代表。他们对公司决策制定影响有限，主要责任是对管理者的监督，维持公司与社会、政府、商界的关系。

4.4 独立董事

4.4.1 独立董事的定义

如前所述，董事可分为内部董事与外部董事。在采取两分法的情况下，外部董事与独立董事有时互换使用。如果采取三分法，董事会可以分为内部董事、有关联关系的外部董事与无关联关系的外部董事。其中，内部董事指兼任公司雇员的董事；有关联关系的外部董事指与公司存在实质性利害关系的外部董事；无关联关系的外部董事指不在上市公司担任董事之外的其他职务，对公司事务需要做独立判断的董事。

无关联关系的外部董事又称为独立董事（Independent Director）。独立董事不兼任公司的经营管理人员，独立董事属于外部董事的范畴。简单说来，独立董事既不是公司的雇员，也不是公司的供货商、经销商、资金提供者，或是向公司提供法律、会计、审计、管理咨询等服务的机构职员或代表，与公司没有任何可能影响其对公司决策和事务进行独立判断的关系，也不受其他董事的控制和影响。

独立董事制度就是在董事会中设立独立董事，以形成权力制衡与监督的一种制度。美国与英国公司法均确立单层制的公司治理结构，也就是说，公司机关仅包括股东大会和董事会，无监事会之设，因此，独立董事实际上行使了双层制中监事会的职能。而在德国、荷兰等国公司法确定的双层制下，公司由董事会负责经营管理，但要接受监事会的监督，董事也由监事会任命。

4.4.2 独立董事的特征

独立董事最根本的特征是独立性、专业性和公正性。

1. 独立性

独立董事是指具有独立性的董事。概括来说，是指该董事与所受聘的公司及其主要股东不存在可能妨碍其进行独立客观判断的关系，尤其是直接或者间接的财产利益关系。具体来说，独立董事的独立性主要体现在以下两个方面。

（1）法律地位的独立。独立董事是由股东（大）会选举产生，不是由大股东推荐或委派，也不是公司雇用的经营管理人员，他作为全体股东合法权益的代表，独立享有对董事会决议的表决权和监督权。具体地说，独立董事应该：①独立于股东，就是与股东没有任何关系，包括亲戚关系、合作伙伴关系等；②独立于经营者，经营者主要指公司的经理层，独立董事应当是与公司经理层没有亲戚、合作伙伴或者其他经济利益关系的个人；③独立于公司的其他利益相关者，其他利益相关者主要指公司的员工、供应商、经销商、法律顾问、咨询顾问等与公司有着利益关系的人。

（2）意愿表示的独立。独立董事因其不拥有公司股份，不代表任何个别股东的利益，不受公司经理层的约束和干涉，同时也和公司没有任何关联职务和物质利益关系。因此，决定了他能以公司整体利益为重，对董事会的决策进行独立的意愿表示。

2. 专业性

专业性是指独立董事必须具备的一定的专业素质和能力，能够凭自己的专业知识和经验对公司的董事和经理及有关问题独立进行判断和发表有价值的意见。

独立董事拥有与股份公司经营业务相关的经济、财务、工程、法律等专业知识，勤勉敬业的职业道德，一定的经营管理经验和资历。独立董事以其专家型的知识层面影响和提高了董事会决策的客观性。

3. 公正性

与其他董事相比，独立董事能够在一定程度上排除股份公司所有人和经理人的权、益干扰，代表全体股东的呼声，公正地履行董事职责，这是独立董事公正性的表现。

独立性是独立董事的基本法律特征，专业性和公正性都以独立性为基础，而专业性和公正性又保证了独立董事在股份公司董事会依法履行董事职务的独立性。

4.4.3 独立董事的作用

从某种程度上说，公司治理结构是否健全在很大程度上取决于是否有一个真正代表公司整体利益的独立自主的董事会，取决于能否形成以董事会为核心的完善的制衡机制。独立董事与公司没有利益关系，可以客观、公正、独立地进行有关公司决策的判断。独立董事作为外部董事这种特殊关系，在董事会中能对内部董事起着监督和制衡作用，可以完善公司法人治理结构，监督和约束公司的决策者和经营者，制约大股东的操纵行为，最大限度地保护中小股东乃至整个公司利益。具体来说，独立董事在董事会中的主要作用有以下几点。

1. 客观作用

由于独立董事与公司没有任何联系，是独立于公司的个体。因此，如果经理人或其他董事的利益与公司利益发生冲突，独立董事在对问题进行决策的过程中能够进行客观的判断。另外，独立董事并不是公司的员工或者其他与公司有联系的人，对于公司的问题能从一个"局外人"的角度进行分析，因此可能会产生更优的决策；而经理人可能因长期在公司工作而出现思维定式，造成错误的判断。

2. 监督作用

英美国家由于是单层制的董事会，没有设立监事会，因此独立董事的一个重要作用就是监督 CEO 和其他内部董事的行为。我国设立独立董事可以监督代表大股东的董事的行为，防止大股东侵犯小股东的利益。

3. 专家作用

董事会中的独立董事一般具有专业的知识和丰富的经验，有着独立的判断能力，可以帮助公司抓住市场机会，获得更多有价值的资源，提供公司可能没有的技能和经验，提高在制定公司战略时对环境变化的预测能力，从而有助于董事会拓宽视野。与此同时，独立董事能够通过其日常活动获取执行董事不容易获得的信息，熟悉企业以外的如市场机会、新技术、金融或经济事务、国际问题等，能为董事会所讨论的问题提供信息来源，发挥"外部窗口"的作用。

独立董事能够从不同角度审视公司的问题，在战略决策过程中导入他们的独立判断，提出建设性的意见和指出正确的方向，促进公司的长期发展。在公司需要进行重大项目投资、项目融资及并购的时候，独立董事的社会背景、专业的技术或管理知识会体现出其特有的价值。另外，由于独立董事还存在大量的在不同公司兼任的现象，这样还可以帮助公司与其他企业建立战略同盟关系。

4. 名誉作用

独立董事是公司的外部人士，通常具有广泛的个人关系和良好的社会形象，他们往往是名声很好的业内专家，有着很好的道德素养和社会责任感，受到社会人士的尊重。这就使得他们能够通过自己的影响增加公司与外界的联系，为公司提供商机，并帮助公司树立形象。

4.4.4 独立董事的特别职权

独立董事除依照法律规定行使公司董事的一般职权外，上市公司独立董事按照法律、法规、章程还可以拥有下列特别职权。

（1）重大关联交易（指上市公司拟与关联人达成的总额高于300万元或高于上市公司最近经审计净资产值的5%的关联交易）应由独立董事认可后提交董事会讨论，独立董事作出判断前，可以聘请中介机构出具独立财务顾问报告，作为其判断的依据。

（2）向董事会提议聘用或解聘会计师事务所。

（3）向董事会提请召开临时股东大会。

（4）提议召开董事会。

（5）独立聘请外部审计机构和咨询机构。

（6）可以在股东大会召开前公开向股东征集投票权。

独立董事还应当对以下重大事项向董事会或股东大会发表独立意见。

（1）提名、任免董事。

（2）聘任或解聘高级管理人员。

（3）公司董事、高级管理人员的薪酬。

（4）上市公司的股东、实际控制人及其关联企业对上市公司现有或新发生的总额高于300万元或高于上市公司最近经审计净资产值的5%的借款或其他资金往来，以及公司是否采取有效措施回收欠款。

（5）独立董事认为可能损害中小股东权益的事项。

（6）公司章程规定的其他事项。

为使上述职权得以落实，上市公司应当提供独立董事独立履行职责所必需的工作条件，及时向独立董事提供相关材料和信息，保证独立董事的知情权。独立董事行使职权时，可以向公司董事、经理及其他高级管理人员进行调查，有关人员应当积极配合，提供有关情况与资料，不得拒绝、阻碍或隐瞒，不得干预其独立行使职权。

4.5 专业委员会

近些年来，随着公司治理模式的不断完善，监管者和投资者等各种外部力量越来越多地介入到了董事会的内部运作之中，一些机构投资者要求上市公司设立全部或主要由独立董事组成的专业委员会。审计委员会、薪酬委员会、提名委员会等成为证券交易所和投资者们非常关注的对象。战略委员会、风险委员会等管理类专业委员会也日益普及。由此，设立董事会下属的各专业委员会，由董事分别参与各专业委员会的工作，既有利于提高董事会的工作效率，有效发挥其功能，又有利于明确董事的义务和责任，适应现代公司管理专业化的发展要求，更有利于发挥独立董事的作用——由于董事会的工作在不同的专业委员会中进行，并且通过专业委员会实施，也就更便于独立董事加强监督并参与公司事务。

4.5.1 专业委员会的界定

为了更好地行使董事会的决策与监督专业化的职能，防止董事会滥用权力，在成熟的资本市场国家，尤其是英美国家，通过设立若干由独立董事占多数组成的董事会内部常设职能化组织，即专业委员会来满足专业化运作的需求。

在此，需要特别说明的是，在当今社会，很多公司为了经营的需要可能设有由经理层专家组成的委员会，该种委员会属于公司执行业务的一部分，并非董事会的专业委员会。此外，董事会可能任命部分董事之外的专家组成某种委员会为公司提供咨询意见，这种委员会也不属于董事会的专业委员。董事会专业委员会必须是在一定程度上可以代替董事会行使权力并由董事（其中独立董事占多数）组成的委员会。

4.5.2 专业委员会的性质和特征

从对董事会专业委员会的界定可以看出，董事会专业委员会从性质上来说是董事会的一个内部常设职能化组织，它具有以下几个方面的特征。

1. 是辅助工作机构

董事会专业委员会是董事会内部下属辅助工作机构。董事会专业委员会设于董事会内部，是否设立及其权力、职责、运行方式及人员构成等均应获得董事会的批准，并且董事会专业委员会向董事会负责。

2. 行使监督职能

董事会专业委员会设立的目的是确保董事会有效行使重大决策和监督职能，尤其是监督的职能。董事会作为一个业务执行机关，不可能经常性地召开会议。因此，为了更好地履行其职能才设立了董事会专业委员会。董事会专业委员会的职责就是更好地使董事会的重大决策和监督职能得到发挥。

3. 由独立董事组成

董事会专业委员会的组成人员主要是独立董事。独立董事制度是英美国家单一层级董事会结构中最有特色的内容，其用意在于引入与公司没有利益关系的外部董事，以其客观、公正、独立的立场来行使董事会的决策和监督职能，从而维护公司、股东、债权人及其他社会公众的利益。如何使独立董事在董事会中真正发挥作用，一项有关董事会结构改造的普遍方案就是在董事会内部设立主要由独立董事组成的专业委员会。董事会通过设立专业委员会为独立董事职能的细化和落实提供契机。正是专业委员会的存在才能使独立董事能够真正地"独立"，才能使董事会本身客观、中立地进行决策和监督。

4.5.3 专业委员会的构成及功能

董事会专业委员会一般包括提名委员会（Nomination Committee）、酬薪委员会（Remuneration Committee）、审计委员会（Audit Committee）、战略委员会（Strategy Committee）等。各公司根据发展需要还可以设置公共政策委员会、投资委员会、技术委员会，以及环境、健康和安全委员会等。这些委员会的职责一般是由公司章程规定的，不过也有由公司法律框架体系规定的。

审计委员会、提名委员会、薪酬委员会和战略委员会的主要职能定位如下。

1. 审计委员会

审计委员会作为最重要的专业委员会，负责检查公司会计制度及财务状况，考核公司内部控制制度的执行、评估，并提名注册会计师，以及与会计师讨论公司财务问题。为贯彻审计委员会的专业性和独立性，审计委员会通常由具备财务或会计背景的外部董事组成。

2. 提名委员会

提名委员会负责研究董事、经理人员的选择标准和程序，并负责建立提名程序；负责提交有关董事会的规模和构成方案；负责向董事会推荐候选董事和高级管理人员。

3. 薪酬委员会

薪酬委员会负责研究董事与高级经理人员的考核标准；研究公司高级管理人员的薪酬事项和制定一揽子特定薪酬政策，以能够吸引、留住和激励公司高水平的董事与高级经理人员。同时，薪酬委员会还应就公司有关董事报酬的政策及发给董事的股份选择权的相关信息予以披露，做成报告书，并作为公司年报的一部分，提交股东大会。

4. 战略委员会

战略委员会负责对公司长期发展战略、重大投资决策、重大投融资项目及决策、年度预算和决算进行研究并提出建议，强化董事会的战略决策功能；对其他影响公司发展的重大事项进行研究并提出建议。

本章小结

董事是指由公司股东（大）会选举产生的具有实际权力和权威的管理公司事务的人员，是公司内部治理的主要力量，对内管理公司事务，对外代表公司进行经济活动。股份有限公司的董事由股东大会选举产生，可以由股东或非股东担任。董事一般可以分为内部董事和外部董事。董事会是依照有关法律、行政法规和政策规定，按公司或企业章程设立并由全体董事组成的业务执行机关。

独立董事是指独立于公司股东且不在公司内部任职，并与公司或公司经营管理者没有业务联系或专业联系，并对公司事务进行独立判断的董事。其独立性是指在人格、经济利益、产生程序等方面独立，不受控股股东和公司管理层的限制。

为了更好地行使董事会的决策与监督专业化的职能，防止董事会滥用权力，公司内部常常会设立专业委员会，一般包括审计委员会、提名委员会、薪酬委员会、战略委员会等。它可以有效地解决董事会本身的缺陷，更好地发挥独立董事的作用，从而起到监督经理人行为的作用。

复习思考题

1. 董事一般分为哪几种？其职责有何不同？
2. 董事一般具有哪些权利和义务？
3. 董事会和股东（大）会存在何种关系？
4. 独立董事具有哪些特别职权？

案例讨论1

九龙山双头董事会被责令整改

2013年5月28日晚，上海九龙山旅游股份有限公司发布公告称，收到中国证券监督管理委员会上海监管局（简称上海证监局）发出的《关于对上海九龙山旅游股份有限公司采取责令改正措施的决定》。上海证监局称，九龙山"双头"董事会局面不符合《上市公司治理准则》的有关规定，要求九龙山采取有效措施，积极推动相关股东尽快解决"双头"董事会问题。在2013年6月7日前，向上海证监局提交书面整改报告。

九龙山的"双头"董事会源自一场股权转让纠纷。2011年3月7日，海航置业、上海海航大新华置业有限公司、香港海航置业控股（集团）有限公司共同收购了李勤夫及其关联公司持有的九龙山A、B股合计3.9亿股，占九龙山总股本的29.9%，海航在股份比例上占优，成为第一大股东；九龙山原控制人李勤夫仍持有九龙山2.5亿股，占比19.2%，退居次席，但李勤夫仍为九龙山董事长。29.9%股权转让的合计金额为16.9亿元，其中占总股本比例13.77%的A股转让款为8.41亿元。

根据海航方面和李勤夫当时达成的合同协议，交易款项共分三期付清。一期为5亿元，到账后的2011年5月25日，股权转让双方在中登结算公司上海分公司办妥标的股份过户手续，相关的A股股票过户至海航置业、海航大新名下。

李勤夫方称，海航置业按协议约定支付了第一期款项，第二期款项未足额支付，第三期款项未支付。当时的协议同时约定，在股份过户变更登记且股权转让款已全部支付后的15天内，公司应发出通知要求召开临时董事会及监事会会议，提议改选董事会和监事会。

而海航方面则是完全相反的说辞，称已付完了所有的款项。

新选举产生的九龙山董事会董事陈文理在接受中国证券报记者采访时表示，"实实在在的16.9亿元支付给李勤夫，有关的证据全部在法院，钱我真真实实地拿出去了，我拍着胸脯说"。

此后，就股权转让款是否付清一事，九龙山和海航系双方各执一词。李勤夫方一直坚称海航方面未足额付清，并于2012年7月上诉至上海市第一中级人民法院。而海航方面则坚称其转让款已经付清。2012年12月21日，海航置业以持股九龙山10%以上股东的名义，自行召开了2012年第一次临时股东大会，该次股东大会审议了关于罢免九龙山现任董事长李勤夫在内的6名董事、监事成员,同时提名海航系6人任九龙山新一届董事会和监事会成员等12项议案。对此,李勤夫方面一直未予认可,导致九龙山出现了"双头"董事会的奇特局面。

为了解决"双头"董事会的局面,李勤夫控制的平湖九龙山向上海市静安区人民法院正式提起诉讼,请求法院判令撤销关于海航置业2012年年底自行召开的九龙山临时股东大会决议通过的12项议案,以此希望通过法律的途径解决"双头"董事会的局面。上海市静安区人民法院于2013年2月7日正式立案受理,九龙山于2013年2月17日收到《上海市静安区人民法院举证通知书》。

从九龙山的经营情况来看,九龙山2012年亏损1.85亿元,合并经营性现金净支出为7 459万元;2012年12月31日,流动负债超出流动资产3.03亿元,货币资金仅5 202万元,且根据九龙山管理层的2013年度现金流预测,九龙山当时持有的货币资金远不足以支付到期的短期债务以及不能维持公司2013年度的正常运营和开发。为此,普华永道中天会计师事务所有限公司对九龙山2012年度财务报表出具了无法发表意见的审计报告,九龙山也因此被处以实施退市风险警示。

九龙山2013年一季报显示,其前十大流通股股东中,未有国内机构投资者现身。

(资料来源:东方早报,2013-05-29)。

讨论:你认为这一"双头"董事会出现的根本原因是什么?对公司的正常运作有哪些不利影响?

案例讨论2

四川新希望农业股份有限公司的一次董事会会议

四川新希望农业股份有限公司(简称新希望,股票代码000876)第二届董事会第六次会议于2002年4月24日召开,应到董事5人,实到5人,3名监事与公司有关高级管理人员列席了会议,符合《中华人民共和国公司法》《中华人民共和国证券法》和《公司章程》的有关规定。会议由公司董事长刘永好先生主持。经过认真研究,会议通过了一系列决议。部分决议内容摘要如下。

一、关于增选董事

为保证公司独立董事制度的贯彻和实施,修改后的《公司章程》规定,公司董事会拟由9名董事组成,其中独立董事3名。根据《公司章程》关于董事候选人提名的有关规定,经征求第一大股东和主要股东意见,由公司董事长刘永好先生提名,增选翁宇、钟康成、李惠安、曾勇为公司第二届董事会董事候选人(其中翁宇、钟康成、李惠安为独立董事候选人),按中国证监会《关于上市公司建立独立董事制度的指导意见》,独立董事候选人报中国证监会审核。

二、关于设立董事会专业委员会并制定各专业委员会实施细则

为加强董事会建设,提高董事会决策的效率和科学化、专业化水平,进一步完善公司治理结构,落实公司治理措施,提升公司治理水平,促进公司规范运作,根据中国证监会《上市公司治理准则》和《四川新希望农业股份有限公司独立董事工作制度》的有关规定,公司董事会拟设立战略发展委员会、审计委员会、提名委员会、薪酬与考核委员会四个专业委员会,并制定各专业委员会实施细则。战略发展委员会拟由刘永好、陈育新、黄代云、钟康

成、曾勇、赵韵新、罗修竹组成，刘永好任主任委员。审计委员会拟由翁宇、曾勇、钟康成组成，翁宇任主任委员。提名委员会拟由钟康成、李惠安、黄代云组成，钟康成任主任委员。薪酬与考核委员会拟由钟康成、李惠安、陈育新组成，钟康成任主任委员。

(一) 董事会战略发展委员会实施细则

董事会战略发展委员会是董事会按照股东大会决议设立的专门工作机构，主要负责对公司长期发展战略和重大投资决策进行研究并提出建议。

(1) 人员组成。战略发展委员会由7名董事组成，其中应至少包括1名独立董事。战略发展委员会委员由董事长、1/2以上独立董事或全体董事的1/3提名，并由董事会选举产生。战略发展委员会设主任委员1名，由战略发展委员会委员选举产生。若公司董事长当选为战略发展委员会委员，则由董事长担任。战略发展委员会任期与董事会任期一致，委员任期届满，连选可以连任。期间如有委员不再担任公司董事职务，自动失去委员资格，并由委员会根据上述规定补足委员人数。

(2) 职责权限。职责权限主要包括：对公司长期发展战略规划进行研究并提出建议；对《公司章程》规定须经董事会批准的重大投资方案进行研究并提出建议；对《公司章程》规定须经董事会批准的重大资本运作、资产经营项目进行研究并提出建议；对其他影响公司发展的重大事项进行研究并提出建议；对以上事项的实施进行检查；董事会授权的其他事宜。战略发展委员会对董事会负责，委员会的提案提交董事会审议决定。

(3) 决策程序。(略)

(二) 董事会提名委员会实施细则

董事会提名委员会是董事会按照股东大会决议设立的专门工作机构，主要负责对拟任公司董事和经理人员的人选、条件、标准和程序提出建议。

(1) 人员组成。提名委员会成员由3名董事组成，独立董事占多数。提名委员会委员由董事长、1/2以上独立董事或者全体董事的1/3提名，并由董事会选举产生。提名委员会设主任委员1名，由独立董事委员担任，负责主持委员会工作；主任委员在委员内选举，并报请董事会批准产生。提名委员会任期与董事会任期一致，委员任期届满，连选可以连任。期间如有委员不再担任公司董事职务，自动失去委员资格，并由委员会根据上述规定补足委员人数。

(2) 职责权限。提名委员会的主要职责权限包括：根据公司经营活动、资产规模和股权结构对董事会的规模和构成向董事会提出建议；研究董事、经理人员的选择标准和程序，并向董事会提出建议；广泛搜寻合格的董事和经理人员的人选；对董事候选人和经理人选先进行审查并提出建议；对须提请董事会聘任的其他高级管理人员进行审查并提出建议；董事会授权的其他事宜。提名委员会对董事会负责，委员会的提案提交董事会审议决定；控股股东在无充分理由或可靠证据的情况下，应充分尊重提名委员会的建议，否则，不能提出替代性的董事、经理人选。

(3) 决策程序。(略)

(资料来源：网易，2002-04-24)

讨论：
1. 公司一般设立哪些董事会专业委员会？其作用是什么？
2. 独立董事在公司治理结构中起什么作用？

第5章 监事及监事会

学习目标

1. 了解监事的定义和主要职责。
2. 掌握监事会监督的主要形式。
3. 熟悉监事会的构成和主要职权。
4. 了解监事和监事会在履行职责过程中可能遇到的问题。

本章导读

监事和监事会的设计是完善现代企业治理结构的必然,通过本章的学习,了解公司治理结构中监事会在不同治理模式下的定位及发挥的作用、监事和监事会依法产生的方式及其在公司治理过程中所应履行的职责,明晰监事权利与义务,准确把握监事会的国别差异及我国公司治理中的监事会的功能定位。

引导案例

鲁润股份有限公司监事会发布公告,对该公司2002年11月29日召开的董事会临时会议的合规性提出监督意见,认为董事会议通知发出的时间与召开的时间间隔不够,违反了该公司章程的有关规定,其关于聘任总经理和副总经理的决议无效。据董事会11月30日发布的公告,该公司11月29日下午2时召开了董事会临时会议,9名董事全部到会,会议由董事长张志福主持,3名监事全部列席了会议。会议在8人同意、1人反对的情况下形成决议,聘任王兰荣为公司总经理、高根尧为副总经理。但该公司监事会公告称,11月29日的董事会会议通知时间是中午12—13时,会议召开的时间是下午2时,时间间隔不符合公司章程规定,且有1名董事不同意开会。

鲁润公司章程规定,董事会召开临时董事会议,通知时限不得迟于会议召开前3天,如遇紧急事态,经全体董事一致同意,可不受此款限制。据此,监事会认为,董事会临时会议违反了公司章程规定,因此是无效的。

(资料来源:李承华. 浅议加强公司监事会的监督职权 [J]. 北京工业职业技术学院学报,2012 (4).)

思考: 鲁润股份有限公司监事会决议无效的决定是否正确?监事会的职权主要有哪些?

5.1 监 事

5.1.1 监事的定义

一般来说,由于公司的股东相对分散,股东的专业知识结构和能力水平有差异,参与公司日常经营管理的机会和渠道有限。为了防止公司董事会和经理层滥用职权,损害公司和股东利益,有必要设立专门的监督机构,安排专人代表股东履行监督职能。这里的专人称为**监事,又称监察人,是公司中常设的监察机构成员,负责监察公司的财务状况,公司高层管理人员的履职情况,以及由公司章程规定的其他事宜**。

有限责任公司,股东人数较少或规模较小的,可以设1~2名监事。董事、经理及财务负责人不得兼任监事。2018年重新修订的《公司法》对有限责任公司的监事成员人数有了具体的规定:有限责任公司设立监事会,其成员不得少于3人;有限责任公司的监事会会议每年至少召开1次;股份有限公司的监事会会议每6个月召开1次;公司中监事的产生是不同监事身份根据通过不同方式产生,**监事包括股东代表监事和职工代表监事,股东代表监事由股东会/股东大会选举产生,职工代表监事由公司职工通过职工代表大会、职工大会或者其他形式民主选举产生**;监事的任期一般为三年,任期届满可以连任。《公司法》对监事的卸任与免职的规定为:股东担任的监事由股东会/股东大会选举或更换,职工担任的监事由公司职工民主选举产生或更换,监事连选可以连任。监事会与董事会的关系如图5-1所示。

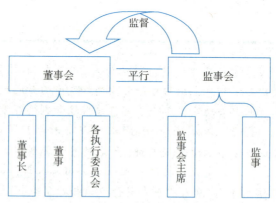

图5-1 监事会与监事会的关系

5.1.2 监事的主要职责

根据《公司法》第五十三条的规定,公司不设监事会的监事需要履行以下职责。

(1)检查公司财务。

(2)对董事、高级管理人员执行公司职务的行为进行监督,对违反法律、行政法规、公司章程或者股东会决议的董事、高级管理人员提出罢免的建议。

（3）当董事、高级管理人员的行为损害公司的利益时，要求董事、高级管理人员予以纠正。

（4）提议召开临时股东会会议，在董事会不履行本法规定的召集和主持股东会会议职责时召集和主持股东会会议。

（5）向股东会会议提出提案。

（6）依照本法第一百五十一条的规定，对董事、高级管理人员提起诉讼。

（7）公司章程规定的其他职责。

5.2 监事会

5.2.1 监事会的定义

《公司法》第五十一条指出：有限责任公司设监事会，其成员不得少于三人。股东人数较少或者规模较小的有限责任公司，可以设1~2名监事，不设监事会。监事会应当包括股东代表和适当比例的公司职工代表，其中职工代表的比例不得低于三分之一，具体比例由公司章程规定。监事会中的职工代表由公司职工通过职工代表大会、职工大会或者其他形式民主选举产生。监事会设主席一人，由全体监事过半数选举产生；监事会主席召集和主持监事会会议；监事会主席不能履行职务或者不履行职务的，由半数以上监事共同推举一名监事召集和主持监事会会议。董事、高级管理人员不得兼任监事。

5.2.2 监事会的作用

监事会对股东大会负责，对公司财务及公司董事、董事会秘书和高级管理层履行职责的合法性进行监督，维护公司和广大股东的合法权益。同时为避免代表所有者的董事会因追求自身利益而损害公司、股东、债权人和广大职工的权益，有必要通过一种新的制度安排来对董事会的决策行为加以制约和监督，从而产生了监事会。监事会是建立现代企业制度，完善公司法人治理结构的产物。

监事会的作用概括来说主要有以下几点：一是建立了一条独立于企业的信息渠道，实现了出资人与所出资企业之间的信息基本对称；二是有效发挥了监督制衡作用，推动了企业依法合规经营；三是促进了企业内控体系的建立和完善，进一步夯实了管理基础；四是及时预警企业的重大风险，有效维护了国有资产安全；五是发挥警示作用，规范了企业负责人的履职行为。

阅读材料

论监事会的重要性

场景一：有一段时间，林老板忙于下属分公司的事务，好不容易把分公司的经营搞起来了，却收到了集团公司营销总监的辞职信，并且发现集团公司的下游业务出现了严重的问题。集团公司营销总监在林老板离开的这段时间，把公司的业务悄悄"卖"给其他对手，自己获得了不菲的收入。

场景二：有一段时间，林老板忙于下属分公司的事务，好不容易把分公司的经营搞起来了，在处理下属分公司事务期间，公司高层发生了人事变动。因公司设有监事会，会对公司高层重要经营决策进行监督，高层人事变动也需要向董事长报告，同时离职前需要完成离任审计方可办理相关手续。因此林老板可以从容应付分公司的具体事务。

5.2.3 监事会监督的主要形式

监事会要完整履行其监督职能，在监督内容上，既要进行会计监督，又要进行业务监督。在监督逻辑顺序上，既要有事后监督，更要有事前和事中监督（也就是对董事会或高级管理层计划或决策的监督）。

1. 业务监督

监事会对经营管理的业务监督包括以下几个方面。

（1）通知经营管理机构停止其违法行为。当董事或经理人员执行业务时违反法律、公司章程以及从事登记营业范围之外的业务时，监事有权通知他们停止其行为。

（2）随时调查公司的财务状况，审查账册文件，并有权要求董事会向其提供情况。

（3）审核董事会编制的提供给股东（大）会的各种报表，并把审核意见向股东（大）会报告。

（4）当监事会认为有必要时，一般是在公司出现重大问题时，可以提议召开股东（大）会。

2. 代表公司

在以下特殊情况下，监事会有代表公司的权利：一是当公司与董事间发生诉讼时，除法律另有规定外，由监事会代表公司作为诉讼一方处理有关法律事宜；二是当董事自己或他人与本公司有交涉时，由监事会代表公司与董事进行交涉；三是当监事调查公司业务及财务状况、审核账册报表时，有权代表公司委托律师、会计师或其他监督法人。

5.2.4 监事会的职责与职权

1. 监事会的职责

（1）有权建议召开临时股东大会。

（2）负责对各级人员进行监督、检查、考核。

（3）负责对各部门管理的工作进行检查、监督、考核。

（4）负责对各驻外机构管理进行检查、监督。

（5）有权对公司的管理提出建议和意见。

（6）有权对公司发生的问题提出质疑。

（7）负责股东会决议交办的其他重要工作。

（8）负责检查公司业务、财务状况和查阅账簿及其他会计资料。

（9）负责核对董事会拟提交股东大会的会计报告、营业报告和利润分配等财务资料，发现疑问时可以以公司名义委托注册会计师、执行审计师帮助复审。

2. 监事会的职权

监事会的职权包括：列席董事会会议；检查公司的财务状况；随时检查董事会向股东大会提交的资产负债表、损益表、业务报告、股息分配方案及其他财务资料；对公司董事会和高级管理人员执行公司职务的行为进行监督。

当公司董事的行为损害本公司的利益时，监事可代表公司与有关董事交涉或对其进行起诉。监事会会议的任何决议均须获得三分之二或以上的监事同意方可获得通过。

> **阅读材料**
>
> **中国石油天然气股份有限公司监事会**
>
> 中国石油天然气股份有限公司监事会由九名监事组成，其中六名由股东在股东大会选举产生，包括四名股东代表、两名独立监事，另三名为雇员代表，由本公司员工选举产生。监事任期三年，可连选连任。选举出的监事不得同时兼任公司的董事、经理或财务负责人的职务。

5.2.5 监事会的相关法律规定

根据《公司法》第五十一条的规定，监事会是由股东（大）会选举的监事以及由公司职工民主选举的监事组成的，对公司的业务活动进行监督和检查的法定必设和常设机构。监事会是股份公司的常设监督机构。

5.2.6 我国监事会制度的形成与实践

1. 我国监事会制度的形成和发展的理论基础

（1）我国监事制度的形成。监事会制度在中国最早出现时在清朝末期颁布的《公司律》，专为公司发展运营所制定，共十一节，其中第五节对"查账人"的产生、任期和职责等进行了规定，这是中国最早关于监事的表述。1993年12月29日，《中华人民共和国公司法》在第八届全国人民代表大会常务委员会第五次会议上通过，确立了监事会在我国公司中的法律地位，形成了董事会、监事会和高级职业经理人相互制衡的公司治理结构。

（2）监事会制度形成和发展的理论基础。代理成本理论是公司监事会制度产生和发展的基础，在所有权和经营权相分离的原则下，作为公司所有者的股东，不具备经营公司的能力、时间和经验，加上股东分散化导致管理成本升高，市场经济需要专业的人做专业的事，聘请职业经理人来代理公司所有者经营和管理公司成为必然选择。董事、公司高层管理者、经理（代理人）在代理理财的过程中，努力实现委托人利益的最大化，同时拥有较大的权利，也有自身的利益考虑。这就有可能存在由于决策不当或滥用权力等行为给公司和股东利益带来损失的情况，这种损失称为代理成本。

代理成本包括三项内容：一是委托人所支出的监控成本；二是代理人所支出的欲令委托人相信其将忠实履约的成本；三是因代理人所做决策并非最佳决策，致使委托人在财产上所受的损失。

为降低代理成本，有效制约代理人的权力，英国的洛克和法国的孟德斯鸠提出了分权制衡理论，分权制衡理论是指导公司监事会制度逐步发展与完善的依据。该理论的核心内涵是公司的重大问题决策权由公司权力机构的股东会行使，公司的经营管理权由作为公司业务执行机构的董事会行使，公司的监督检查权由作为公司监督机构的监事会行使。

2. 我国监事会制度的实践

我国监事会制度的具体运作类似日本公司的治理模式，同时考虑了职工参与这一理念。此外我国在发展监事会制度的过程中也引入了独立董事制度，使得我国的公司治理运作模式兼具监事会制度和独立董事制度。

（1）监事会的监督方式。监事会一般采取日常监督和重大事项监督相结合的方式。其中日常监督主要是由监事会通过列席董事会，查阅董事会报送的材料，如财务类、经营决策类、统计数据类、常规工作类，同时可以询问有关部门负责人和其他人员情况，对公司日常经营管理行为进行监督。通常情况下，董事会的决策程序、公司预算编制与实施、公司重大经营活动、公司财务会计活动等是监督的重点。监事会每年召开两到三次会议，通过会议讨论，综合判断从而进行必要的反应。重大事项监督是对一些异常情况的监督，如各类导致公司资产损失的情况，公司高级管理人员违法、违规及严重违纪行为等。

>  案例
>
> **工商银行探索别具特色的监督模式**
>
> 中国工商银行监事会自成立以来，依法履行职责，认真开展监督工作，积极探索适合本行特色的监事会监督模式，为建立"决策科学、执行有力、监督有效"的公司治理机制，为实现持续稳健发展发挥了不可或缺的重要作用。在公司章程基本框架下，监事会相继制定了《监事会议事规则》《监事会监督委员会工作规则》《监事会外部监事工作制度》《关于做好监事会工作的若干意见》《监事会对董事会、高级管理层及其成员履职监督办法》《监事会对董事会、高级管理层及其成员履职评价规则》《监事会对监事履职评价规则》《监事会履行财务内控风险监督职责实施办法》等制度，对监事会的定位、工作职责、工作程序、监督内容等作出相应的规定，初步建立了具有本行特色的监督制度体系。监事会内部运作机制逐步完善，监督工作逐步进入制度化、规范化轨道。
>
> 一是定期研究分析全行发展战略和经营管理中的重大问题，确定监督重点，增强监督工作的针对性。二是现场检查与非现场监测相结合。每个年度监事会都要根据全行中心工作和监管部门要求制订工作计划，有重点地组织开展履职、财务、风险和内控等方面的监督检查。三是工作调研与专项检查相结合。每年监事会成员都要投入大量的时间与精力深入开展工作调研，召开分行负责人、基层员工参加的座谈会，听取他们对本行改善公司治理、加强风险内控管理等方面的意见。同时，根据不同时期的情况，组织开展重要财务事项和重点业务领域、重大并购事项、关联交易等专项检查，并持续跟踪整改情况，监督工作不断深入。四是加强监督资源整合，形成监督合力。
>
> （资料来源：证券日报，2017-01-25）
>
> **思考：**为什么监事不能兼任公司高级管理职务？

（2）监事会监督的原则。监事会的运作要遵循维护出资者利益原则，确保资产的安全和完整；同时不干预公司正常的生产经营活动。对监督过程中发现的问题要及时向公司股东大会或出资方报告，要注重公司的决策权、执行权和监督权的有机组合，做到有所为有所不为，确保监事会准确、完全履行自身的职责。

5.2.7　我国监事会在运作过程中存在的主要问题

1. 对监事会的地位和作用认识不够，且认识上存在较大偏差

《公司法》规定董事、高级管理人员不得兼任监事，确立了监事会监督的独立地位、法定地位。监事会是股东派到企业的监督代表，与董事会并行承担监督职责，对于股东来说监事会监督的重要性显然高于其他监督。但监事会监督的成果运用渠道还不够通畅，监事会发现的一些问题有时候难以及时改正，监事会报告很多时候止于出资人，很多部门和领导并不知道监事会是做什么的。

2. 机构设置上存在偏差

《公司法》规定设立公司均须建立监事会或监事制度，法律条文明确了监事会的职责权力。但很多股东并不是因为公司治理的需要去建立监事会，而是登记需要被动设立监事会。很多企业对监事会建设不重视，有的企业虽然建立了监事会管理制度，却没有明确监事业务管理部门和业绩考核部门，制度形同虚设。

目前，大部分企业的监事会是内设的，集团95%的监事是兼职，兼职监事会主席和监事，大多本身就担任着其他业务工作，除列席董事会和重大会议监督外，基本没有精力开展专项监督工作，甚至有的领导兼任多家甚至十几家监事会主席或监事，在聘用机制上就存在"兼而不责"的现象。也因为时间有限、能力有限、独立性也不够，无法深入研究企业重大经营决策活动事项，很难发表客观、公正的意见或建议，此类监事会必定是没有生命力的。长此以往，给人的印象是监事会真的没有什么作用，切切实实损害了监事会的形象。有的地方企业对监事会体制机制进行了改革探索，由纪委书记兼任监事会主席，此类机制安排用心是好的，但也容易出现融合过度问题，反而弱化监事会监督，造成有的监事会工作主业不突出，甚至不务正业的情况。

3. 监督方式、方法上存在偏差

监事会监督的重点是股东所关注的事项和企业发生的重大决策事项、重大风险隐患事项，而非日常经营性事务，所以要求监事会不干预企业正常经营活动。监事会的着力点应该是事前、事中监督，目标是纠错于事前、防患于未然。但现实情况是，有些监事会仍然无法实现有效的过程监管，有的是制约于履职环境，有的是专业能力无法匹配，有的对过程监督不够重视或不够深入，有的仍然以事后检查为主，有的主要依赖中介机构完成监督检查工作，致使监事会监督的定位发生了严重的偏差。

4. 独立性缺失，实际监督力度薄弱

我国企业监事会存在监督权旁落的现实问题，容易沦为"受到董事会控制的议事机构"。《公司法》对监事会的职权设定比较模糊，涉及违法、违规行为处理的职权多为建

议、要求等柔性处理手段，权威性不足。监事会在面对董事会、管理层人员违规时的监督略显弱势。监事会还有部分具体职权需由公司章程规定和股东大会授予，存在不确定性，处境相对被动。另外，监事的薪酬和任免多受制于董事会、管理层，因此更难对作为监督对象的董事会和管理层施加行之有效的监督。在诸如前述的限制性条件之下，监事会虽然能够相对及时地获取公司运营、决策的信息，却难以发挥信息优势，高质、高效地履行监督职能。

此外，企业的国有性质决定了其股东身份的模糊性，企业真正的所有者是国家，而这一所有者过于概念化，在实际中多由国资管理机构进行实际管理。这种多重代理管理模式下，国家作为实际所有者和出资方难以对企业施以直接监督和有效约束，容易出现内部人（管理层）追求私利而造成国有资产流失、国家利益受损的"内部人控制"问题。企业内部选举产生的监事会也容易被董事会、管理层控制，监督效果和治理作用难以发挥。这进一步体现出企业提升监事会监督效力、完善监督机制的现实紧迫性。

5. 专业素养的匮乏

要充分发挥监督职能，监事会成员应当具备一定的专业素养，包括对公司经营情况的判断能力、对公司财务的分析能力等。监事的会计知识或相关学术背景将有助于保障和提升企业会计信息质量。然而，目前大多数企业监事的能力不强，表现为监事学历整体水平偏低和监事职业背景与其工作不匹配。根据《公司法》规定，监事会成员主要由股东或职工选举而来，考虑到企业内部本身具有专业监督知识、技能的人才较少，选举出的监事可能存在个人素质和监事职位要求不匹配的现象，使得监事会监督效力面临质疑。

6. 制度不完善，监事会履职保障不到位

现阶段企业监事会相关制度依然不够完善，致使监事会工作缺少有效指导和充分保障。具体表现在以下几个方面。

（1）制度体系不完善，制度内容不具体。企业监事会与《公司法》上的监事会存在性质、地位和职权上的差异，需要建立独立法规和制度。目前各级政府部门已经出台了多项制度，但整体上并未建成完善的制度体系，某些环节存在制度空白；且一些制度内容不具体，无法为监事会工作提供明确、具体的指导，难以满足实践需求。

（2）企业内部支持不足，监事会运作受阻。企业监事会属于外派监督机构，与企业存在监督与被监督关系，其功能发挥离不开企业内部的支持。但实际运作中一些企业与监事会保持绝对独立，导致监事会被架空或边缘化，难以切实发挥监督作用。

（3）队伍建设不足，监事会成员结构中兼职监事居多，且整体队伍精神面貌、能力素质相对不足，业务水平和履职效果难以保证。

《企业监事会暂行条例》中明确规定："监事会不参与、不干预企业经营决策和经营管理活动。"对于企业存在的一些问题，监事会只有质询权、建议权和报告权，缺乏纠正权和处罚权，一些重大问题可以上报省人民政府国有资产监督管理委员会（省国资委）建议处理，但往往失去了时效性。而且对于"不参与、不干预"的边界定义比较模糊，监事会稍有不慎就容易被企业冠以"干预企业经营"的帽子，也让监事会在履职时有所顾忌，担心越线。

7. 创新不足，监事会工作质效难以提升

现阶段企业监事会工作普遍存在创新不足的问题，很大程度上限制了监事会工作的质量和效率。一方面，现阶段很多企业监事会工作模式相对固化，普遍以事后监控为主。监事会工作与企业经营活动变化不同步，监督行为与经营行为难以实时匹配，缺少预警和风险防范，监督灵敏性不足，实效性较低。另一方面，监督手段创新不足，日常监督工作不精细、不全面，监督针对性、层次性不足；且对先进信息技术应用不足，监督手段更新缓慢，导致监事会工作缺少活力与动力。

8. 转型缓慢，监事会职能逐渐被弱化

目前一些企业监事会工作并未及时顺应企业改革发展趋势，从而导致监事会职能在运作过程中逐渐被弱化。一些监事会机构基于自身高度独立性与企业信息不同步，且对企业经营发展趋势和脉络把握不足，并未基于企业发展新趋势同步规划转型升级，依然采取固有模式开展工作。长此以往，监事会运作方式与企业运营模式之间的冲突和差异愈发凸显，监事会职能被悄然弱化，监管实效逐渐降低，严重背离制度设计初衷。

9. 认识和体制存在差距

我国监事会属于"二元模式"，即监事会和董事会并行。监事会是监督董事会、经营层和公司运行的治理机构，但在一些公司的实际工作中还存在以下问题：一是存在董事会领导监事会的现象，这是因为监事会主席和成员基本由董事会参与提名，监督工作受到一定制约。二是一些领导对监事会职能的认识不足，因为在董事会和"三重一大"（重大事项决策、重要干部任免、重大项目投资决策、大额资金使用）会前，监事会成员基本收不到相关资料和通知。三是部分监事会人员自身认识不足，因为部分监事会没有监事会办公室或合署办公场所，更没有相应的财务会计人员，外聘事务所需经费等方面又受所属公司的制约。四是监事会成员基本为兼职，又没有相应的制约考核机制，导致监督工作基本流于形式。

10. 监事会职能边界与相关监督部门存在一定的业务重叠

第一种情况，《公司法》规定上市公司设独立董事，这也就形成了监事会和独立董事并存的局面。此种模式也造成了在一定程度上监事会和独立董事的职责重叠。两者的目的都是维护公司的有序运营，维护股东及利益相关人的合法权益。两者都是对董事会、经理层进行监督，防止权力拥有者滥用权力。监事会和独立董事都享有调查权、临时股东大会召集权、建议权。这种职能上的重叠在理论上能够加强对公司的监督，但是多头管理却也可能导致多头不管，使得具体的监督职能大打折扣。而且职能重叠在一定程度上也增加了企业的行政成本，影响实际工作的运作效率。监事会监督公司董事、监督经理层执行职务行为、监督上市公司信息披露及审议监督公司重大事项等职责与独立董事存在重叠和交叉。

第二种情况，检查公司财务的职责，与公司内部审计部门业务存在重叠和交叉。

第三种情况，对于公司管理、决策程序的监督又与其他内控部门存在业务重叠和交叉。虽然监事会对这些事项的监督角度与其他部门有所不同，但独特性并不是特别突出。

11. 监事会内部激励约束机制尚未健全，激励机制不到位

企业监事会的监督类型有外派监事会监督体制、内部型监事会监督体制和内外结合型监事会监督体制三种。因此，在监事会监事的薪酬制度设计上也呈现多样性。

以内外结合型监事会监督体制为例，外部监事若由出资机构派出，其薪酬多执行出资机构的薪酬制度，往往根据其行政级别、原任职务及原所在部门（单位）薪酬水平等情况确定，实行名义工资与实得工资相分离的制度，与公司董事会、经理层不是一个薪酬体系，薪酬水平可能存在级差，公司股权激励计划一般也与其无关。同时，外部监事还存在流动性不足、职业通道受限等问题。而内部监事尽管执行公司的薪酬制度，但其报酬一般由董事会提出议案，由股东大会形成决议或由董事会直接决定，也就是说，其薪酬的决定权甚至职务的升迁实际掌握在董事会或经理层手中。这影响了其监督的独立性、有效性和客观公正性。在这样的情况下，监事会监事的工作积极性和主动性肯定会受到影响。

企业监事会主要是国有资产管理委员会的外派机制。外派监事会工作人员的构成呈多元化状态，监事会的工作是需要长期驻守在监督对象处的，所以其出差的次数也是较多的。而且没有与其他部门岗位轮换的机会，这样便会对监督人员工作积极性造成一定的冲击。此外，对监督人员的考评工作是根据相关规定进行，而不是和监督人员的日常工作质量及日常检查结果相联系，这样便使得评价机制没有发挥出应有的作用。

相对于董事会，监事会在制度设计上比较薄弱。一是人数要求少。《公司法》规定，有限责任公司和股份有限公司设董事会，其成员分别为3～13人和5～19人；而对监事会，只要求其成员不得少于3人。实际运行上，多数企业的监事会配备人数较少。二是董事会下设执行机构、辅助工作机构和工作人员，即经理层、董事会各专门委员会、董事会办公室、董事会秘书等，具体执行董事会决议，辅助董事会开展工作；而监事会没有辅助工作机构和工作人员，不能很好地辅助监事会开展工作。三是董事会设执行董事、非执行董事或独立董事，执行董事又往往兼任公司的经理、副经理等，掌握公司的生产经营权力，可以调动公司的各种资源。独立董事具有较强的独立性。而监事会通常没有设执行监事和独立监事，可利用和调动的资源有限。

12. 相关法律制度建设滞后使外派监事会缺乏必要的履职保障

（1）现有法律法规对监事会职权规定不够明晰。如《公司法》中对于监事会的相关规定过于简单和笼统，第五十三条规定监事会的职权包括"检查公司财务"，但对监事会的财务检查职权描述比较模糊，指导性不强；第五十四条规定"监事可以列席董事会会议"，未带强制性要求，使监事会过程监督不能完全得到保障。

（2）部分制度不适应国有资产监督管理新形势的要求。国务院颁布的《企业监事会暂行条例》迄今实施了近二十年，中间很多条款已经不适应当前国企改革发展和国资监管（国务院国有资产监督管理委员会）的需求。一是监督核心发生变化，不再局限于财务监督，其内涵更加广泛；二是监督理念发生变化，现有的条例和各地方的暂行办法偏重事后监督和静态监督，而出资人关注事前、事中和事后相结合和动态监督；三是监督重点发生变化，由事后监督变为当期监督、"三重一大"事项和风险监督；四是监管方式发生根本变化，从以前的要求监事会"只带耳朵，不带嘴巴"的要求变为敢于、善于发表独立、客观意见，及时揭示企业风险，注重监督的灵敏性和时效性。

(3) 执行权缺失制约了监事会监督效果和权威性。现有的监事会法律制度规定了监事会的"知情权、调查权、建议权、监督权、评价权和起诉权"六大权利，但缺乏一项最重要的权利，即执行权。由于监事会没有处罚权，监督检查揭示的问题和风险无法得到及时有效的处理和整改，使监事会沦为"没有牙齿的老虎"，其功能和作用没有得到充分的发挥和体现，效果大打折扣，既浪费监督资源，又消耗制度成本。

13. 监事会监督成果没有得到充分利用

监事会通过专项报告和年度报告等形式向上级部门反映省属企业生产经营中存在的问题和风险，但由于监事会监督成果的流转、运用机制尚未建立，一些省属企业的问题虽然在监事会年报中持续反映，但未能得到及时整改，监事会监督成果未得到及时有效的运用，等到后期纪检监察部门介入时已错过企业自我纠错的最佳时机。

14. 信息获取不完全

在实践中，公司的重要经营管理信息实际掌握在董事会和经理层手中，在公司治理机制以股东会为中心逐步转变为以董事会为中心的情况下更是如此，监事会往往被动地获取信息，处于信息上的弱势。监事会获取信息的主渠道是列席董事会会议，但因制度不健全，监事会得到的信息是被动的、不完全的。对于公司日常的重要经营活动，哪些需要监事会参加并参与监督，哪些方面的信息应及时提供给监事会，董事会、经理层对监事会的监督不配合、不按要求纠正、不主动提供信息怎么办等问题，都应该具体明确并作出硬性规定，否则，在信息不对称、不完全、不及时、不准确的情况下，监事会的监管就很难到位。

15. 监管机构的监管与处罚力度不强

无论在《公司法》等法律层面还是在工商部门等监管机构层面均未强制要求企业建立监事会。以拟上市的民营企业为例，企业进入 IPO（首次公开募股）审批阶段之后，虽从法律法规、部门规章和规范性文件等方面给予了一定的要求，但相关监管机构的监管仍停留在书面材料的规范性审查上，而对监事会是否设计合理、运行是否有效，监事会材料是否造假等环节监管不到位，同时对监事会材料造假的处罚也不够严厉。

阅读材料

学习贯彻提高上市公司质量要求　切实提升监事会履职水平

国务院 2020 年 10 月 9 日印发《国务院关于进一步提高上市公司质量的意见》（以下简称《意见》），《意见》要求，要规范公司治理和内部控制，提升信息披露质量，包括：完善公司治理制度规则，明确控股股东、实际控制人、董事、监事和高级管理人员的职责界限和法律责任；股东大会、董事会、监事会、经理层要依法合规运作，董事、监事和高级管理人员要忠实勤勉履职，充分发挥独立董事、监事会作用；加快推行内控规范体系；强化上市公司治理底线要求，倡导最佳实践，切实提高公司治理水平。

监事会的运作质量直接影响公司的治理水平，上市公司在完善公司治理结构中要注重从以下几个方面优化公司的监事会运作模式。

> 一是要发挥监事会监督作用，需要外部监管公司治理结构的顶层设计和职权划分。二是要注重监事会负责人作用的发挥，监事会负责人是监事会监督作用发挥有效与否的关键。三是要加强对监事的岗位培训，通过岗位培训，强化岗位特性，持续打造监事职业群体。
>
> （资料来源：证券日报，2020-11-10）

5.2.8 完善我国监事会运作模式的主要方法

1. 监事会监督必须准确定位

监事会必须始终站在股东的立场思考问题，坚持股东利益至上原则，忠诚履行股东义务，维护好股东合法权益。因为股东关心的恰恰是问题出来后，企业决策层、执行层是否已经进行了改进，是否已经堵塞漏洞，改进效果如何，所以监事会监督不是提出问题和建议后就完成任务了。监事会要及时回复出资人关切的事情，主动反馈各项政策在企业落地执行情况，确保出资人意图落实到位。监事会要加强调查研究，把问题摸清楚，帮助企业解决一些痛点、难点问题，为国资国企改革发展提供有建设性的意见和建议。

2. 监事会监督重在过程监督

监事会监督的生命力在于过程监督，这是监事会监督与其他监督的重大区别。履职过程中，监事会要加强与企业的融合，督促企业持续完善公司治理体系。监事会监督要始终坚持问题导向，主动嵌入企业生产经营活动流程，全过程关注企业重大决策事项和重大风险隐患事项，建立动态风险控制机制，及时发现企业运行过程中的问题，准确、及时报告问题，提出解决问题的建议，让风险在发生前得到控制，让问题在萌芽状态得到解决。监事会要持续督促企业整改，努力避免"急性病"久拖不治变成"慢性病"，形成监管工作闭环。

3. 监事会监督要有效监督

有效监督是既要管得住又要管得好，应从两个方面来理解。一方面，监事会要完成《公司法》规定的基本职责，对重大风险发挥预警作用，避免企业发生系统性和毁灭性风险，实现国有资产保值、增值。另一方面，要保护好经营者的积极性和创新精神，深入关注和评价国有资本的质量和效率，平衡好防风险和促发展的关系，平衡好自身监督风险与企业发展风险的关系，要始终坚持监督的根本目的是发展赋能，而不是以阻碍企业发展为代价，更不是以牺牲企业发展为代价。要坚持在动态中解决问题，要在企业发展中解决问题。而做好有效监督的关键在于监事队伍，所以出资人要把好监事的选聘关，把政治素质高和专业素养好、善于学习总结的人选聘到监事队伍中来。

4. 监事会监督要有限监督

监事会在企业的人员有限，时间精力有限，工作上要懂得抓大放小、突出重点，如此才能从纷繁复杂的事务中解脱出来，做好自己的本职工作。监事会监督是股东监督，需要考虑成本效益和资本回报，这个因素会影响股东如何派出监事会。一般地，定位于投资中心的企业，需要派出监事会；定位于利润中心的企业，如果规模大、业态风险高，需要派出监事会。反之，可以和定位于成本中心的企业一样设置监事即可。这和《公司法》规定关于规模较小企业可以不设监事会，只设监事是同样的道理。但在派出后一定要落实责任，做实监事会工作，千万不要为了形式而破坏了监事会形象。另外，作为股东监督的监事会要把握好监督的度，既到位又不越位也不缺位，这些都表明监事会是有限作用主体。

5. 监事会监督要拓展成果运用

监事会的成效载体主要是各类报告，除了监事会报告本身需要提升质量以外，还要扩大报告应用范围，包括构建大监督体系。各级国有出资人对监事会报告反映的情况和问题要督促和帮助企业整改，同时还要利用各种途径向组织部门、政府分管领导甚至主要领导报送监事会报告等相关信息，让有关部门和领导了解监事会工作，让他们知晓监事会在维护国有资产安全和促进企业发展方面发挥的重要作用，使有关部门能够对监事会有个全面而准确的认识，反过来也能够促使企业更好地接受监事会监督，更加主动地配合监事会的工作。

6. 完善相关制度，强化监事会履职保障

现阶段为了加强企业监事会工作，建议首先健全相关制度，充分强化监事会履职的刚性保障和约束。具体实施细则如下。

（1）完善制度体系，规范监事会工作。完善顶层设计，健全监事会工作规则、工作报告、成果运用、考核评价及机构建设等方面的相关制度规定，形成衔接有序、完整涵盖全流程的基本工作制度。深入梳理企业监事会履职脉络，聚焦制度可行性，加强工作细则、具体方法的修订补充，为监事会提供明确的极具可操作性的工作指南，有效促进履职规范化。

（2）强化企业内部支持，夯实工作保障。被监督企业要提升治理高度，更新治理观念，将监事会工作纳入企业治理的必要环节，推动监事会工作性质由行政管理向公司治理转变。在企业内部成立监事会事务中心等日常办事机构，专门配合、支持监事会履职，促进提升监事会工作实效。

（3）加强队伍建设，巩固监督驱动力。优化选拔任用机制，严格监事职业资格准入标准和聘任制度，适当调整专职监事和兼职监事比例，科学搭配监事会人员结构。建立常态培训学习机制，强化激励约束机制，不断提高监事成员履职能力与综合素质，提升监事队伍精神面貌，巩固增强履职效果。

7. 强化创新作为，提高监事会工作质效

新时期，企业监事会应加强创新突破，以期充分促进监事会工作质量和效率的提高。具体建议包括以下几种。

（1）要前移监控防线，加强风险预警。前移监控防线，积极探索事前、事中和事后相结合的全过程监督模式，实现监督活动与企业经营活动同步动态变化，促进监督行为与经营行为实时匹配，切实提高监督质量。上移监督重心，建立预警系统，做好事前风险识别、预警和防范，充分提升监督灵敏性与科学性。

（2）要创新监督手段，实现全流程监督。引入精细化管理理念，形成日常监督、集中检查、专项检查相结合，排查薄弱环节与检查重大事项相结合的监督新形态。

(3) 突出信息支撑，推动创新突破。依托信息化技术搭建集当期监督、动态监督、追踪留痕监督为一体的信息化综合监督系统，实现全过程、全方位监督；并在信息化工具辅助下优化工作报告体系和流程，细化落实报告责任，加强信息披露和内部资源共建共享，科学促进监管质效提升。

8. 加快转型升级，开拓监事会履职新思路

企业监事会还应加快转型升级，开拓履职新思路，强化履职效力。

(1) 要立足新视角，丰富监事会职能内涵。新时期，企业监事会要基于监事会工作与企业运行目标的一致性，立足增强国有资产保值增值服务新视角，加快监管形式转变，推动监事会监管重心由企业监督向国有资产资本监督转变，加强国有资产分类监督，妥善解决国企混合所有制改革中企业资产结构复杂多样、难以监管的问题。注重推动监督职能向资本链延伸，充分拓展和丰富监事会职能内涵，促进监事会职能充分发挥。

(2) 要聚焦企业发展新趋势，打造大监督格局。立足企业改革新态势，以国企改革目标任务为引领，探索高度契合企业现代化运营发展的新监督模式。推进监事会工作与整体国资监管工作相融合，主动整合监督资源，加强与会计师事务所、纪检监察、企业内部审计机构等监督力量的合作，充分增强监督系统效能，打造协同闭环，强化协同监督，形成监督不留死角、不留盲区的大监督格局。推进监事会工作与企业法人治理体系相融合，将监事会工作嵌入企业内部的工作流程，积极调整沟通方式，转换语言表达形式，加强监事会与企业的工作互动融入，强化监督实效。

9. 配备高素质的监事，提高监事会工作的质量和水平

(1) 要研究建立监事会监事的素质能力模型。对监事会监事所应具备的素质和能力要有一个基本要求，并按照素质能力模型开展任职资格培训，培训考核合格获得任职资格后方能上岗。有了这样的素质能力模型，在监事人才的培养和选拔上也会有所遵循。

(2) 强化能力提高型培训。按照"缺什么补什么"的原则，着力加强财务、金融、审计、法律、风险管理等知识的培训，同时，还应根据不同业务类型的任职企业，加强专业知识培训，不断提高监事会监事的素质和能力。

(3) 加强工作交流。定期或不定期地开展一些业务交流，为监事提供业务交流的平台，实现经验分享，增进工作感情，促进监事会整体工作水平的提高。

(4) 加大市场化选聘监事的力度，形成"优胜劣汰"机制。开阔眼界，拓展思路，加强监事会队伍"市场化、职业化"机制建设，让市场在人才的培育、选择、激励、淘汰等方面发挥调节作用，以良好的机制促进人才的成长。

10. 理顺监事会和独立董事的关系，创建监事会良好的工作环境

(1) 监事会及其成员要正视我国上市公司在设立监事会的同时也设立了独立董事这一既定事实，认可两者均作为公司监督管理机构的状况。在公司的监督管理中，要相互配合，而非相互掣肘。

(2) 在具体的执行过程中，要进一步理顺监事会和独立董事的关系，在密切合作的基础上，也要有相应的合理分工。考虑到两个机关各自的特性，除了一些特殊领域需要监事会和独立董事的双重监督外，企业的重大事项应当由独立董事监督，其余的由监事会

监督。

（3）监事会制度也应该有所发展，其发展方向是保障独立董事召集临时股东大会的权力，以及职工的参与权。同样，独立董事制度也应日臻完善，在独立性、薪酬激励及保险制度等方面作出具体且切实有效的规定。

（4）各公司董事会和经营层必须严格遵守监事会工作规定的职责权限，需要监事会审议和监督的事项，严格按照程序进行汇报和配合。各监事会要主动担负起监事工作的职责，拓宽信息获取平台，严格按照工作权限开展日常和专项监督工作。

11. 建立健全激励约束机制，提高监事会工作的积极性

需要建立健全对监事会内部工作人员的考核评价体系。由于监事会的监督、检查工作和其他行政管理工作有着较大的区别，因此对于监事会的考核工作也是比较特殊的。故而以监事会的特点为基础，在考核监事会内部员工的相关工作时，其主要关注的是建立日常工作记录或者监督人员出席相关会议的次数及其负责的企业数量等。将这一关注点与监事会内部相关领导人的考核意见相结合，从而形成对监事会内部工作人员的年终考核评价，这也是对监事会内部职员进行奖惩的依据。这样可以在一定程度上激励监督人员的工作积极性，最后提高监事会的整体工作效率。

建立健全激励约束机制的方法有以下几种。

（1）建立科学有效的考核评价体系。围绕监事会的职责权限、工作目标、监督工作的质量和效果等，合理设置考核评价指标，坚持定量和定性相结合，建立考核评价机制。

（2）合理确定考核评价的主体。以股东大会、职工代表大会为主体，对监事会监事的工作进行考核评价。必要时，可聘请第三方专业机构进行考核评价，而不以监督对象董事、经理层为主进行考核评价，以保证考核评价结果的客观公正。

（3）不管是外部监事或是内部监事，其薪酬制度由出资机构研究制定，薪酬水平应与董事会、经理层相当，并享受激励性股权及有关福利待遇。

（4）依据考核结果，严考核、硬兑现，发挥薪酬的激励和约束作用。

（5）为监事会监事履职行权创造良好的环境和条件，畅通其成长通道，解决后顾之忧，充分调动监事的工作积极性、主动性和创造性。

12. 通过强化外派监事会的法律地位来提升监督权威性

（1）及时修订《公司法》《中华人民共和国企业国有资产法》《企业监事会暂行条例》等现有法律法规中不完善和不明晰的部分；进一步强化外派监事会的法律地位，明晰监事会的职责权限，为监事会依法监督提供足够的法律保障。

（2）根据《中华人民共和国企业国有资产法》第十二条"履行出资人职责的机构依照法律、行政法规的规定，制定或者参与制定国家出资企业的章程"的规定，依法将监事会议事规则、企业支持配合监事会规定等条款写入企业章程，作为支撑监事会开展工作的法律依据。

13. 畅通监事会的信息渠道，实现监事会工作的信息化、科学化

（1）建立信息沟通机制，形成内外合力的协同监督。建立健全企业信息管理制度，把监事会纳入企业经营管理信息流转环节，监事享有董事、经理层的信息获取权。建立"大

监督"体系,将监事会、纪检监察、审计、职代会等监督资源进行整合,加强股权监督、党内监督、政府监督、社会中介监督、内部管理监督、民主监督等的联系与协作,实现监督工作全方位、全过程和全覆盖。同时,要着重强调监事所应履行的保密义务,不得违规泄漏企业的商业秘密。

(2) 充分利用现代化信息技术,提高监督手段的科学化。通过企业的信息门户、自动化办公系统、内部电子邮箱、新媒体等形式,建立监事会工作平台。通过网上办公的形式,及时与董事会、管理层进行沟通,及时向出资人报告工作,提高监督效率。

14. 监管机构应加强监管

(1) 监管机构应从实际出发制定切实可行的约束性、指引性文件,为企业构建监事会提供依据。2015年12月,中国上市公司协会发布了《上市公司监事会工作指引》,为上市公司监事会运作提供了现实参考。

(2) 注重日常监管、事前监管及事后监管,同时加大处罚力度。

本章小结

监事和监事会对公司日常经营活动及董事、职业经理人等违反法律、公司章程的行为进行监督并及时指正,有利于公司长期、健康、稳定的发展。由于公司股东较为分散,股东群体中专业知识、能力和经验参差不齐,设立监事会有助于帮助公司所有人(股东)监督董事会和经理人员可能存在的滥用职权、损害公司利益的行为。为保障监督的有效性,就需要坚持监事会的独立性,履行其应尽的职责。

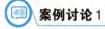
复习思考题

1. 监事会类型和监事职责制度有哪些?
2. 阐述监事会制度在集团管控模式中的作用和实践。
3. 监事会如何进行财务检查(审读财务报表)?
4. 监事会常用的财务分析方法和预警指标(模拟情景案例分析)是什么?
5. 监事会如何进行董事和高级管理人员的履职检查?
6. 监事会如何行使对高管的绩效评价和罢免建议权(模拟情景案例分析)?

案例讨论1

A公司的监事履职到位吗?

A公司持有上市公司B的股份,系B公司10年前股份改制时进入。B公司于2016年1月上市,A公司共持有其首发原股东限售股份17 621 145股,占总股本比例3.15%。B公司股份在2017年1月解禁。时任A公司监事认为,B公司有1.89亿股解禁,解禁数量占总股本的 33.84%，占流通股的 210.33%，且 2016 年 9 月底基本每股收益 0.008 89 元，在三季报中公布预计 2016 年 1—12 月归属于上市公司股东的净利润较上年同期可能出现较大幅度下降。监事向 A 公司董事会进行了如下提醒：①高度重视 B 公司经营基本面变化、国家行业的深刻影响，以及首发原股东限售股解禁规模等方面对股价波动造成的影响，并进行深入研判，拟订相关应对措施，保障国有资本的保值、增值；②严格按照《中华人民共和国证券法》《C 省省属企业投资监督管理暂行办法》等法律法规要求，履行预案所需要的运作程序；③鉴于 B 公司为上市公司，更需要在运作过程中严守商业机密。

随后，A 公司董事会研究决定，基于对 B 公司所处行业市场前景近期不看好和与 B 公司友好合作前景分析，与会董事一致同意通过大宗交易平台减持 1 200 万股左右，减持综合均价不低于每股 16.05 元。基于此，监事建议：①做好减持前的准备工作，联系好接盘的机构；②做好减持股票收益的会计处理。紧接一周后，A 公司董事会研究决定，基于目前的证券市场形势判断，该股的股价大概率会再次下跌，一致同意通过二级市场，以平均成交价 14 元左右的价格继续减持 200～300 万股。基于此，监事建议：①企业以盈利为目的，在当前市场的技术面和公司的基本面情况下，多走些比少走些好；②在当前的市场形势下，进行短线炒作要持更加谨慎的态度。接下来一周后，董事会讨论对持有剩余 B 公司股票 3 354 800 股进行市值管理。董事会提出，以 B 公司股票市值 4 600 余万元，再补充 1 500 万元左右现金，合计 6 100 万元左右，委托给 D 公司进行市值管理，D 公司收取固定年化收益 10%；而 D 公司以其持有的 55% 股权作为质押。

董事会进行市值管理的理由有如下几点：一是对 B 公司股价继续看淡，二是对沪深股市的走势持更加谨慎态度，三是对持有其他公司股票后续管理进行先行探索。对此，监事建议：①由于 B 公司基本面和股价走势的技术面都难言乐观，因此对剩余股份加强管理、科学运作、力保增值是集团应重视的大事；②与 D 公司的股票市值管理合同，需有律师出具书面的该合同合法性的律师意见函；③另补充 1 500 万元左右的现金进入二级市场进行股票买卖操作，需向省国资委申请，进行核准报批；④A 公司以其合资公司 E 公司（A 公司持有 45% 股权）进行市值管理，不再新投入现金，以账户中股票市值和现金 9 068 208.11 元进行市值管理，收取固定年化收益 10%，在确保依法合规的前提下，E 公司可自主选择操作模式。

2017 年 7 月，该省审计厅对 A 公司进行审计，其中有对该事项审计的意见。审计厅认为，A 公司委托其合资公司 E 公司进行所谓的"市值管理"活动，实为委托理财和二级市场股票交易行为，违反了《C 省省属企业投资监督管理办法》第十三条"省属企业……（一）严格限制期货投资、股票投资和委托理财，禁止投机性的金融衍生业务投资……"和《严禁企业和上市公司炒作股票的规定》（国发〔1997〕16 号）"一、企业不得炒作股票，不得提供资金给其他机构炒作，也不得运用国家银行信贷资金进行买卖股票……"和《关于进一步完善股票发行方式的通知》（中国证监会 1999 年）"企业、国有资产控股企业、上市公司所开立的股票账户，可用于配售股票，也可用于投资二级市场股票，但在二级市场上买入又卖出又买入同一种股票间隔时间不得少于 6 个月……应停止纠正"。

2017 年 9 月 A 公司董事会研究决定，终止与 E 公司的市值管理合同。截至 2017 年 9 月 19 日下午收盘，市值加现金资产合计为 6 851.493 8 万元，比开始的 5 109.821 万元增值34.1%。期间，B公司股票从14.10元下跌到10.40元，跌幅26.17%，合计增值60%。

（资料来源：陈赟. 国企的活力从哪里来？来自案例的思考 [J]. 中国盐业, 2017 (32).)

讨论：请对A公司的监事履职情况进行评价。

案例讨论2

中德银行的监事会制度

中国工商银行的监事会，作为一个与董事会平行的机构，对企业管理层进行监督。公司监事会、董事会、独立董事以及具有中国特色的党委会均具备监督权力，监事会的作用被削弱。本案例可以追溯到2003年，中国工商银行尚未入市，审计署查出其违规贷款金额多达69亿元，案件涉及336名员工。2003年的审计风暴过后，2012年和2014年中国工商银行违规贷款再露头角，涉及金额上百亿元，案例背后映射的内部监管不力，值得深思。

中国民生银行是中国首家主要由非公有制企业入股的全国性股份制商业银行，监事会是主要的监督机构。2012年，"民生式创新公司治理"提出监事会对董事履职评价工作负最终责任，以强化监事会职能。然而，实际情况并没有按照创新工作模式运行。2015年，中国民生银行总行行长因涉嫌"银行政商腐败"被带走协助调查，监事会没能在事件发生前发挥其监督职能。高管出事使得中国民生银行股权结构重新洗牌，危机重重。

德意志银行股份公司（以下简称德意志银行）是德国最大的银行，也是世界上重要的金融机构之一，在双董事会的治理结构下，德意志银行监管董事会参与到公司的决策和监督过程，形成一个垂直管理的系统。

国内外的监事会制度存在较大差异，如表5-1所示，是中国与德国监事会制度的比较。

表5-1 中国与德国监事会制度的比较

相关规定	国家	
	中国	德国
法律依据	《中华人民共和国公司法》	《德国公司法》
人数规定	由不少于三人组成	由三名成员组成，可以规定某个较高的人数，人数必须能被三整除
构成比例	股东代表、职工代表（不得少于三分之一），具体比例由公司章程规定	有四种模式：《三分之一共同参与决定法》，三分之一的员工代表；《员工共同参与决定法》，股东代表和员工代表等额参与；《煤炭钢铁员工共同参与决定法》，引入"其他成员"的等额参与；没有员工代表的监事会
成员任免	任职期间成为无民事行为能力或限制民事行为能力人，公司应当解除其职务，其他情境无规定	通过选举和派遣委任监事；股东大会可以凭借四分之三的多数决议解任监事，也可申请由法院决定解任

续表

相关规定	国家	
	中国	德国
职能地位	监督管理层的工作	参与重要业务政策的制定，持续监督董事会的业务执行，对管理层有选任和解任的权力
法律地位	没有明确规定	监事与公司的关系是委托关系，权责明晰
任职资格	对利益相关者做到了排除和规避及基础层面的法律规定	规定了"不可被选举"的情形，如交错连接、兼任超标、不兼容职位等
制度规定	每六个月至少召开一次会议，监事可提议召开临时会议，决议半数以上通过，其他情境根据公司章程安排	必须每半年举行两次会议；监事会可以随时要求主席召集会议，会议必须在召集后两周内举行；没有召集，申请人可以自己召集会议

讨论：从中外金融机构监事会制度运行历史，谈谈对监事会作用的理解。

第 6 章　高层管理人员激励与约束机制

学习目标

1. 了解高层管理者的激励与约束机制理论依据、概念及主要内容。
2. 掌握激励机制与约束机制之间的关系。
3. 把握国内高层管理者激励与约束机制的现状和对策。
4. 尝试构建高层管理者激励约束长效机制设计的框架。

本章导读

高层管理者（以下简称高管）是公司日常经营决策的重要参与者和具体执行者。作为委托人的股东希望高管的职务行为与其期望行为一致，这就需要委托人设计一种机制，既能鼓励高管强化其期望的行为，又能对高管的不合适职务行为加以约束。通过本章的学习，能基本掌握高管激励和约束的主要手段，并能结合企业的实际情景加以运用。

引导案例

碧桂园高管激励现状

1. 背景信息

碧桂园分别在 2012 年和 2014 年推出"成就共享"与"同心共享"激励机制，其核心都是让员工对项目进行投资，以此激励员工创造价值，从而在项目利润分红时得到超额分红的激励方式。近年来碧桂园的发展速度明显高于万科、恒大等一众房地产企业，其所采取的激励机制功不可没。因此对碧桂园激励机制的研究具有较高的参考价值，以此促进产业良性竞争，对于其中的不足也可以使其他企业引以为戒。

2. 激励机制介绍

（1）"成就共享"激励机制。

"成就共享"激励机制是按照特定的计算方式将项目获得的净利润按一定的比例分配给高管，分配方式可以是现金也可以是公司股权。但只有高管，即区域总裁与项目经理有机会获得股权，其余项目参与人员只能获得现金奖励。区域总裁可以获得奖励总额的30%~70%，项目经理及其他团队分配比例由总裁决定。但若没有完成任务，项目经理与区域高管需承担总损失的20%。处罚条件需满足以下任意条件：项目在实施期间出现亏损；项目现金流一年期间仍为负数。

(2)"成就共享"激励机制存在一定缺陷，主要体现在以下几个方面。

首先，从激励范围来说，"成就共享"激励机制范围广度与深度不够。如一场战役的胜利离不开总部的运筹帷幄与前线战士的英勇战斗，而"成就共享"激励制度的激励对象忽略了一些上层与非内部的深层激励。

其次，在进行股权奖励时，区域总裁在决定各个部门分配比例时难免有失公允，这种不平衡可能会对员工的积极性造成影响。

再次，一个项目的进行不只有区域总裁与项目经理，其他激励对象也有参与，但在项目亏损时却只有对高管的惩罚，对其他激励对象没有任何影响。

最后，项目现金流保持正数这一点可能会引导区域经理以牺牲其他项目来完成某一项目的指标，最后影响到区域全局。

(3)"同心共享"激励机制。

"同心共享"与"成就共享"的区别在于以下四点：第一，项目资金不再需要在一年内回笼；第二，高管被强制跟投，这样的做法有助于降低代理成本，提高企业效益；第三，针对高管的投资比例进行了限制，这将有助于保护原始股东的股权不被稀释；第四，除非项目出现亏损，高管可以随意进出项目，自由决定是否参与接下来的项目，并且只要项目现金流为正即可参与分红，这样可以充分调动高管的积极性。

思考：浅谈碧桂园"成就共享"与"同心共享"两种激励模式的异同。

6.1 激励机制

6.1.1 高管激励的定义

激励是组织通过设计适当的外部薪酬制度和工作环境，以一定行为规范和惩戒性措施，借助信息沟通来激发、引导、保持和规范组织成员的行为，以便有效实现组织和个人目标。激励的核心是将被激励对象对个人效用最大化的追求转换为公司利润最大化的追求。公司对高管的激励手段主要有物质激励和精神激励两种，精神激励更多的是提升高管的社会地位，给予有分量的头衔；物质激励则关注高管的工资、奖金和延期支付等。

6.1.2 激励机制的理论依据

只靠日常监督和权力制衡不能解决高管的代理成本与道德风险问题，所以需要设计有效的激励机制。高管的激励机制是通过一套机制促使代理人所采取的行为符合委托人的预期，能够最大限度地增加委托人的效用。

激励相容性原理与信息显露性原理为设计应有的激励机制提供了理论基础。

1. 激励相容性原理

经济学家列昂尼德·哈维茨（Leonid Hurwicz）提出激励相容性原理，该理论指出人具有自私性，在市场经济中，每个参与者都会采取为实现个人利益最大化的策略行动，如果有一种制度能促使行为人追求个人利益的同时与企业实现集团利益最大化目标相吻合，这一制度就是"激励相容"。在现代企业管理中，财产的激励是以财产增值为目标来激励财产所有者的行为，对公司内非财产所有者的其他成员来说，激励其行为是个人利益的实现。

2. 信息显露性原理

根据委托—代理理论，委托人与代理人最大的问题是信息不对称，造成的信任赤字，需要双方通过适当的方式共享适量的信息来消除，从而在激励和约束方面取得某种平衡。依据信息显露性原理，为了实现期望收益最大化，委托人需要建立满足基本约束条件的最佳激励约束机制，这里最基本的约束条件包括刺激一致性约束和个人理性约束。其中刺激一致性约束指的是机制中需要提供相应的刺激源，以诱使代理人愿意选择提供与自身类型实际相符的信息；而个人理性约束是对代理人行为的一种理性化的假设，代理人能够根据实际情况准确地算出遵守契约或违法契约的经济成本和收益，从而实施可预测行为。

6.1.3 激励的基本原则

1. 目标结合原则

无论是普通员工激励还是高管激励，首先需要设计合理的目标，且这些目标设置必须符合具体、可衡量、相关、可实现、有时间限制的设置原则，目标需要体现组织目标和员工的预期需求。

2. 物质激励和精神激励相结合的原则

员工激励措施主要有物质激励和精神激励。物质激励表现为加薪、奖金、带薪休假、企业年金、非现金物质奖励、工作条件改善等；精神激励表现为各类荣誉、授权、职务晋升等。

3. 引导性原则

激励的目的在于赞同和鼓励组织所期望的行为，通过激励措施将被激励者的行为转化为其自觉意愿，才能取得激励效果。因此，引导性原则是激励过程的内在要求。

4. 合理性原则

任何激励应注重公平合理的原则，表现为激励力度要恰到好处，要根据所实现目标本身的价值大小确定适当的激励量。此外要注重奖惩的公平性，不因职务高低或工作年限的长短采取差别对待。

5. 明确性原则

公开透明、事先告知是激励要把握的重要原则，也就是明确性原则，主要表现为：一是激励目的要明确，即需要做什么和必须怎么做；二是过程和结果要公开，特别是分配奖金等被激励对象所关注的问题；三是奖惩方式要直观明了，即实施物质奖励和精神奖励时需要直观地表达它们的指标，明确奖励和惩罚的方式，这样才能让被激励对象从心理层面接受。

6. 时效性原则

激励时机选择很重要，人在最需要的时候得到激励，将在更大程度上激发工作动力和创造力，取得更高的工作成效。所以要把握激励的时机，要学会"雪中送炭"，而不是事后弥补。

7. 正激励与负激励相结合的原则

激励有正激励和负激励，即有些高管的行为是组织所期望的行为，对于这种行为应该予以奖励；有些高管的行为背离了组织目标，是组织反对的行为，应进行约束或惩罚。所以正负激励都需要有，这样才能对高管的行为发挥激励和约束作用。

8. 按需激励原则

激励要因人而异，要根据被激励对象的主导需要采取相应举措，这样才能取得理想的效果。因此，激励方案设计者要深入地进行调查研究，不断了解高管层的需要层次和需要结构的变化趋势，有针对性地采取激励措施。

6.1.4 激励机制的主要内容

1. 报酬激励机制

（1）年薪制。年薪制是企业以年度为周期，根据经营者的生产经营业绩和所承担的岗位责任和风险确定其工资收入的一种分配制度，其中风险收入是对高管超额贡献的奖励或因决策失误所需要承担经营风险的一种惩罚。其主要优点是薪酬与公司的整体效益直接挂钩，将公司的发展与个人的回报进行捆绑，充分激励核心管理人员对公司的发展负责。将掌握公司最多信息和资源的岗位与公司的荣辱兴衰紧密相连，促进了资源、权利等的效用最大化，有利于公司年度绩效的提升。其主要缺点是经营者收入与年度公司业绩密切相关，容易导致经营者为了达到短期利益而采取短期行为（短视行为），所以年薪制要和中长期激励关联起来。

> **阅读材料**
>
> **公司科学发展战略观：要适应两个"上帝"**
>
> 社会可持续发展的基础是公司的可持续经营，或称为永续经营。无论是19世纪新古典经济学框架中的国际贸易"比较优势"学说，还是20世纪90年代初期战略管理学者波特教授的"国家竞争优势"学说，都毫无疑问地证明，社会的可持续发展本质上依赖于经济组织（公司）的长期生存。
>
> 支撑公司的可持续经营，首先要树立公司科学发展的战略观。这种战略观要求透视并辨别那些为公司长期经营提供养料的客户。

> 我国多年的市场经济改革，最大收获就是认识到在产品或服务市场上顾客的重要性，公司要立于不败之地，就要服务好顾客。所以，全心全意服务顾客、适应顾客，就是公司可持续经营的目标和动力。
>
> 然而，近年在安然等全球大公司相继爆出以财务丑闻为导火索的公司治理"大地震"中，这些大公司不是败在产品或服务市场上，而是因为在资本市场上失去了投资者的信任。显然，失去了作为公司"主人"的投资者的信任，安然这样的公司不仅难以获得充足的资本供给，而且很难在以诚信维系的市场经济环境中生存，公司又何谈可持续经营呢？自"安然事件"以来，如何重新恢复投资者的信心，逐渐成为全球范围内公司可持续经营的新目标。在这样的理念下，公司可持续经营，除强调适应产品市场上的顾客外，还要致力于长期建设与投资者的关系。公司可持续经营目标，自然是最大限度发挥投资者关系管理的效率。
>
> 为了实现公司可持续经营，必须在适应产品市场中顾客的同时适应资本市场上的投资者。适应顾客，确保了公司能够有效完成商品和服务的供需交易；而适应投资者，可以保证公司能够获得源源不断的资本。有了适应这两个方面的能力，公司就能在下游的产品市场和上游的资本市场上百战不殆。
>
> 由此不难得出，公司科学发展的战略观，不仅要在产品市场上强调顾客关系管理的作用，而且还要在资本市场上持续强调基于公司治理的投资者关系管理的重要性。
>
> （资料来源：李维安. 企业科学发展的战略观：要适应两个"上帝"[J]. 南开管理评论，2004（2）.）

（2）**经理股票期权**。经理股票期权（Executive Stock Option，ESO）是20世纪70年代美国公司最富有成效的激励制度，是从员工持股计划中分离出来的，在国外取得了很大的成功。ESO作为金融衍生工具，是指买卖双方按约定的价格在特定的时间买进或卖出一定数量的某种股票的权利，也是公司股东或董事会给予高管的一种权利。股票期权是买方在交付了期权费后取得在合约规定的到期日或到期日后按协议价格买入或卖出一定数量股票的权利。股票期权是上市公司对高管和技术骨干实施的一项长期激励措施，这里买入或卖出的股票属于普通股，因此能够有效实现激励对象利益与公司利益的紧密联系。这种制度比现金方式的奖励有更大的作用，将未来的收益与公司发展和股市紧密结合起来，有利于激发公司高层管理者进行经营管理的能动性，激励高管的长期化行为。

需要注意的是，股票期权虽然有激励高管的作用，但也存在着一些弊端：一是股票期权激励机制的广泛运用，不仅加大了高管与普通员工之间的报酬鸿沟，而且诱导少数上市公司的高管人员过分关注股票价格的波动，甚至不惜采取激进的会计政策以抬高股价；二是股票期权激励机制有可能滋生"报喜不报忧"的现象，使高管不能及时、如实地向投资者报告公司的经营状况；三是股票期权激励机制可能使董事会将太多时间、精力耗费在薪酬事务上，而忽略了对公司财务报告系统真实性和可靠性的监督，客观上助长了高管伪造账册、掩盖真相、通过股票期权牟取暴利的不良风气。

2. **经营控制权激励机制**

经营控制权对公司高管通常会产生激励作用，如职位权力、职位消费，这些都给高管带来除正常薪酬激励以外的其他物质利益的满足。如公司中的职位级别带来的领导层权威、公务旅行、高级秘书、宽敞的办公环境、出行配专车等非货币物品都能让高管感到与其他普通职位的显著差异。

3. 剩余支配权激励机制

剩余支配权涉及公司股东与高管之间如何分配剩余利润的问题，分配结果将直接影响到高管的工作积极性。转让剩余支配权的比例需要通过委托—代理契约加以确定，股东提供的剩余支配权比例越接近高管的努力，激励就越能取得更好的效果。如果高管获得的剩余支配权很小，作为创造剩余利润的直接责任人就缺乏工作动力，激励效果就很小。

4. 声誉激励机制

公司高管非常看重自身的职业声誉，这意味着其在高级职业经理人市场可以有好的口碑，意味着对个人能力、人品和过往业绩的肯定，意味着未来工作机会和个人价值的实现。因此，声誉激励是一种终极、最高的激励手段，其所带来的职业成就感和未来货币收入，都是一种较高的无形资产，也是促使高管付出更大努力的内生动力。

5. 聘用与解雇激励机制

聘用与解聘动作是资本所有者在职业经理人市场通过市场竞争、自由选择来实现的。被聘用的职业经理人面临来自外部职业经理人市场的竞争压力，同时也面临来自公司内部下级晋升的竞争威胁，存在随时被替代的可能性；解聘的潜在危机使得职业经理人需要靠在岗期间的有效作为来加以消除。

> **阅读材料**
>
> **选聘职业经理人　国企改革排头兵**
>
> 作为广州首家完成职业经理人改革的国企，广州汽车集团股份有限公司（广汽集团）于2018年12月实施职业经理人改革，集团除董事长、专职党委副书记、纪委书记和工会主席外，领导班子成员全部转为职业经理人。在"混合所有制"实践和组织机构改革上，广汽集团同样做出表率。根据《广州汽车集团股份有限公司职业经理人改革试点方案》，广汽集团职业经理人改革通过内部转聘、公开招聘、市场寻聘三种选聘方式，选出符合条件的经理人，任期为三年，实行任期制、契约化管理。根据广汽集团实施的职业经理人方案，广汽集团有5名高层转聘为广汽集团职业经理人，目前广汽集团还在开展2名空缺职业经理人的选聘工作。已完成选聘的5名职业经理人，此前都在广汽集团担任高管。"市管干部"下海了，他们要真正成为"有志实业、无意仕途"的国企高管。
>
> 2018年，广汽集团董事会成员冯某亚、袁某荣、吴某、姚某鸣分别辞去副董事长及董事职务。董事会成员由15人变更为11人，不再设副董事长。董事会"瘦身"后，这4位高管在公司担任的其他职位不变，这使得广汽集团"让管理层与董事会分开"的构想得以实现，为真正的职业经理人制度铺平了道路。
>
> （资料来源：广州日报，2019-12-18）

6.1.5 我国企业高管激励机制存在的主要问题

1. 激励机制的强度不足

受国家收入分配政策的制约，相比地方一般中小企业或私营企业，国企高管收入水平偏低。从企业内部来看，国企高管的收入与一般管理人员的差距较小，政治和荣誉激励较多，经济收入相对偏低，部分国企存在较为明显的激励不足问题。

2. 激励机制的方式单一

年薪制在许多省市的国企中已实施，但股权激励还处于探索阶段，职务消费货币化试点较少，其他激励手段如退休金、医疗服务、职务补贴等并不普遍，还没有形成综合激励机制。

3. 长期激励不足

国企中现行的工资加奖金或年薪制，都是基于短期的经营业绩开展的激励手段，容易导致国企高管关注短期决策行为而忽略企业的长远发展利益。股票期权和经营者持股在不少国企中试点，其实际激励效应还有待观察。

4. 收入分配不规范

对高管经营业绩的衡量，目前还缺乏科学的设计，已有研究表明，企业高管年薪对企业绩效不怎么敏感，管理激励性有限。由于信息的不对称，在股东雇用高管签约以后，通常股东无法观测到高管的绩效，而只能通过部分的经营成果，如利润、销售额等进行评价。

6.1.6 完善企业高管激励机制的建议

1. 完善企业公司治理结构

在市场经济条件下，要想完善治理结构，需要明确企业的出资人。董事会作为股东大会的执行机构，代表的是股东利益，可以对高管的决策进行监督和管理。

2. 建立科学的绩效考核体系，完善激励机制

建立一套切实可行的科学的绩效考核制度，将企业高管所得与绩效考核结果挂钩，为企业高管薪酬激励机制的运行提供良好的制度保障。这就要求绩效考核与企业战略目标紧密相连，设置明确的目标和考核标准，在以委托人的目标为导向的基础上，根据实际情况及时调整管理行为。建立合理的职业晋升与保障机制，推动人事任命的市场化，实现职位需求与能力的匹配。

3. 完善企业高管薪酬披露制度

切实完善高管薪酬信息披露制度，不但可以将企业高管所得与企业经营绩效进行比对，以便诊断企业薪酬制定的科学性；同时也可以有效防止高管的机会主义行为。为保证企业高管薪酬的公开、透明，企业高管的薪酬总额、薪酬确定依据、股票期权行权情况等关键内容应受到社会的监督。

6.2 约束机制

约束机制是指公司对高管的日常决策、行为表现及经营绩效，采取一系列客观、及时的检查、评价、监察、控制、督导和奖惩的行动，包括公司的内部监督机制和外部监督机制。从严格意义上来说，人才甄选、录用、考核和重要人事变动等都属于约束机制的范畴。

6.2.1 高管约束机制建立的理论基础

1. 产权理论

1991年诺贝尔经济学奖得主科斯对产权理论进行深刻的解释，他提出私有企业的产权人享有剩余利润的占有权和分配权，作为产权人自身有动力去不断提高企业的经济效益，从而获得更多的剩余价值。市场和企业是两种不同的劳动分工模式，企业的存在是其交易费用低于市场交易费用。现代产权理论的核心是通过界定、变更和安排所有权来降低或消除市场中的交易费用，从而改善资源配置效率。

2. 委托—代理理论

委托—代理理论是现代企业组织理论的重要组成部分，是建立在所有权和经营权相分离的基础之上，强调的是委托人和代理人之间的利益不一致和信息不对称问题。委托人追求企业价值最大化和资产增值最大，代理人追求自身利益最大化。经典的委托—代理理论认为，委托人为了更好地控制代理人的行为，谋求自身利益最大化，就应该将代理人的收入与其贡献联系起来。

3. 信息不对称理论

信息不对称理论是指每个人对信息的掌握是不完全、不充分、不一致的，一般而言，掌握更多信息的人在市场中往往处于有利地位；而缺乏信息的人，容易处于被动状态。该理论认为：在市场交易中，卖方往往比买方掌握更多有关商品的信息，因此卖方往往处于优势地位，而买方要获得更多有价值的信息需要付出更多努力和成本。

6.2.2 公司内部约束机制

1. 组织制度约束

公司治理结构中的股东（大）会、董事会和监事会制度的规范运作本身是一种约束机制。股东（大）会对高管的约束通过对董事会的信任委托加以间接影响。董事会通过对公司重大决策权的控制和对高管的重大人事变动进行直接约束。监事会对董事、高管在执行公司职务过程中可能存在的违反法律法规和公司章程及损害公司利益的行为进行监督。因此，可以称组织制度约束是公司内部约束的核心。

2. 内部审计约束

内部审计是公司内部成立的独立审计部门，通过加强内部控制，以公司日常业务流程为内容，按照董事会的要求，坚持独立、客观、公正的原则，对公司日常业务和内部管理等方面进行评价和判断，以降低公司内部经营风险，保持公司良性运转，促进公司高效和透明管理的一种评价活动。

内部审计是以财经法规和制度为评价准绳，对审计对象的财务收支行为及其他经济活动进行评价和监督，以评价其所提供的会计资料和凭证的真实性和准确性，作出是否合法、合规、合理和有效的评价，检查审计对象是否履行经济责任、有无违法违纪、有无职务浪费等行为，以此为依据对其追究经济责任，从而改进公司经营管理，提高企业经济效益，弥补监事会监督的不足。

6.2.3 外部约束机制

1. 市场约束

这里的市场包括商品市场、股票市场和职业经理人市场。一般而言，公司经营业绩的好坏可以从商品市场上体现出来，公司所生产的产品或提供的服务在市场中的竞争力在一定程度上反映了公司高管的工作能力和努力程度。股票市场通过信息披露制度和公司市价的涨跌反映了高管的努力程度和能力水平。职业经理人市场的优胜劣汰机制对职业经理人来说具有巨大的影响力。相比发达国家而言，我国职业经理人市场还有待完善和规范。

2. 债权人约束

债权人是通过对公司偿债能力的考核和监督，以确定其能否按期还本付息，来实现对公司的高管的约束。公司很大程度上依赖银行提供融资服务，因此银行往往是公司最大的债权人，能够在较大程度上对公司进行监督。银行成为自负盈亏的市场主体后，为了自身的利益，具有较强的意愿关注其贷款使用情况，以便更好地监督公司的重大资金流动。

3. 法律法规约束

在法制经济社会，法律体系的完备程度是市场经济正常运转的重要保障。高管的职责权利受到法律法规的约束，任何滥用权利侵害公司利益的行为都将被依法追究责任。法律法规的约束具有强制约束力，是其他约束机制发挥应有作用的有效保障。

6.3 国外企业高管激励方面的经验

6.3.1 美国：拥有功能完善且相对成熟的职业经理人市场

美国作为职业经理人的发源地，目前已经形成相对成熟的职业经理人市场，职业化的转型发展助推了美国经济的发展。首先，随着企业规模的扩大，社会分工越来越细，对企业经营者应具备的专业知识和技能要求更高，这就需要借助职业经理人的力量来实现企业的高效率运营。其次，美国的资本股票市场相对发达，职业经理人的表现可以通过资本市场上的股价波动来体现，委托人也通过股权激励的手段调动职业经理人的工作积极性。

6.3.2 新加坡：卓有成效的企业监管方式

在不断加强对企业管理的过程中，新加坡逐步形成了有自身特色的管理与监督体制。由新加坡政府委托政府控股公司经营的国有资产，不但没有流失，而且大幅增长。其主要经验表现在：一是按市场经济规范管理企业，为了让企业在激烈的市场竞争中不断发展壮大，而非依赖政府，新加坡设立政府控股监管机构，通过有效监督和商业性战略投资培育世界级公司；二是依靠产权纽带管理企业，采取市场化方式运作国有资本，政府控股公司在参与市场经济活动的过程中不享受特殊的优惠或保护政策；三是政府对政府控股公司的管理主要体现在人事权和收益分配权上，监督权和管理权分离，监管但不干预，审核但不承诺，鼓励自主经营但不失控；四是实行严格的反腐倡廉法律和法规，通过财务报告和项目审批制度，对公司重大决策进行监管；五是信息公开，鼓励媒体曝光企业中侵吞国家财产和贪赃枉法行为，将大型企业经营活动置于公众监督之下。

6.3.3 日本：富有特色的升级提干

日本企业实行别具特色的人事管理制度，如考评与晋升相关，但不作为晋升的主要依据。管理人员的晋升制度实际上是一种论资排辈的晋升制度。管理干部则采用选拔制，以高管等级晋升为主，而不以物质激励为主。突出表现为两种惯行制度，即终身雇佣制和年功序列制。其中年功序列制是日本企业凝聚人心的重要手段，从受雇之日起，每隔几年职务便会提高一级，待遇也随之上涨，资历越深，职务和收入就越高。此外，日本企业实行法人相互持股、交叉持股为主体的公司产权制度，形成一种相互制约的模式。

案例 6-1

世界通信公司造假案

美国世界通信公司（以下简称世通公司）2002 年 7 月向法院申请破产保护。世通公司证实，该公司从 2001 年到 2002 年第一季度把总额达 38 亿美元的经营开支记账到资本开支上，从而使亏损的经营业绩表现为盈利。

为消除美国股市的信任危机，美国证券交易委员会要求 945 家上市公司的首席执行官和首席财务官提交有本人签名的财务报告，如有不实之处，首席执行官和首席财务官个人负法律责任。

美国证券交易委员会公布的最终调查资料显示：在 1999 年到 2001 年的两年间，世通公司虚构销售收入九十多亿美元；通过滥用准备金科目，利用以前年度计提的各种准备金冲销成本，以夸大对外报告的利润，所涉及的金额达到 16.35 亿美元；又将 38.52 亿美元经营费用单列于资本支出中；加上其他一些类似手法，使得世通公司 2000 年的财务报表呈现营收增加 239 亿美元的亮点。

教训：重大审计失败的常见原因包括：被审计单位内部控制失效或高管逾越内部控制；注册会计师与被审计单位共同作弊，缺乏独立性；没有保持应有的职业审慎和职业怀疑。

尽管世通公司存在前所未有的财务舞弊，其财务报表严重歪曲事实，但安达信会计公司至少从1999年起一直为世通出具无保留意见的审计报告。就目前已经披露的资料看，安达信对世通的财务舞弊负有不可推卸的重大过失审计责任。安达信的审计，将是一项可载入史册的典型的重大审计失败案例。

[资料来源：孙习详，陈政华. 股票期权：企业家激励与约束手段[J]. 宏观经济管理，2001（6）.]

案例 6-2

山登事件

美国山登公司主要从事旅游服务、房地产服务和联盟营销三大业务。舞弊丑闻曝光前，山登公司拥有35 000名员工，经营业务遍布全球100多个国家和地区，年度营业收入50多亿美元。

1999年12月7日，美国新泽西州法官威廉·沃尔斯（William H. Walls）判令山登公司向其股东支付28.3亿美元的赔款。这项判决创下了证券欺诈赔偿金额的世界纪录。同年12月17日，负责山登公司审计的安永会计师事务所同意向山登公司的股东支付3.35亿美元的赔款，也创下了迄今为止审计失败的最高赔偿纪录。至此，卷入舞弊丑闻的山登公司及其审计师共向投资者赔偿了近32亿美元。

教训：实质独立固然重要，形式独立也不可偏废；密切的客户关系既可提高审计效率，亦可导致审计失败。

[资料来源：刘欣，孙齐闻. 非营利组织控股企业高管选拔及激励方式探索——基于高校控股上市公司的案例研究[J]. 国际商务财会，2020（10）.]

6.4 当前我国高管约束机制方面存在的突出问题

6.4.1 企业没有形成有效的法人治理结构

公司股东大会、董事会、监事会及高管之间还没有形成相互制衡的机制，一些企业的董事长或总经理身兼两职；董事会与公司执行层领导班子高度重合，没有形成彼此之间相对独立、互相约束的新型约束机制。由于职业经理人市场不够健全，通过公开选聘的高管经营管理才能欠缺，从而导致企业的经营不善，做出的重要决策违背或损害股东利益等问题时有发生。

6.4.2 企业内部人控制严重，监督约束机制乏力

企业高管约束机制存在的另一个主要问题是权力过大。股东和董事会监督力量薄弱，高管实际控制权较少受到有效约束，存在过分的在职消费、行为短期化，缺乏理性决策的经济投资行为，资本筹措较少考虑成本最优化，信息披露不规范，缺乏民主管理，存在随意会计技术处理等问题。

本章小结

董事会是公司的主要决策机构，决策执行则需要公司高管的推动和落实，其执行力的高低将直接影响决策转化为公司的经营业绩。公司的所有者与经营者之间的这种委托—代理关系，决定了高管必须被有效激励才能提高决策的执行力；同时，为降低委托—代理成本和风险，需要建立相应的约束机制，以防范高管做出损害公司利益的行为。

复习思考题

1. 高管激励机制和约束机制的主要内容分别是什么？
2. 为什么要对公司高管或技术骨干采取激励或约束措施？
3. 高管团队激励的经典理论有哪些？
4. 高管约束机制与创新之间可能存在何种关系？
5. 高管薪酬激励的主要形式有哪些？
6. 股票期权是如何在上市公司员工激励中发挥作用的？

案例讨论1

如何激励约束民企高管

A 电气公司成立于 2001 年，如今正处于快速成长期，近几年的年销售额均保持 30% 以上的增长。并且根据对行业的分析及公司战略规划可以预见，这种增长势头会继续保持下去。但是，公司朱总近两年来却感到非常困惑：一方面，公司技术优势明显，外部市场空间大，可公司内部管理水平总是跟不上，核心骨干特别是几位副总没有发挥出应有的作用，以至于公司的经营效益仍有很大的提升空间；另一方面，自己经常忙于其他投资业务，如房地产，所以实际投入 A 公司日常运作的时间非常有限。并且，二十年来，朱总经营 A 公司也感到身心疲惫，打算在公司规范化后退出日常经营管理。

基于这样的考虑，朱总也曾经要求公司人力资源部黄经理、行政负责人杨副总拿出具体方案（特别是针对高管团队的绩效管理），以此为基础来搭建公司法治化的运作平台，激发现有或未来引入的核心骨干的工作激情和个人潜能，不断提升公司的管理水平和经营

效益。可是对于黄经理、杨副总提出来的方案，经过几个回合的讨论、反复修订，无论是在高管团队（包括公司总经理）的激励约束机制方面，还是在有利于提升公司整体经营绩效方面，朱总始终感觉离自己要求还有很大的距离。于是他下定决心，要求黄经理、杨副总挑选一家咨询机构，以期通过外部的力量来提出更专业、合理的解决方案。

A公司最终选择了与P咨询公司进行合作。P咨询公司通过调研访谈，发现A公司面临如下主要问题：公司既没有年度经营计划，也缺失日常的计划体系、反馈机制，靠自觉性在运作；五位副总整体学历较高，工作经验较丰富，但企业经营管理一直维持在较低的水平；几位副总薪酬主要由月工资与年终奖（或称老板红包）组成，总额与外部市场水平相比，存在很大的差距，与公司经营效益关系不大……因此，咨询方案设计主要内容之一就是高管的薪酬绩效方案，建立起高管收入与企业经营业绩、个人工作绩效相关联的机制，以及与之相适应的高管业绩考核方式。现将方案主要内容描述如下。

分析对于高管的绩效考核，采取统一组织、分级考核（区分总经理与其他高管的考核）的操作方式，主要通过述职报告评价、经营业绩考核等形式，从而实现对公司经营管理活动的全程监控与正确引导。将个人半年度述职报告、个人年度述职报告作为工作检查、计划的手段，而以个人年度经营业绩考核作为主要依据来衡量高管的年度工作绩效（个人年度经营业绩考核的具体内容可在《年度经营目标责任书》中具体规定，包括公司经营管理指标完成情况、公司/个人重要计划工作完成情况等）。

同时，为最大限度地鼓励高管团队完成公司经营目标，针对主要经营指标，如公司销售收入、利润总额等超额完成情况，公司会给予高管团队超额奖金。只有公司年度销售收入和年度利润总额均高于最低目标，且年度销售收入和利润总额中至少有一个指标的实际绩效高于考核目标时（各指标的目标设置了三级：最低目标、考核目标和最高目标），高管团队方可享受超额奖励（超额奖励总额=$\sum$年度销售收入超额完成额×相应提奖比率+$\sum$年度利润总额超额完成额×相应提奖比率）。高管团队超额奖金总额分别与超额完成年度销售收入和超额完成年度利润总额的数额挂钩，分段累进计奖。

超额奖金总额将根据高管团队各岗位承担的责任大小及对公司整体的价值贡献高低分配到个人。针对高管的绩效管理方式，相应地对高管采取了年薪制的薪酬模式，基本构成如下：年薪总额=基本年薪+绩效年薪+超额奖金。

同时，为规避高管的短期行为或其他代理风险，将超额奖金的一定比例采取延期支付的方式（或称为风险留存）发放，并做如下规定。

（1）累积风险留存达到一定数额后，超额奖金部分不再留存。

（2）当公司当年未完成重要经营业绩目标的一定比例时，扣罚相关人员以前年度累积风险留存的一定比例。

（3）高管在本公司内部平级或升级调任并继续享有年薪待遇时，经审计考核，前任期内的余留风险留存予以保留；如在本公司内降职不再享有年薪待遇时，经审计考核，前任期内的余留风险留存一次性结算发放。

另外，对于高管的激励，经薪酬与考核委员会提议、公司董事会审批，可以临时性地为专门事项设立专项奖励或惩罚，作为对年薪制的补充。

高管负责执行公司的主要经营决策，领导公司的日常运作管理，虽不说他们直接决定企业的生死存亡,但其行为与企业的经营业绩休戚相关。而高管(也可能是公司小股东)的决策行为又不可避免地受到自身利益的影响。因此,对于众多民营企业,特别是对于已经两权分离的企业而言,如何规避高管的委托—代理风险及相应的卸责行为,确保达成企业的总体战略目标及管理重点,是摆在众多民营企业面前的现实问题。

基于高管对公司整体经营业绩的重大影响,必然要求从机制设计上将其与一般员工区分开来,在实践中建立、健全公司高管的绩效管理制度,规范其激励约束方案。换而言之,即通过推行目标责任制及与之相关联的薪酬制度,明确公司高管的目标责任,切实体现高管责任、风险和收益对等的基本原则,建立起高管个人收入与企业经营成果直接挂钩、动态管理的收入分配机制。在此基础上,建立起一套科学、完整的现代企业激励机制,从而充分调动高管的工作积极性和创造性,不断提升公司的管理水平和经济效益,保障董事会下达的公司经营管理目标的达成。

讨论:结合案例思考民营企业高管激励和约束的主要方法有哪些?

 案例讨论2

美国股票期权:有效的管理者激励途径

1994年4月,IBM公司股东大会批准通过了一个针对其高级管理人员和核心员工的长期绩效奖励计划。这一绩效奖励计划对符合条件的员工奖励很多东西,包括股票、股票期权、股票增值权、现金,以及这些奖励的组合形式。此次奖励计划中股票期权数量共计29 105 600股,占IBM优先普通股总股本的5%。这之前IBM曾进行过两次股票期权的授予,一次为1989年的长期绩效计划,另外一次为1986年的"元老股票期权计划"。在IBM的股票期权计划中,股票期权的行权价为授予日的市场平均价格,获受人用现金或股票来行权。在股票增值权的行权中,合格获受人不直接买相关的股票期权,而是直接接受现金或股票。该现金或股票的价值为行权当日股票的平均市场价格与股票期权的行权价的差价部分。

在美国不仅仅是这些著名大公司实施股票期权激励计划,截至1998年美国350家大公司中有近30%实施了员工普遍持有股票期权计划,用于员工激励计划的股票平均占股票总数的8%左右。在计算机行业,这一比例高达16%。如果公司市值增加10%,工资奖金的增长幅度将是2.4%左右,对年薪奖金100万美金的总经理来说则意味着增加年薪2.4万美元,而如果将总经理持有的公司股票及股票期权考虑在内,补偿金将会增加50倍左右。美国公司的管理层激励方案不但改变了高管的报酬形式,而且还让高管意识到实现公司的经营目标也是个人利益所在。由此所带来的新型报酬形式改变了高管与股东之间的关系,高管和股东站在了同一条战线上,风雨同舟,并对公司的未来充满信心。

[资料来源:孙习祥,陈政华.股票期权:企业家激励与约束手段[J].宏观经济管理,2001(6).]

讨论:请分析股权激励计划在美国大公司中所发挥的作用。

案例讨论3

高校控股公司高管选拔及激励基本情况

1. 薪酬激励

薪酬激励是我国目前上市公司中实行范围最广、应用时间最长的激励方式，也是目前复旦复华和诚志股份都采用的激励方式。图6-1展示了诚志股份和复旦复华与各自所处的行业高管平均薪酬的对比。

根据复旦复华所披露的信息，担任行政或教学岗位的第一类高管都未在上市公司取酬，且全都未持有上市公司股份。而校友选拔产生的第二类高管则实行了薪酬激励制度，此类人员作为复旦大学校友，毕业后或是在复旦复华担任管理类岗位，或是在其他各行各业作为专业人员。他们由于不受国家政策的限制，复旦复华可以用目标绩效、年度奖金等方式进行激励。

如图6-1所示，除去不在上市公司取酬的高管，复旦复华与其所属的医药行业相比，其高管薪酬连续五年均高于行业平均水平。因此，对上市公司取酬的高管而言，复旦复华的薪酬水平能够起到激励的作用。

而诚志股份具有控股高校背景的高管均不受国家政策的限制，均采用了以绩效考评为标准的薪酬激励，2017年实际支付每位高管101.71万元。从图6-1可以看出，与化学制品行业的高管平均薪酬相比，诚志股份的高管薪酬在2013—2017年这几年中都远远高于行业平均水平，其中2016与2017年甚至达到了行业水平的近3倍。诚志股份的高管薪酬不仅数额较大，5年来的增长水平也超出行业平均值。

诚志股份与其所处行业的平均薪酬之比，4年来均高于复旦复华与其行业之比。对于高校控股上市公司来说，若市场化更明显，其会采用更高的薪酬，以激发高管的积极性与能动性，从而提高上市公司绩效；而对于政治性更强、营利性目的并不强烈的控股高校，其会指派上市公司更多第一类别的高管，给予第二类高管的薪酬也相对较低。与复旦复华相较，诚志股份为激励高管给公司创造更好的收益、在资本市场上有更好表现，采取更市场化的手段，发放更高薪酬。

图6-1　诚志股份和复旦复华与各自所处的行业高管平均薪酬的对比

2. 政治晋升

高校控股上市公司的高管都具有"政企"的双重身份。高校控股上市公司中的高管作为企业家的一面，需要市场化的激励方式，方能带动高管提高企业绩效的积极性；而作为与高校密切相关的另一面，则需要政治晋升的激励。复旦复华的第一类高管晋升的主要去向是晋升为控股高校内部或其他高校更高级别的行政管理人员。

诚志股份虽然没有校内选拔产生的高管，但通过校友选拔产生的第二类高管中也存在类似的政治晋升。如在诚志股份中担任董事后离任，赴其他类似规模的公司可担任董事长等高管。

3. 公司绩效对比

从盈利能力来看，诚志股份的盈利水平可以达到行业平均水平，甚至个别指标比业内平均值更高。而复旦复华的盈利则并没有达到行业平均水平，甚至差距较大。如图6-2所示，2013—2017年，在代表收益能力的销售毛利率与销售净利率上，诚志股份不低于行业平均水平，而复旦复华则远低于行业平均水平，约为行业平均水平的50%；而在代表资产获利能力的总资产报酬率（Return On Total Assets，ROA）与净资产报酬率（Return On Equity，ROE）上，诚志股份虽略低于行业平均水平，但表现比复旦复华稍好。

通过对复旦复华和诚志股份进行盈利能力上的对比，可以看到在高管任职期间，诚志股份的绩效要明显好于复旦复华。诚志股份的在任高管，大多通过校友选拔和社会选拔产生，他们用更加适合市场竞争的思维带领上市公司创造更好的绩效，而复旦复华则以校内选拔高管为主，辅以校友选拔和社会选拔，选拔出的高管虽然拥有大量、丰富的高校管理经验，但缺乏市场优胜劣汰的思维，在角色转换时难以改变，因此导致复旦复华的绩效没有达到其行业的平均水平。

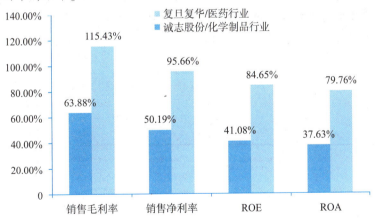

图6-2 两家案例公司的主要财务指标

表6-1所示为两家公司相关内容的对比情况。

表 6-1　两家公司的高管选拔、激励方式、绩效对比

对比项	公司名称	
	复旦复华	诚志股份
控股高校	复旦大学	清华大学
持股方式	直接持股	间接持股
选拔方式	以校内选拔为主，校友选拔为辅，个别岗位采用社会选拔	以校友选拔和社会选拔为主
激励方式	政治晋升为主，辅之薪酬激励	政治晋升和薪酬激励并重
绩效对比	盈利能力较为薄弱，与行业平均水平相比较差	盈利能力较强，达到甚至超过了行业平均水平

复旦大学通过直接持股的方式控股复旦复华，并主要通过校内选拔的方式对其大量派任在高校兼任教学或行政岗位的第一类高管。这类高管并不在上市公司取酬或领取极少的报酬，他们通常期望的激励方式是获得行政级别或权力方面的政治晋升。而这种以校内选拔产生的第一类高管为主的队伍构成，以及相对应的晋升激励方式也带来了高管行政化的管理无法匹配上市公司的市场化竞争的问题，导致了复旦复华的绩效相对行业平均水平较差。

清华大学通过间接持股的方式控股诚志股份，并且诚志股份中并不存在通过校内选拔产生的第一类高管。诚志股份以校友选拔和社会选拔为主，拥有高校学术背景的第二类高管数量较多，同时队伍中也有通过社会选拔而产生的第三类高管。由于第二类和第三类高管主要是通过优胜劣汰而产生的职业经理人，激励方式主要为具有市场竞争性的薪酬激励，他们带领诚志股份在市场竞争中取得了更加优秀的绩效。

讨论：高管薪酬激励的关键环节有哪些？如何实现薪酬激励与长期绩效的密切联系？

第7章 公司外部治理机制

学习目标

1. 了解证券市场与公司治理的关系、证券市场与控制权配置的联系。
2. 明确公司并购与公司剥离、证券市场监管、强制性信息披露的基本含义与主要内容。
3. 掌握证券市场对上市公司的治理发挥作用的基本机制。
4. 了解商业银行在公司治理中的独特作用。
5. 掌握机构投资者的含义、种类及特点。
6. 了解机构投资者参与公司治理的发展历程及其机理。

本章导读

公司外部治理机制涉及证券市场、商业银行及机构投资者。证券市场有公司并购与公司剥离、证券监管与强制信息披露等内容;商业银行在公司外部治理中具有专家式债权监督、市场评价式监督等职能;早期机构投资者参与公司治理的方式则是采用"用脚投票"的方式,资本市场的发展促使机构投资者积极参与公司治理,主要方式有行为干预和外界干预两种。

引导案例

谷歌斥资5 000万元激励中小企业尝试搜索营销

2009年9月7日消息,谷歌全球副总裁刘允博士在北京举办的"赢在谷歌"企业营销论坛发布会上宣布了一项总额为5 000万元的中小企业网络营销激励计划。

谷歌全球副总裁刘允博士表示:"谷歌是一个非常优势的搜索引擎,但不仅仅是搜索引擎。"的确,从全球范围来看,作为搜索引擎经济的领导者——谷歌,某种意义上已经成为商业引擎。

互联网的日趋发达和人们购买决策网络化等诸多因素,使得搜索营销变得越来越重要。而对中国的中小企业来说,在经济全球化的背景下,如何根据目前的市场变化,发挥搜索营销的优势,已成为能否有效寻找客户、迅速发展壮大的关键因素。谷歌该项激励计划意在帮助中国中小企业通过互联网赢得商机、开拓市场,同时为了配合这项计划,谷歌开通了400个咨询电话,除了在网上直接申请外,企业还可以通过免费电话了解更多该计划的详情。这无疑为中国企业更多了解谷歌搜索营销平台的优势提供了便利。

思考: 你认为谷歌为什么要激励中小企业尝试搜索营销?

7.1 证券市场与控制权配置

在公司治理体系中,证券市场在外部治理中占有重要的地位。可以说,中国的公司治理发展历程与证券市场的发展是密不可分的。

7.1.1 股票价格、资本市场与控制权配置

通过证券市场进行控制权配置是公司外部治理的重要方式之一。它对公司技术进步、产品结构调整、竞争能力提高及生产要素的优化组合都具有重要的意义。

1. 证券市场在控制权配置中的作用

证券市场是证券发行和买卖的场所,是金融市场的重要组成部分。证券市场是资金调节和分配的枢纽之一,它集社会上的闲散资金于市场,使得资金所有者能根据有关信息和规则进行证券投资。在一个有效的证券市场,经营业绩优良的企业能够吸引较多的资金发展企业,提高企业的价值。而经营业绩较差的企业难以吸收更多的资金发展企业,企业价值随着经营业绩的下降而下跌。

控制权配置是以市场为依托而进行的产权交易,其本身也是一种资本运动,它的完成必须借助于证券市场。发达、完善的证券市场是企业控制权有效配置的必要条件。国外企业并购浪潮之所以一浪高过一浪,并对经济发展产生重大影响,正是发达的证券市场发挥了重要的推动作用,主要表现在以下几个方面。

(1) 证券市场的价格定位能为企业控制权配置主体的价值评定奠定基础。企业控制权配置成功的先决条件是双方达成合理价位。资本市场上的同类上市公司的价格是并购价位的极好参考。非上市公司在价值评估时,也往往参照同行业、同规模的上市公司的市场价值。准确的价位为控制权配置的顺利进行奠定了基础,使得控制方通过资本市场价格看到控制权配置的必要性和可能性,也看到了应该控制何种企业。

(2) 发达的资本市场造就了控制权配置主体。一个企业为取得对另一个企业的控制权,往往需要大量的资本投入。发达的资本市场则为企业获得资本提供了充分的条件。例如,企业可以通过发行股票、债券等扩大资本规模,以便具备控制另一家企业的资本实力。同时,由于资本市场的发展,一些夕阳产业的企业、陷入经营困境的企业、面临挑战

的企业，能够从资本市场的价格变化情况看出自身的不足，这使它们产生联营或变现的愿望，发达的资本市场也使得企业产权流动极其方便。

(3) **资本市场上投资银行等中介机构的职能多样化为企业控制权配置提供了重要推动力**。近年来，投资银行等中介机构在企业控制权配置中扮演着重要的角色，成为企业控制权配置业务的重要操作者。在发达的资本市场，中介机构的经营范围朝多元化方向发展，从单一的融资到审计、评估、咨询等，业务范围不断扩大，但基本上是围绕着企业控制权配置这一主线。从控制权配置计划的确定，到寻找买方和卖方，再到评估企业价值、谈判、投标以至最后的交割，基本上都是在投资银行等中介机构的主持下进行的。这种中介机构既为企业控制权配置提供了方便，省去了许多烦琐的工作，同时也保证了控制权配置的科学性和合理性。

2. 股票价格与公司业绩

市场效率有三种形式：弱式、半强式和强式。其中，弱式效率（Weak Efficiency）表现为证券价格反映了过去的价格和交易信息，即仅仅使用历史价格进行图表和技术分析无助于发现那些价值被低估的股票；半强式效率（Semi-strong Efficiency）表现为证券价格不仅反映了历史价格所包含的信息，而且反映了所有其他公开信息，即通过使用和处理这些信息进行投资决策无法找到被低估的股票；强式效率（Strong Efficiency）表现为证券价格反映了所有信息（包括公开信息和内幕信息），即任何投资者都不可能持续发现价值被低估的股票。

有效市场理论意味着证券市场价格是合理的，股票价格反映了所有公司与价值有关的公开信息，它说明可以在其他条件不变情况下，通过预测每一决策对股票的影响来完成使股东财富最大化的目标。

国外许多学者对股票价格与公司业绩的关系进行了研究。相关研究成果表明，股票价格总是很快地以一种公正的方式对各种事项（如公司宣布进行股票分割、宣布发放股利，以及宣布中期或年度报表）进行反应。对公司公布收益信息的研究显示，股票价格甚至在公布日前的数月即已有所反应。根据科普兰等人的研究，证券市场中的股票价格波动，往往是综合了许多信息的结果。例如，研究结果显示，公司发生会计变更后，即使采用新的会计方法比原来的会计方法能产生更高的报告收益，其股票价格也不会因此有所上涨；相反，证券市场好像已经"洞悉"公司的收益数据是采用不同的会计方法计算出来的，并不受报告数据的"蒙骗"。

可见，尽管股票市场的涨跌和股价的高低受到诸多主观、客观因素的影响，但随着投资者的日益成熟和股票市场的日益理性化，个股股价的高低最终将取决于其内在投资价值，亦即公司的盈利水平和风险状况。

但也有研究表明，证券市场存在着反常行为，这些市场反常行为与诸如公司规模、市盈率和价格/账面价值比率等系统因素有关，也和时间有联系。这些市场的反常表现可能是市场非有效性的反应。

如上所述，大量研究表明，股票价格最终将取决于公司的盈利水平和风险状况。但是从某一时期来看，股票价格可能会背离其内在价值而大起大落。因此，公司应进行股票价值评估，并将评估价值与公司股票的市场价值进行比较。如果股票市场价值低于所估算的价值，管理层就需要改进与市场的沟通，以便提高市场价值。如果情况相反，那么认识上的相反差距可能意味着公司是一个潜在的被收购目标，需要通过改进对资产的管理来缩小差距。

缩小认识上的相反差距，途径之一是进行内部改进，即通过利用战略上和经营上的机会，实现其资产的潜在价值；途径之二是确定增值有无可能利用外部机会，即通过资产剥离缩小公司规模或通过并购扩大公司，或者同时采取两种措施。

（1）估计内部改进的潜在价值。估计内部改进的潜在价值，关键是找出影响公司现金流量的价值驱动因素。价值驱动因素是指影响公司价值的任何变量。指出价值驱动因素后，企业应按照一定的管理程序推动以价值为基础的管理。首先，制定使公司价值最大化的战略；其次，从价值驱动因素的角度，将战略转化为长期和短期指标；再次，制订行动计划，以确定在未来年度为实现这些指标应采取的步骤；最后，确立绩效指标和激励制度，根据指标来检测绩效，并鼓励职工实现目标。

（2）估计外部改进的潜在价值。一旦公司已进行了所有可能的内部改进，并进行了结构调整，就应考虑外部改进的可能性。外部改进包括资产剥离和寻求并购。资产剥离泛指通过出让资产改组公司的方法，它可以指出售具体的资产如房地产，也可以指出售整个经营单位。

3. 资本结构、资本市场与控制权配置

资本市场具备一个与银行相同的功能，就是为企业融资，尤其是长期资本的融资。因此，资本市场的发展与公司资本结构变化关系密切，进而影响公司的控制权配置。

（1）资本市场与资本结构。任何公司融资结构、融资方式的选择都是在一定的市场环境下进行的。公司融资的方式一般可分为内部融资与外部融资。由于各个国家的市场化程度不同，特别是经济证券化程度的不同，不同国家的公司融资模式也不相同。从发达国家的情况来看，发达国家公司的融资方式的选择一般遵循所谓的优序理论，又称"啄食顺序理论"（Pecking Order Theory），即遵循"内部融资→债务融资→股权融资"的顺序。这一融资顺序的选择反映了在公司资本结构中内部融资（留利和折旧）占最重要地位，其次是银行贷款和债券融资，最后是发行新股筹资。

在典型的市场经济国家，通常情况下，公司主要通过发行债券和股票的方式从资本市场上筹集长期资本，即外部融资。公司最主要的融资决策通常是在股票和债券之间进行选择。因此，公司的资本结构决策所要解决的问题，就是选择确定一个最优的股票和债券结构。

比较两种不同的融资方式，可以看出二者之间存在重要差别。增发股票意味着公司自有资本的增加、所有权的分散和风险的降低。对于现有股东来说，股东权益是对公司剩余财产的索取权，所有权的分散意味着股息的耗散和降低。因此，增发股票虽然有利于公司本身的发展，但常常会受到股东们的反对。从公司治理角度来分析，发行股票不仅会造成监督动机的削弱，而且会增加代理成本。增发债券则不是，一般不会导致权力的分散，但是会造成公司风险的增加。

无论是选择使用债务，还是选择使用股票，都会产生相应的成本。公司决策者必须在两者之间进行权衡，这种权衡产生了最优资本结构。

公司的发展与资本市场的联系日益密切，公司已经步入资本结构管理时代。例如，与早期的资本市场的发展状况相联系，早期公司的资本以股权资本为主。直到第二次世界大战前，世界各国企业的主要融资渠道依然是股票市场。以股权为主的公司资本结构又经历了一个从初期的股权相对集中到后期的分散化、多元化的演变过程。在公司制企业发展早期，企业只有少数的个人股东，在股权结构逐步分散化后，大量的公司股票分散到社会公众手中。而最近20年来，一些国家出现了新的机构持股现象，机构持股得到快速发展。需要说明的是，尽管机构投资者快速发展，但这些机构大多实行分散投资，机构投资者投资于单个企业特别是大企业的比重并不高，因而使得企业的股权结构高度分散。

(2) 资本结构与公司治理。从上面关于公司资本结构的分析中可以看出，公司的资本结构是负债和权益的组合，权益资本市场（证券市场）作为一种重要的外部力量对公司治理产生着深远的影响。

在公司内部，股东对公司的控制（内部控制）主要是通过股东大会来实现的。内部控制的有效与否与股票的集中程度、股东性质和董事会及有关法律等方面有关。在股权分散化的情况下，大量的、持有股权数量微不足道的小股东有一种"搭便车"的倾向。在这种情况下，改善公司业绩、约束公司经理人员的行为，只能借助外部市场的力量。

股票市场向股东提供了对公司外部治理的手段，因为股票价格可以反映公司管理工作的效率。低股价会对管理者产生一种实际的压力，迫使其行为方式的改变。

在资本市场上，分散性股东对公司和管理人员的约束主要通过"用脚投票"的方式实现。如果公司股东对公司经营状况不满意或对现任管理层不信任，就可以在股票市场上抛售所持的股票。股东在股票市场上大量抛售股票，使得该公司股票价格下跌，而股价的大幅度下跌则会使公司面临进一步的困难和危机。通常当公司股价大幅度下跌时，经理人员就要引咎辞职，董事会会认为经理表现不佳将其撤换，这就是"用脚投票"对公司经理人员的约束机制。

大力发挥投资者的作用

1. 使机构投资者发挥更大的作用

要使中国的资本市场具有奖励好的公司治理结构的功能，机构投资者是一个关键因素。他们具有识别、要求和期待好的公司治理，包括对重大事件及时披露、董事会构成合理及董事素质高等的能力。另外，由于机构投资者能够更加有效地使用股东权利，能够使用代理投票制度，并有利于收购机制作用的发挥，他们有望在提高公司治理方面发挥直接的作用。机构投资者还有望为国有股和法人股的逐步减持提供其所需的额外资金。通过这种方式，也有利于降低市场上的过度投机和不稳定。

2. 发展公司控制权市场

收购与兼并行动将有助于消除股票市场上一些明显的价格不合理现象。通过收购与兼并活动，不公平的价格差异可能会大大减少。这样，收购与兼并可能成为促进中国分割的资本市场走向趋同和统一的一个工具。

在相当一部分股份不可流通的情况下，兼并与收购制度不可能完全有效。因此，

> 提高股份的可交易性是发展有效的兼并与收购制度的重要前提。
>
> 　　另外,在发展控制权市场方面,要进一步突出中介机构的作用。在市场建设中,政府要积极培育中介服务市场,并将部分政府职能转向中介机构,同时拟定相关政策,规范中介服务行为,加强对中介服务的指导。不仅需要增加设立各种中介机构,更重要的是中介机构的服务一定要规范化、制度化,充分考虑国际惯例和本地实际情况。
>
> (资料来源:深圳特区报,2004-06-23)

7.1.2　公司并购与公司剥离

1. 公司兼并与收购

公司兼并与收购是指在市场机制作用下,企业通过产权交易获得其他企业的产权,并获得其控制权的经济行为。

（1）企业并购战略。按照西方的并购理论,企业采用的并购战略通常有以下几种。

①波士顿法。波士顿咨询公司强调两种思想:一是学习曲线;二是业务组合。学习曲线思想认为,企业掌握的累计性生产经验越多,其生产成本相对于竞争对手就越低。企业通过并购活动,不但获得了原有企业的生产能力和各种资产,还获得了原有企业的经验。业务组合思想认为,同时经营多种业务,进行业务组合,就是试图将有吸引力的投资部门与生产现金的部门结合起来,并且清除那些前景暗淡的部门。可见,波士顿法强调了混合并购的重要作用。混合并购往往涉及新的经营领域,在这些领域中,经验往往是一种有效的进入壁垒。通过混合并购,混合一体化的各部分可以实现经验共享和有效的业务组合,形成一种强有力的竞争优势。

②波特法。美国著名管理学家迈克尔·波特（Michael E. Porter）强调,企业并购活动应当以存在的市场进入壁垒或市场份额稳定的行业或业务领域作为突破口。主要的战略有:选择一个有吸引力的行业或选择同时经营多种产品,重点放在降低成本以扩大销售或谋求高质量发展以巩固市场份额上;在对产品创造的重要环节进行控制时,必须占据有利位置,强调目标企业与本企业在经营潜力上的相关性。

③适应法。适应法强调战略决策的步骤和顺序,即强调决策的过程,而非任何特定的目标。适应法指出,通过周而复始的圆周运动,新思想才不断得以产生和精确。这种方法认为,究竟是强调生产能力还是投资与固定资产规模、是关注技术发展还是客户需求等构成了并购战略的基本问题。适应法的一个重要思想是承认产品的变化、产品的多样性和产品差异的价值。美国经济学家鲁梅尔特（Rumelt）指出:"这种思想的本质是企业的竞争地位是由一组独一无二的资源和关系所确定的,而且一般性管理工作的任务是当时间、竞争和变化侵蚀了这些资源和关系的价值时,就对它们进行调整和更新。"

上述战略分析法在一定程度上涉及了产业多样化问题。当企业以现有经营能力或组织力量为基础制定多样化战略时,必须考虑以下问题:一般管理功能是否有效;公司能否在广泛的业务领域内提供专业技术人才;公司的财务计划与控制能力是否具有广泛通用性;公司在研究、市场营销和生产等方面是否拥有特殊能力;公司能否向更广泛的领域扩展等。公司通过对上述问题的分析，可以明确自身的强项和不足。为了弥补不足，公司必须明确它应当寻求的特殊能力。

（2）并购活动成功的保证。美国著名管理学家彼得·德鲁克于1981年10月15日通过《华尔街日报》提出了成功并购的五条法则，这五条法则是：①并购必须有益于被并购公司；②必须有一个促成合并的核心业务；③收购方必须尊重被并购公司的业务活动；④在大约一年之内收购公司必须能够向被收购公司提供上层管理；⑤在收购的一年内公司双方的管理层职位均应有所晋升。

美国学者韦斯顿等认为，德鲁克法则的精髓可以归纳为以下两点。

一是，并购双方的业务必须具有一定程度的相关性和互补性。因此，在满足投资机会或生产能力之后还有现金流或管理能力剩余的公司，便可以有效地并购那些由于财务或管理资源匮乏而无法实现良好成长与盈利的企业。

二是，必须同两个企业的管理层精心设计激励或奖惩制度，以使并购产生效果，减轻企业合并或调整过程所带来的混乱。

韦斯顿同时指出，并购中存在许多事与愿违的风险，并购失败的主要原因有：①对市场潜力估计过于乐观；②对协同作用估计过高；③收购出价过高；④并购后整合不利。

（3）公司接管防御。在并购过程中，并购方的行为可能会引起目标公司两种不同的反应：同意或者反对。如果反对，将会产生并购的防御行为。从所有权结构角度来看，主要从以下几个方面考虑防御问题。

首先可以考虑投票权结构配置。不同的投票权结构会对并购者产生不同的潜在影响，相应地也会影响公司控制权市场的竞争状况。

其次可以考虑反接管条款。它是指采用修改公司章程等合法手段来防止敌意并购。在西方国家，反接管条款有以下几种类型：①绝对多数条款，这一条款要求包括控制权转移在内的所有重大交易活动，必须取得三分之二甚至更多股东的同意；②公平价格条款，这是指在某一特定期间内并购者支付的最高价，有时还要求该价格必须超过目标公司的会计收益或账面价值所决定的水平；③董事会轮换制，董事会轮换可以在接管后推迟控制权的转移，即使并购者并购成功，还需要冒一个风险，即尽管已拥有公司一半的股票，却无法控制公司，权力仍掌握在对立的董事手中；④授权发行优先股，在发生控制权时，公司董事会授权发行优先股，将优先股发行给对公司现有管理层持友好态度的其他机构。

公司也可以考虑资本结构调整。为减少目标公司的吸引力，目标公司可采用以下措施进行资本结构调整：①增加负债比例，用尽借款能力，并使股票相对集中在支持层的股东或控股公司手中；②增加向股东支付的股利，从而减少现金金额；③在贷款合同中进行规定，被接管时要提前偿还贷款；④证券组合应具有流动性，多余现金要减少；营运中不断取得的现金应投放于能产生正净现值的项目或返还给股东；⑤多余的现金流可以用于收购其他公司；⑥对那些脱离母公司后并不影响其正常现金流的子公司，应该让其分立。或者为避免大量的现金流入，可以让其独立；⑦通过重组或分立等办法，实现被低估资产的真实价值。

（4）公司应变。上述防御策略一般在并购成为既定事实之前运用，但并购一旦启动，目标公司处于更为不利的地位。为赢得主动目标，公司必须及时采取应变措施，主要的应变措施包括以下几种。

①诉诸法律。目标企业的经营者为了阻止公开收购，经常提起诉讼。因为一旦提出诉讼，收购者就不能继续执行要约。而从提出诉讼到具体调查、审理，往往需要一段时间，这就给目标公司赢得了时间。

②定向股份回购。定向股份回购常被称作"绿色铠甲"，其含义是指目标公司通过私下协商从单个股东或某些股东手里溢价购回其大部分股份。溢价回购的目的同样是消除其他公司的敌意接管威胁。

③资产重组或债务重组。目标公司采用资产重组的目的在于减少公司的吸引力，增加并购公司的并购成本。目标公司可以购进并购方不要的资产或部门，或忍痛出售并购方看中的资产或部门，使并购方失去兴趣，达到不被并购的目的。

与资产重组一样，目标公司进行债务重组的目的也是增加并购的成本。通过债务的重新安排，使并购方在并购成功后面临巨额的债务负担。例如，目标公司可以重新安排以前的债务偿还时间，使并购方在并购后立即面临还债的难题。

④毒丸防御。毒丸防御策略要求兼并的一方必须事先"吞下毒丸"，方可实施兼并。毒丸防御策略一般是企业发行特别权证，该权证载明当本企业发生突变事件时，权证持有人可以按非常优惠的价格将特别权证转移为普通股票，或者企业有权以特别优惠的价格赎回特别权证。毒丸防御策略增加了收购目标公司的成本，从而增加了目标公司抵御接管并购的能力。

> **案例7-1**
>
> ### 新浪的毒丸计划
>
> 毒丸术是反收购措施的一种，它在美国的使用相当普遍，也被称作毒丸计划。1985年，美国的特拉华州法院判决该计划合法化。毒丸计划是反对恶意收购的股东权益计划，正式名称为"股权摊薄反收购措施"。该计划最早起源于股东认股权证计划，当上市公司面临收购威胁时，其董事会启动股东权利计划，向普通股股东发行优先股，一旦公司被收购，股东持有的优先股就可以转换为一定数额的收购方股票。通过股本结构重组，降低收购方的持股比例或表决权比例，或增加收购成本以减低公司对收购人的吸引力，达到反收购的效果。
>
> 毒丸计划与反并购紧密相关，是很好的事前防御准备。它有助于抑制敌意收购，在公司内部多种防御策略选择中应该是最有效的方法之一。许多有远期前景的公司可能出现暂时性股价暴跌，这些公司极易成为被收购目标。作为防御性条款，正常情况下，毒丸计划体现不出其存在价值。但公司一旦遇到恶意收购，或恶意收购者收集公司股票超过了预定比例时，"毒丸"的作用就立刻显现出来。所以，这些公司一般会在企业章程中作出特别规定，如规定一旦遭遇恶意收购，收购者须向企业的各种利益主体，包括原有的股东、债权人及企业的高级管理者支付一笔可观的补偿金额，从而给收购设置极高的附加成本，驱赶潜在的套利者。再如采取出售、分拆被收购者看重的优良资产，增加企业的负债额，向股东发放额外红利等一般性的财务性措施，以降低恶意收购者的收购价值。

随着并购与反并购的不断升级，毒丸计划发展到包括"股东权利计划""负债毒丸计划"和"人员毒丸计划"几种形式。

（1）股东权利计划。该计划表现为公司赋予其股东某种权利，多半以权证的形式体现。权证的价格一般被定为公司股票市价的2~5倍，当公司被收购或被合并时，权证持有人有权以权证购买新公司的股票。

（2）负债毒丸计划。该计划指目标公司在恶意收购威胁下大量增加自身负债，降低企业被收购的吸引力。例如，目标公司发行债券并约定在公司股权发生大规模转移时，债券持有人可要求立刻兑付，从而使收购公司在收购后立即面临巨额现金支出，降低其收购兴趣。

（3）人员毒丸计划。该计划指目标公司全部或绝大部分高级管理人员共同签署协议，在目标公司可能被收购并且高管在收购后将被降职或革职时，全部管理人员将集体辞职。这一策略不仅保护了目标公司股东的利益，而且使收购方慎重考虑收购后更换管理层对公司带来的巨大影响。一般情况下，企业的管理层阵容越强大、越精干，实施这一策略的效果将越明显。当管理层的价值对收购方无足轻重时，这一计划收效甚微。

新浪在面对盛大收购的时候，就是采用了毒丸计划。新浪毒丸计划的核心是：如果盛大及关联方再收购新浪0.5%或以上的股权，购股权的持有人（收购人除外）将有权以半价购买新浪公司的普通股，这将摊薄盛大持股，令收购计划无功而回。从股权构成来看，盛大已经是新浪的第一大股东。盛大如果持股超过51%，就会自动成为新浪董事会成员，可以作为股东参加2005年9月30日之前的股东大会。如果届时各种股东允许，盛大就可以进入新浪董事会。但是，新浪董事会是铰链型结构，即新浪董事会共有9名成员，设有补偿委员会、审计委员会、股份管理委员会。董事会的9名董事共分为三期，任期3年且任期交错，每年只有一期董事任职期满，进行新的董事选举。因此，如果收购方盛大不能重组新浪董事会和管理层，哪怕他有再多的股份，也等于没有收购，因为没办法实施改组和展开新的战略。根据毒丸计划，盛大如果想达到股权的20%，就必须付出已经付出的2.3亿美元的一半。

可以看出，毒丸计划客观上稀释了恶意收购者的持股比例，增大了收购成本，使目标公司现金流出现重大困难，引发财务风险，使恶意收购者一接手即举步维艰，让收购者感觉好似吞下毒丸，最终实现反收购的目的。

（资料来源：夏勇峰. 面对大食客，新浪抛毒丸［J］. 信息系统工程，2006（5）.）

思考：新浪的毒丸计划怎样阻止了盛大公司的恶意收购？

2. 公司剥离

与公司并购对应的行为是公司剥离，即依照法律规定、行政指令或经公司决策，将一个公司分解为两个或两个以上的相互独立的新公司，或将公司的某个部门予以出售的行为。

（1）公司剥离的方式。公司剥离主要有部门出售、股权分割和持股分立三种。

①部门出售。部门出售是将公司的某一部门出售给其他企业。部门出售的主要目的或是取得一定数量的现金收入，或是调整企业的经营结构，以集中力量办好企业有能力做好的业务。

②股权分割。股权分割又称为资产分割，是将原公司分解为两个或两个以上完全独立的公司。分立后的企业各自拥有独立的董事会和管理机构，原公司的股东同时成为分立后的新公司的股东。股权分割的动机与部门出售相似。但股权分割后，别的公司不会经营被分割出的单位，因此，不会出现公司重组中的协同效应。有可能的是，在不同的管理手段下，该经营单位作为一个独立的公司比原来经营得更好，股权分割就可能获得经济效益。但应该注意的是，股权分割也是有成本的，相对于一个独立的公司，两个独立的公司又有新的代理成本。

③持股分立。持股分立是将公司的一部分分立为一个独立的新公司，同时以新公司的名义对外发行股票，而原公司仍然持有新公司的部分股票。持股分立与股权分割的不同之处在于：在股权分割时，分立后的新公司相互之间完全独立，在股权上没有任何联系；而持股分立的典型情况是，持股分立后的新公司虽然也是独立的法人单位，但原公司继续拥有新公司的部分权益，原公司与新公司之间存在着持股甚至控股关系，新老公司形成一个有股权联系的企业集团。

（2）公司剥离分析。公司剥离分析是对现有公司市场价值进行评估，在此基础上加上从公司分立所获得的回报（把经营单位作为独立的实体，分立后的市场价值与由现有母公司继续经营的市场价值之差，以及未划拨总部成本的预期减少），并减去公司分立所产生的纳税负担和失去目前公司提供的保护（如减税）所造成的预期损失。如差额为正，则公司分立是可行的；反之，则不可行。

美国财务学家科普兰指出，在分析公司分立时，必须注意以下几个相关的问题：①分立后，经营单位劳动合同的预期成本是提高、降低还是未变？②管制因素是否有变化？如有变化，对现金流有何影响？③税负有何变化？④进入资本市场的成本有何变化？资本成本是否受到影响？⑤若经营单位由另一公司拥有，经营上的变化是否导致现金流增加？⑥公司分立是否是一项应纳税交易？如果是，能否改变其结构以减少纳税？⑦公司分立能否带来管理上更好的刺激并因此增加价值？

7.1.3　证券市场监管与信息披露

政府对证券市场和上市公司的监管只能是事后的，但它却是最强有力的，主要包括相关机构的监督（如证监会）和法律监管（如对存在欺诈嫌疑的上市公司高管进行司法处罚）。政府对证券市场的监督可以在一定程度上纠正证券市场失灵现象（如"庄股"现象）。强制性信息披露制度是世界各国政府对其证券市场进行规范、管理的最重要的制度之一。信息披露制度已经成为各国证券市场（包括控制权市场）有效运行的基础。证券市场的有效性与信息披露的质量有密切关系。《OECD公司治理原则》明确指出，信息透明度（Information Transparency）是公司治理机制的重要标志之一。

1. 中国证券市场的发展与资本市场对公司治理的作用

（1）中国证券市场的发展。在中国证券市场的发展过程中，公司治理也得到了同步的发展。公司治理的提升会促进证券市场的发展，而证券市场的发展也是促进公司治理发展的重要因素之一。结合中国的具体情况看，证券市场监管对公司治理的发展起到了相当明显的作用。

1984年11月14日，中国第一家股份制公司"上海飞乐音响有限公司"成立。大约从1987年开始，中国资本市场进入萌芽阶段；1989年，上海证券交易所成立；1990年，深圳证券交易所成立。这一时期资本市场开始出现，但其运作尚不规范，基本属于试验阶段。大约从1992年开始，中国资本市场开始进入初步建立阶段，资本市场的建设速度有了明显加快。总的来看，我国资本市场发展有四个特点：起点高，速度快，不均衡，资本市场发展与经济改革（特别是企业的公司制改革）关系密切。

资本市场帮助企业进行融资活动，有力地支持企业优化资本结构，有利于企业的股份制改造，同时资本市场在一定程度上优化了资源配置，减少了资源浪费。在调整国有资产存量、统一分割性市场为全国市场方面，资本市场也发挥了巨大的作用。但是资本市场本身也存在一些问题，具体表现如下。

①规模小。虽然我国资本市场已经初具规模，但与发达国家相比，资本市场的规模仍显偏小。规模小直接导致了过度投机、操纵交易等问题。

②运作不规范。运作不规范包括资本交易不规范，资本交易收入处置不规范，上市公司行为不规范等。正是由于以上问题，中国证券市场上出现了一定程度的"庄股"现象。

③资本市场交易工具品种单一，市场结构不合理。这主要是指各种证券市场发展不协调，有的发展超前，有的严重滞后，不能发挥资本市场的整体优势。

④资本市场法规不完善，政策缺乏稳定性，同时监管水平有待进一步提高。

总的看来，上市公司治理的有效性，在很大程度上取决于资本市场的有效性。从中国证券市场的发展实践来看，它对完善和改进公司治理起到了积极的作用，在促进上市公司及时披露真实准确的信息、保护中小股东的利益及提供有利于公司竞争的良好的治理机制等方面取得了不同程度的进展。

（2）资本市场对公司治理的作用。一个有效的资本市场对公司治理的作用主要体现在以下几个方面：一是资本市场的融资机制，使投资者有权选择投资对象，从而改善和提高公司的治理结构；二是资本市场的价格机制，可以降低股东对管理层的监控信息成本，降低公司的治理成本；三是资本市场的并购机制，可以提高公司治理的效率。

①融资机制。资本市场的重要功能之一是融资功能。无论债务融资还是股权融资都会对公司治理产生影响。尽管股权融资相对于债务融资没有还本付息的压力，但融资的多少受到公司业绩的影响，投资者会根据公司的业绩进行投资的选择。为获得融资的机会，公司经营者会通过改善公司管理、提高公司运营水平、提供优质的产品和服务来改善公司的业绩。同时，融资结构还可以对经营者的经营激励、对公司的并购产生影响，进而对公司治理产生影响。

②价格机制。在有效的资本市场中，公司股票的市场价格提供了公司管理效率的信息，反映了公司经营者的经营水平。出资者通过对公司市场价格的观察和预测，可以评价公司经营者的管理水平，降低代理成本中的监督成本。资本市场的价格反映了投资者对公司的评价，同时也反映了对公司经营者的评价。公司的股价波动会给经营者带来一定的压

力，促使经营者尽职尽责，并通过良好的经营者业绩来维持股票价格。

③并购机制。资本市场对公司治理产生影响的实质是公司控制权争夺，主要通过并购来实现。并购除能实现协同效应外，还能强制性纠正公司经营者的不良表现。在有效的市场中，即使公司的股票价格正确反映了公司的经营状况和财务状况，但企业仍然存在着经营不善的倾向或情况。例如，当公司的股价下跌时，公司的经营者一般不会主动提出辞职，但公司的经营并未得到改善。而通过并购使得外部力量强制进入公司，介入公司经营和控制，重新任免公司的经营层，可能使得经营者面临"下岗"的威胁。为此，经营者会在股价下跌时，努力改善公司的经营。

2. 中国的证券市场监管

现代市场经济仅仅依靠市场的自发调节很难达到资源的最优配置，证券市场也不例外。因此，世界各国的通行做法是：让政府对市场进行干预，纠正市场缺陷，作为社会公共利益的代表，提供公共产品为社会服务。对于证券市场而言，由于政府的影响面较广，因此政府的监管更是不可或缺的。

在我国证券市场上，监管部门主要是证监会，它承担着证券市场的监管者和证券市场投资者（特别是中小投资者）的保护屏障两大功能。

证监会的监督主要包括：依据国家有关法律、法规、政策，对新股发行和配股进行事前形式审查；对上市公司定期报告和临时报告进行形式审核；上市公司改制时，对其运作情况进行监督检查；对投资者投诉进行核查和对涉嫌违法、违规行为立案稽查。我国深圳证券交易所已经建立了上市委员会，其主要职责是审核上市公司退市，对其实行监督。这是我国证券监管工作与国际接轨的一个重要标志。

证监会的主要职能是依靠法律、法规和行政手段对上市公司的运作进行规范，促使上市公司提升公司治理水平，合规地进行公司治理决策，及时完整地进行信息披露。从国际上看，政府监管机构都是公司治理的倡导者和主要推动者，证监会已经制定并推出了《上市公司治理准则》。

公司治理制度安排的核心是在解决所有权与经营权分离的情况下，保证所有者最终控制权的问题。因此，规范公司治理的动力来自股东。如果股东没有积极参与公司治理的热情，不维护自己的权益，那么内部人则更希望为保持自己的控制权而维持现状；如果公司治理结构被扭曲，控股股东从中可以得到好处，那么控股股东就没有完善公司治理的积极性，中小股东的权益也就无法保证。目前，中国公司治理中最突出的问题就是控股股东与上市公司的关联交易对广大中小股东等其他利益相关者的利益损害，所以现阶段监管工作的重点是如何规范控股股东与上市公司的行为，以保护广大投资者的利益。

近年来最重要的一项制度就是股权分置改革。中国股市因其特殊的历史原因，A股市场的上市公司内部普遍形成了"两种不同性质的股票"，即流通股和非流通股。这两类股票形成了"不同股、不同价、不同权"的市场制度与结构。进行股权分置改革，可以改变这种局面，实现股票全流通，从而为真正发挥资本市场的资源配置功能奠定坚实的制度基础。

《公司法》是市场监管的重要法律。1993年12月，第八届全国人民代表大会常务委员会第五次会议通过了《公司法》(1999年、2004年、2005年、2013年、2018年分别进行了修订),它以法律的形式对公司法人治理结构进行了规定,确立了股东大会、董事会、经理和监事会的地位和职责,明确了所有者、经营者、监督者的权利和义务,为公司建立完善的治理结构提供了法律保障。

另一部比较重要的法律是《中华人民共和国证券法》(以下简称《证券法》)。1998年12月29日,第九届全国人民代表大会常务委员会第六次会议通过了《证券法》(2004年、2005年和2013年、2019年进行了修订)。《证券法》是规范证券市场发展的一部基本法,主要调整和规范证券发行与交易行为,它确立了证券市场在我国经济发展中的法律地位,奠定了我国证券市场规范发展的基本法律框架。

从我国证券市场的监管实践来看,政府的政策对证券市场和上市公司的公司治理影响巨大。股市和政府的监管政策有着千丝万缕的联系,政策性因素对于股价波动、公司融资、公司治理都有着很大的影响。随着监管的深化和股市规模的扩大,投资者中的"跟庄"现象正在迅速减少。

3. 美国的监管改革与启示

2001年,美国安然公司、世通公司、施乐公司相继出现财务丑闻,之后美国政府进行了重要的监管改革,其改革主要涉及中介机构、证券市场、法律。

(1)中介机构监管改革。在公司治理中,中介机构是完善公司治理的外部保证。加强对中介机构的监管是美国公司治理改革的一个特别举措。美国加强中介机构监管的主要规定有以下两项。

①禁止会计师事务所为被审计的公司提供咨询服务。

②设立会计行业的公共独立监管机构,即美国会计监管委员会。该机构有权查处财务报告中的不正当会计行为,对承担大公司审计业务的会计师事务所和审计人员进行监管。该机构有权对注册会计师的独立性、职业道德和工作质量进行审查,对违法的会计师事务所及审计人员拥有调查、执法和处罚权,必要时可以调离接触客户的工作岗位,以及吊销为上市公司提供审计服务的从业资格。

显然,成立独立的会计监管委员会的直接目的是对会计行业进行更加严厉的监管,这也标志着美国会计业由行业监管走向独立监管。总的来看,其基本思想是值得我国参考和学习的,即将审计业务直接置于公众监督之下,强化注册会计师对公众的责任意识。

(2)证券市场监管改革。纽约证券交易所和纳斯达克证券交易所对上市规则部分进行了修改,并获得了美国证券交易委员会的批准。这是安然等公司的问题发生之后,美国资本市场的重大调整,这种重大的公司治理标准更新将直接影响美国上市公司规则的未来走向。

改革方案至关重要的是增加了独立董事的数量和提高了独立董事的独立性,以及加强了对公司管理层的监督等。例如,根据规定,纽约股票交易所将给上市公司两年时间的公司董事会调整为独立董事。纽约股票交易所还提出美国证券交易委员会(United States Securities and Exchange Commission,SEC)SEC应加强对注册会计师行业及公司CEO的监管。

总的来看,证券交易所的这些改革方案提升了公司上市的门槛,加强了事先控制,特别是对上市这一关的控制。这次改革将本已很高的上市门槛再次提高,严格控制上市公司的质量,以增强投资人的信心。

另外,美国还出台了很多救急性的监管措施。例如,面对压力,SEC规定,美国2001年的营业收入超过120亿美元的945家大公司,CEO、CFO必须以书面形式承诺其向SEC提交的财务报表和其他披露性法律文件的真实准确性,并且各大公司的CEO要在上面亲笔签字。此举意味着签了字的CEO要承担的不仅是诚信责任,而且要承担法律责任。

(3)法律调整。为了严惩企业中的经济犯罪,美国政府和国会于2002年联手制定了《萨班斯-奥克斯利法案》。从内容上看,这是一项加强会计监督、强化信息披露、完善公司治理、防止内幕交易的法案。这项法案的主要内容包括对公司财务欺诈人员实行刑事惩罚和设立一个独立委员会来监督会计公司。

这部法案加重了美国公司财务造假的惩罚。例如,法案将证券欺诈罪最高刑期调整为25年,而对犯有欺诈罪的罚金最高可达2 500万美元。此外,该法案规定,CEO、CFO在违规报告发表之后的12个月内获得的一切业绩报酬和买卖股票的收益都必须归还公司,并返还给投资者。这一举措彻底断绝了管理层采用虚增利润的方法获得巨额绩效收入的现象。另外,该法案还规定:没有建立内部审计的公司,必须设立内部审计委员会,并且由与公司不存在"实质"关系的独立董事组成。美国原来十分流行的公司的董事和经理向公司借款的行为(借款主要还是用于管理者持股)也被禁止了,该法案规定:一切公众公司不得直接或者间接通过其子公司向董事或者提供贷款。

总的来看,这项法案对证券市场、审计体制设置了种种严格的规定,强化了会计监督及透明度,从而打击了公司的欺诈活动,使对财务实行监督的措施变成了法律。

4. 信息披露理论

根据现代企业理论,公司治理中存在的道德风险(如操纵财务信息)和信息不对称现象,会对公司的股东(特别是外部中小股东)造成利益伤害。而信息披露是纠正这些问题的重要措施。强制性信息披露可以提高信息质量,并使证券市场逼近最优效率状态,同时它还可以节约交易成本。从实践中看,全球各国越来越重视对信息披露的监督。

(1)信息披露的必要性。从理论上分析,一般而言,公司并没有进行信息披露的动力,原因有以下两种。

①公司管理层缺乏主动披露的激励。公司的信息公布会使竞争对手、供应商、客户等了解公司的运营情况,使潜在收购者更容易对公司进行评估,选择适合的收购时机,减少收购风险和收购成本。如果披露的信息是公司的坏消息,会影响公司管理层在经理市场的形象,也会影响企业的产品销售,甚至导致股价大幅度下跌,公司被恶意并购。

②信息披露是有成本的。信息经济学表明信息的供给存在信息成本。在信息披露公开化的情况下,还容易出现争执和分歧,甚至引起股东诉讼,这就是信息披露的成本。

因此,大多数国家会采用强制性信息披露方式,部分国家辅以自愿性披露。但即使在强制性披露的情况下,上市公司还有一定的披露弹性,如披露程度的详略、披露时间的早晚、表外披露还是表内披露等。

（2）信息披露的价值。信号理论认为，在信息不对称的情况下，质量较好的公司有较高标准的公司治理信息。

①质量较好的公司将及时披露公司绩效信息。管理层为减少股东和债权人的疑虑，主动披露信息，以便传递出其并未为产生支出偏好或偷懒行为而降低公司价值的信息，进而解除代理责任或获得市场资源。信号的功能在于从多个方面向信息的使用者提供公司状况。通过直接披露信息，让投资者了解公司治理结构、资本结构、股利政策、会计政策等，从而判断公司价值、公司破产的可能性、会计政策稳健性等信息。如果经营者提供的反映会计价值的信息存在虚假成分，信息的显示功能就会对公众发出警告。

②公司披露信息的动力在于获得资源的低成本。真实、完整、及时的信息可以增强投资者的信心。帕斯尔·森加特（Partha Sengupta）认为债权人和承销商在预测企业的拖欠风险时通常考虑的因素是信息披露质量。

信息披露质量由以下几个方面决定：季报、年报的详细和明晰程度，能否获取公司管理层与财务分析的讨论结果，通过媒体发布信息的频率等。实证发现，当公司在上述几个方面表现较好时，公司债务的筹资成本较低。债权人和承销商评价拖欠风险的因素之一是公司隐瞒不利信息的可能性，当公司过去的信息披露质量较高时，债权人和保险公司认为公司隐瞒不利信息的可能性较低，因而要求的风险报酬也更低。当公司面对的市场不确定性越大时，公司信息披露质量和债务成本的反向关系越明显。公司为了获得社会资源，就必须满足资源需求者对信息的需求。

（3）信息披露的目标。提升信息透明度是信息披露的目标所在。契约理论认为，企业是一系列契约的集合，如企业与债权人之间，所有者与经营者之间，企业与供应商、销售代理之间，企业内部高层管理者与其下属之间，企业与员工之间的契约。如果市场是有效的，某一契约当事人的机会主义行为均有可能损害另一方当事人利益，因而存在自愿降低信息不对称性、提高信息透明度的要求。契约动力将驱使公司管理层提供所有与契约履行相关的信息，信息披露及评价是契约当事人内部协调的结果。如果参与契约签订的人数众多，契约就可能失效，因为契约签订成本太高。由于经营者、所有者、债权人代理关系的存在，且信息处理受经营者控制，信息质量和披露质量被利益相关者关注。考虑到不同需求者，经营者与其他利益相关者不得不就信息达成一致意见。

5. 信息披露制度

信息具有外部性、垄断供给和不对称性的特点。信息使用者借助于信息披露制度等获得所需的信息。多种因素的存在使得信息供给矛盾依靠非市场因素来调节，信息披露制度是外部调节机制的一部分。这一机制有助于缩小上市公司作为信息供给者与信息需求者之间的期望差距，有助于改善信息质量。

（1）信息披露的作用。一般而言，信息披露有以下三方面的作用。

①有利于保护投资者。信息披露使股东能全面了解公司情况，进行科学决策，同时也有利于减少关联交易、内部交易的发生。

②加强对经营者的约束和激励。在信息公开披露的情况下，经营者受到证券市场的强大约束，大大降低了其滥用权力的可能性，同时许多上市公司高管的报酬与股价挂钩

（多为股票期权）。而信息披露（特别是在公司业绩较好时）有助于提升股价，加大对经营者的激励。当然，这种做法是一柄双刃剑，也有经营者为了高收入而操纵信息披露的。

③信息披露促进了控制权市场的发展。控制权市场发挥作用的基础是充分、准确的信息。强制性信息披露有助于收购者获得更多信息。如果信息不充分，就可能会影响收购的正常进行。在公司经营状况不佳时，信息披露会导致股价下跌，增加公司收购的可能性，促进控制权的重新配置。

（2）世界各国的信息披露改革。20世纪90年代以来，世界各国开始普遍关注信息披露、信息透明的问题。在初期，各国主要关注财务信息披露。美国财务会计准则委员会于1978年把财务报告的目标规定为：财务报告应该提供对决策有用的信息。该委员会1980年在《会计信息的质量特征》中提出，信息质量的两个标准是相关性（及时性，预测价值和反馈价值）和可靠性（如实反映，可核实，中立）。国际会计准则委员会1989年在《关于编制和提供财务报表的框架》中提到，财务信息的四个特征是可理解性、相关性（具有重要性）、可靠性（真实反映，实质重于形式，中立性、谨慎性、完整性）、可比性。

随着资本市场的发展，信息披露的内容逐渐扩大，已不再局限于财务信息披露的评价；对于非财务信息，还可以用来评价公司经营状况、公共政策、风险预测和公司治理的有效性。公司治理结构是信息披露的重要组成部分，市场监管机构已经开始重视这部分信息的披露，投资者也开始关注公司治理信息披露。例如，成立于1992年的LENS投资管理公司，从财务评价和公司治理评价两个方面寻求价值低估和可能通过公司治理提高价值的公司并予以投资。

美国注册会计师协会1994年发表《改进企业报告——面向用户》，概括了信息使用者所需的五种信息类型——财务与非财务数据，管理部门对财务与非财务数据的分析，预测信息，股东和管理部门的信息，公司背景。1999年由纽约证券交易所和美国全国证券交易协会资助成立的"蓝带委员会"提交的研究报告，强调了信息披露的清晰性、一致性、完整性、如实表述、可核实性和中立性等特点。

（3）我国的信息披露现状。我国证券市场的信息披露，主要是通过对信息披露的内容和进行强制性规定予以保证，与此相关的法律主要有《证券法》《上市公司证券发行管理办法》《首次公开发行股票并上市管理办法》《公开发行股票公司信息披露实施细则（试行）》。

我国上市公司信息披露包括三类：①上市信息披露，如对一级市场的招股说明书和对二级市场的上市公告书。上市阶段的信息披露在公司完成上市以后即告结束。②定期信息披露，如年度报告、中期报告。公司年度报告基本上包括了所有最重要的、正式的披露信息，是上市公司的主要信息披露方式。③临时信息披露，如重要事件公告、收购与合并公告等。后两类信息披露在上市公司运营期间长期存在。

> **案例7-2**
>
> **江苏琼花信息披露遭谴责**
>
> 江苏琼花高科技股份有限公司（江苏琼花，002002）是中小企业板块首批上市企业之一，《首次公开发行股票上市公告书》没有对该企业如实披露有关委托理财事实，违反了国家有关法律法规及《深圳证券交易所股票上市规则》的规定，深交所对其进行了谴责，并指出：公司董事长于在青、董事兼总经理敖吟梅未能履行诚信勤勉义务，对违规行为负有直接责任。江苏琼花上市不到 20 天，便因信息披露违规而遭谴责，创下两市公开谴责最快纪录。
>
> 据悉，经深交所查实，江苏琼花有以下事实未在 2004 年 6 月 18 日刊登的《首次公开发行股票上市公告书》中如实披露：①2002 年 7 月 25 日，公司将 1 500 万元资金交给德恒证券有限责任公司进行委托理财，该项委托理财于 2004 年 8 月 4 日到期；②2003 年 4 月 24 日，公司将 1 000 万资金交给恒信证券有限责任公司进行为期 1 年的委托理财，委托届满时未收回资金；③2004 年 6 月 17 日，公司将上述两项委托理财权益转让扬州德龙化工有限公司，后者向公司出具了代德恒证券有限责任公司偿付委托理财资金的承诺函。
>
> 2004 年 7 月 1 日，在有关媒体对江苏琼花国债投资风险提出质疑后，深交所向该公司发出了问询函；7 月 6 日，约见了该公司董事长和董事会秘书；7 月 7 日，约见了证券保荐代表人，进一步了解并核实有关情况；7 月 9 日，江苏琼花按深交所要求刊出了《关于国债投资情况的公告》，同日深交所做出关于对江苏琼花及其董事长于在青、董事兼总经理敖吟梅予以公开谴责的决定。
>
> （资料来源：深圳特区报，2004-07-12）

6. 信息披露质量及其发展方向

（1）信息披露的质量。信息披露的质量主要可以从以下四个方面进行考察：一是财务信息，包括使用的会计准则、公司的财务状况、关联交易等；二是审计信息，包括注册会计师的审计报告、内部控制评估等，审计及信息披露评价当前比较注重审计关系本身的合规性、独立性；三是公司治理信息，主要关注披露的公司治理信息是否符合规定，目前虽然有较高的定性标准，但缺乏具体的量化标准；四是信息披露的及时性，公司建立网站，便于投资者及时查阅有关信息。

总的来看，信息透明度的核心是真实性、及时性和完整性。

①信息披露的真实性。真实性是指一项计量或叙述其所要表达的现象或状况的一致性。真实性是信息的生命，要求公司所公开的信息能够正确反映客观事实或经济活动的发展趋势，而且能够按照一定的标准予以检验。一般情况下，作为外部人仅通过公开信息是无法判断上市公司资料的真实性的，但是可以借助上市公司及其相关人员的违规历史记录等评价信息披露的真实性。从信息传递角度讲，监管机构和中介组织收集、分析信息，并验证信息的真实性。

②**信息披露的及时性**。信息的及时性是指在信息失去影响决策的功能之前,将信息提供给决策者。信息除了要具有真实完整的特征之外,还要有时效性。由于投资者、监管机构和社会公众与公司内部管理人员在掌握信息的时间上存在差异,为解决获取信息的时间不对称可能产生的弊端,信息披露制度要求公司管理层在规定的时期内依法披露信息,减少有关人员进行内幕交易的可能性,增强公司透明度,降低监管难度,有利于规范公司管理层的经营行为,保护投资者利益;从公众投资者分析,及时披露信息可以使投资者进行理性的投资决策。

③**信息披露的完整性**。信息披露的完整性要求上市公司必须提供完整的公司信息,不得忽略、隐瞒重要信息,使信息使用者了解公司治理结构、财务状况、经营成果、现金流量、经营风险及风险程度等;公开所有法定项目的信息,使投资者足以了解公司全貌、事项的实质和结果。信息披露的完整性包括形式上的完整和内容上的完整。

需要指出的是,完整、准确、及时地披露上市公司内部控制及其运行、股权结构及其变更情况是信息披露的重要内容。包括公司治理结构在内的非财务信息在信息披露中占有重要地位,是必须予以披露和评价的。

(2) 信息披露的发展方向。其主要发展方向有以下几种。

①我国上市公司应当保证真实、准确、完整、及时地揭露与公司有关的全部重大问题。公司应当披露的重要信息至少包括以下内容。

一是公司概况和治理原则。

二是公司目标与政策。这些信息能帮助投资者更好地评估公司的未来收益,有助于利用该方面的信息在资本市场上进行科学判断和决策。

三是经营状况。经营状况是潜在投资者及利害关系者进行投资决策的重要依据。

四是股权结构及其变动情况。出资者有权了解企业股份所有权的结构、投资者的权利及其他股份所有者的权利。公司也应提供关联方之间的交易信息,即使该公司与关联方不存在交易,也应披露关联方所持股份或权益变化。

五是董事长、董事、经理等人员情况及报酬。投资者和其他信息使用者要求有董事会成员和主要执行人员的个人信息,以便评估他们的资格。

六是与雇员和其他利益关系者有关的重要问题。

七是财务会计状况及经营成果。财务会计状况和经营成果一直是公司治理信息披露的核心内容,也是信息使用者最为关注的焦点。

八是可预见的重大风险。随着市场竞争激烈程度及不确定的增强,为维护投资者的正当利益,公司应预测重大风险并及时予以披露。

从以上分析可以看出,非财务信息应被广泛披露。

②提高公司治理信息披露质量,建立信息披露监管系统。为真正使公司治理信息披露规范化和科学化,监管机构可以采取措施提高公司治理信息披露质量,建立全方位的公司治理信息披露监管系统,可以从以下几个方面入手。

第一,我国公司治理信息披露应扩大范围、缩短时间,并采用现代化电子手段。传统的信息披露一般只包括财务会计信息,而按目前科学决策的要求,公司治理披露的信息应包括公司治理结构状况、经营状况、所有权状况、财务会计状况等。在信息披露的时间上，各国普遍主张采用定期与不定期相结合的方式，应信息使用者的需求，一般披露次数和内容比制度规定的要多。在信息披露的手段上，应提倡和鼓励采用现代化的通信技术，如公司在互联网上设立网站，通过互联网进行披露。

第二，将公司治理信息披露纳入法律法规体系，加大处罚力度，同时完善公司治理信息披露的监督控制机制，加大对公司风险信息的披露，采用高质量会计标准、审计标准和金融标准披露公司治理信息，以保证公司治理信息披露的可信度。

第三，加强对会计行业的监管，改革审计制度。例如，年度财务会计报告不得长期由同一会计师事务所和注册会计师进行审计，强制更换注册会计师或由股东直接提名注册会计师，以保证公司治理信息披露的高质量。

7.2 商业银行与公司治理

7.2.1 商业银行在公司治理中的角色

1. 专家式债权监督

在既定的公司所有权结构下，监督成本的不可分摊性和监督收益按股份均摊，特别容易引起股东"搭便车"行为，使经理人员的机会主义行为缺乏必要的监督，结果往往是股东的利益遭受损失。而债务的硬预算约束特点和独特的破产制度可以给经理人员不同于股东的压力，使债权人监督在一定程度上能弥补这种单纯依赖股权监督而导致的此类公司治理问题，从而赋予商业银行在公司治理中的独特地位。1982年，格罗斯曼（Grossman）和哈特（Hart）最早提出了通过债权而不是股权促使经理人员努力工作的崭新观点；1984年，戴梦德（Diamond）首次建立了债权人监督模型；1985年，弗曼（Fama）提出了"拜托债权人"（Enlist the Bondholders）的概念，指出债权人（尤其是大债权人）专家式的监督可以减少股东的监督工作，并使监督工作更有效率；1986年，简森（Jenson）提出债务支出减少了公司的自由现金流，从而削弱了经理人员可以自由支配的现金数量，也相应减少了公司低效投资的可能性。1995年，青木昌彦和钱颖一将商业银行作为中国公司治理改革的主要依托而进行论述。

2. 市场评价式监督

公司治理的市场评价式监督主要依赖资本市场中的中立机构，如会计师、审计师、税务师事务所和证券公司、各类基金公司、投资银行等投资咨询机构，客观公平的评价和相应的信息发布活动对经理人员产生监督效果。其中前三类事务所在开展业务的过程中有正常的渠道了解和掌握客户公司的资料，从而有可能对公司经营绩效和经理人员业绩做出最贴近现实的评价，并能在此基础上利用特殊的审计机制产生监督经理人员的客观效果，最后起到减少代理成本，提高公司治理效率的作用。

证券公司等非银行金融机构为提高业绩，需要证券分析师等专业人士对公司财务资料等相关信息进行全面、深入的分析,这一过程也能起到与前三种事务所相同的监督作用。

约翰·杜卡斯(John Doukas)等人对证券分析师跟踪的 7 000 家公司(1988—1994年)的数据资料进行系统研究后认为,证券分析师的活动能有效降低因所有权与控制权分离而导致的代理成本,尤其对专业化公司经理人员非价值最大化行为方面有更加明显的效果。

3. 作用公司股东而参与公司治理

从商业银行的角度看,各国的具体情况有所不同。在美国,商业银行被禁止直接持有公司股份。而日本的主要银行不仅可以通过相互大量持有公司股票,而且在公司遇到财务危机或经营困境时会进行干预,发挥着类似美国控制权市场的作用。德国的全能银行虽然持有的公司股份比例比日本低,但通过特殊的委托投票制度安排可以拥有公司很大的控制权。至于非银行金融机构,虽然有一些限制,但基本上在各国都可以以机构投资者的身份参与公司治理。随着近年来机构投资者的兴起,非银行金融机构在公司治理中的作用越来越大。总之,对于一般公司而言,金融机构是以治理者的身份出现的。

7.2.2 银行作为债权人对公司治理的参与

1. 银行作为债权人的约束作用

债权市场约束机制的作用主要体现在以下三个方面。

(1)**债权的现金约束和期限约束作用**。与股权不同,债权的利息支付和本金偿还都有严格的现金流和期限约束,到期必须还本付息的特点使得债权具有独特的硬预算约束功能。这些硬预算约束机制使经理人员受到一种特殊的压力,即最低限度要保证还本付息,从而减少了经理人员的机会主义行为,也减少了代理成本。

(2)**债务契约的限制风险作用**。因为债务契约往往会规定一些严格的保障条款,这种特殊的具有针对性的条款对公司和经理人员的行为形成不同程度的限制,从而使债务契约成为一种对经理人员的约束机制。

(3)**破产机制作用**。如果公司(债务人)突破现金流和期限约束的底线,债权人可能要启动破产程序,公司的控制权也随之由股东转移至债权人,原有的经理人员也要面临被解职的危险,这是经理人员最不愿看到的。为了避免以上情况的发生,经理人员只有努力工作以不断提高公司绩效。这就是程序的压力作用对公司治理产生的效果。

2. 银行作为债权人的监督作用

在某种意义上,债权市场监督作用的发挥主要依赖于债权人,尤其是债权银行。银行对其客户公司的监督主要来自两个方面:一是债务契约所授予银行的监督权力;二是因为银行往往为客户公司提供周转性的短期贷款,这种业务上的便利不仅使银行可以获得第一手资料信息,同时,使客户公司存在接受银行监督以提高自身声誉的激励。

由于不同国家对债务融资的依赖程度不同,也由于制度、法律、文化传统等的差异,银行往往在不同的公司治理模式下发挥着不同角色、不同程度的作用。在英美国家,公司主要依赖股权融资,银行在公司治理中发挥作用的空间不大,监督作用比较有限;而在德日国家,债务融资是公司融资的主要形式,银行对公司治理有实质性的参与,此时银行的监督作用是非常重要的。在这方面，日本将某企业接受贷款最多的银行称为主银行。从资本结构的角度看，日本企业维持着过高的负债率，从而决定了银行在公司治理中的特殊位置，使主银行在日本公司治理中扮演了一个至关重要的角色，特别是主银行可以利用其特殊位置而获取信息，及时发现问题；而德国实行的是被称为"全能银行制"的特殊体制，使银行在公司治理方面比日本银行有更为广泛的参与。

7.3 机构投资者与公司治理

资本市场是公司治理的重要外部条件之一。从投资者资金的多寡来分，资本市场的投资者可以分为机构投资者和个人投资者。一般个人股东不直接监督企业家，而是让企业家提供详尽的财务数据，并且要求证券市场管理者制定规则确保信息畅通、及时发布和公平交易。更多的时候，个人股东是"用脚投票"，卖掉其不满意的公司股票。对于机构投资者来说，当其所持股票占上市公司全部流通股股票的比例较小时，他们可以在该上市公司经营管理不善时"用脚投票"；但是当其持有的该公司股票数量庞大时，要想顺利出售该公司股票而又不影响该股票的价格和自身的市场表现，几乎是不可能的，即"用脚投票"的成本会变得很大，这对机构投资者来说是一种困境。但是，由于机构投资者资产规模巨大，持股量多，其监督成本与监督收益的匹配较好，因此机构投资者较个人投资者更有介入公司经营管理和监督企业家的积极性。这样机构投资者就开始改变其被动接受上市公司经营不善的现实情况，转而采取主动策略，积极参与公司治理，帮助其完善公司治理水平，积极寻求改善公司经营状况的方式和方法，从而成为外部治理的一个重要因素。

7.3.1 机构投资者的种类和特点

机构投资者是指用资金或者从分散的公众手中筹集的资金专门进行有价证券投资活动的法人机构，包括证券投资基金、社会保障基金、商业保险公司和各种投资公司等。与机构投资者对应的是个人投资者。一般来说，机构投资者投入的资金数量很大，而个人投资者的资金数量较小。

1. 机构投资者的种类

机构投资者有广义和狭义之分。狭义的机构投资者主要有各种证券中介机构、证券投资基金、养老基金、社会保险及保险公司。广义的机构投资者除了上述机构外，还包括各种私人捐款的基金会、社会慈善机构甚至宗教组织等。以美国为例，机构投资者主要包括商业银行、社保基金、共同基金和投资公司、养老基金等。

目前，我国资本市场中的机构投资者主要有基金公司、证券公司、信托投资公司、财务公司、社保基金、保险公司、合格的境外机构投资者等。而可以直接进入证券市场的机构投资者主要有证券投资基金、证券公司、三类公司（企业、国有控股企业、上市公司）和合格的境外机构投资者等，其中证券投资基金的发展最为引人注目。

2. 机构投资者的特点

机构投资者作为资本市场中一个重要的市场主体，具有自己的特点。

（1）机构投资者在进行投资时追求的是具有中长期投资价值的股票。一般来说，机构投资者多是长期投资者，在进行投资时追求的是具有中长期投资价值的股票，特别关注公司的经营稳定性和上市公司的未来业绩。因此，机构投资者更加重视上市公司的基本面情况、长期发展情况及公司所处行业的发展前景。

（2）机构投资者有行业及公司分析专家、财务顾问等，具有人才优势。利用这些专业人才对上市公司及其所处的行业基本情况和发展前景进行分析研究，从而选择行业发展前景好、基本面好的上市公司作为投资对象。

（3）机构投资者可以利用股东身份，加强对上市公司的影响，参与上市公司的治理。机构投资者是所持股票公司的股东，因此有监督上市公司的权利和义务，可以利用股东身份，加强对上市公司的监督，参与公司治理。例如，机构投资者可以发起对其持有股票的上市公司的改革倡议活动，也可以给公司出谋划策，提出建议，或者给上市公司施加压力促使其改善经营状况，提高管理水平，从而提高公司盈利能力，最终实现公司价值最大化，作为股东身份的机构投资者的价值也得到提升。

相关链接

机构投资者不靠天吃饭

目前，我国股票市场中机构投资者无论在规模上还是在数量上都在增加，机构投资者在股票市场中的作用越来越大，机构投资者对股票市场的影响也越来越大。但是我国的机构投资者还没有发挥其应有的作用，特别是机构投资者的股东地位没有充分发挥作用，人才优势也没有充分发挥。可以说，我国的机构投资者的投资理念和小散户一样：靠天吃饭，所持股票涨，就赚钱；所持股票跌，就等着赔钱。

（资料来源：证券时报，2004-05-17）

7.3.2 机构投资者参与公司治理的机理分析

1. 早期的机构投资者：用脚投票

机构投资者并不是一开始就积极地参与到公司治理活动中的。事实上，早期的机构投资者作为公司所有者的色彩非常淡薄，它们只是单纯的股东，并不直接干预公司的行为，并且非常倾向于短期炒买炒卖，以从中获利。因此，早期的机构投资者在公司治理结构中的作用是非常微弱的。

早期的机构投资者由于所持股票占上市公司全部流通股票的比例非常小，投资高度分散化，由此导致两个直接后果：第一，由于分散持股，加之持股上限的限制，机构投资者持有单一公司的股票份额小，基本无法做到有效控股；第二，持股分散化导致机构投资者的证券组合中股票种类极多，也就是说持股分散于不同行业不同企业，因而机构投资者由于缺乏时间、精力和专业知识，几乎没有可能深入了解每一家公司。机构投资者分散投资的间接后果是投资公司根本没有把它们视为本公司的股东，而只是当作短期买卖股市的人，因而从未考虑在公司董事会上为机构投资者留一席之地。

早期的机构投资者所持股票占上市公司全部流通股票的比例较小、投资高度分散化的原因主要有两方面：一是法律制度的制约；二是分散风险的内在需要。

（1）法律制度的制约。美国法律对机构投资者介入公司经营管理进行了种种限制。例如，早期涉足公司治理的人寿保险公司在1906年就被禁止持股，后来当共同基金也积极参加公司治理时，1940年的投资公司法要求机构投资者所持的股票必须分散化，持有的单一公司的股票不得超过全部股份的50%，如果它们派代表进入公司董事会将会受到惩罚。这种针对机构投资者的非常严厉的限制性法规，源于美国人对财富集中的反感，而政治家们也很乐意迎合大众情绪，通过法律来控制财富的集中，从而限制机构投资者参与公司的治理。

（2）分散风险的内在需要。现代证券资产组合理论以有效市场理论为基础，认为在存在风险的条件下必须通过分散持股来降低资产组合的整体风险。该理论指出，任何证券资产除了具有收益性外，还具有波动性（即风险）。

证券风险包括系统风险和非系统风险。系统风险归因于共同的因素，这些因素对所有股票的影响是相同的，系统风险并不因证券分散化而消失，但是投资者可以通过改变持有的股票组成比例，减少平均系统风险。非系统风险可归因于一些特定的事件，如火灾、罢工等。这些事件只影响个别公司，可通过证券分散化来消除。分散化将风险分摊在许多公司、行业的证券中或者其他形式的投资上。可分散的风险随着证券数量增加而逐渐降低，而且收益在证券数达到八九种之前急剧增加，此后的增长就缓慢了。现代证券组合理论在美国商界影响很大，美国大公司和机构投资者都运用证券投资组合的方法指导自己的投资。美国机构投资者一般都规模巨大，所以持有的证券组合种类较多。例如，共同基金一般投资于60家或更多公司的股票，其平均收益已经接近于随机抽取的股票组合。

2. 资本市场的发展促使机构投资者积极参与公司治理

到了20世纪90年代，大部分机构投资者都放弃了华尔街准则——"用脚投票"，在对公司业绩不满或对公司治理问题有不同意见时，他们不再是简单地把股票卖掉，而是开始积极参与和改进公司治理。

促使机构投资者从被动变为主动的基本原因是机构投资者在美国股票市场所占份额越来越大，这是资本市场发展的结果。美国资本市场在20世纪90年代以后发生了巨大的变化。在20世纪60年代以前，美国股市主要是散户持股，机构投资者在股市的控股比例不超过13%，由于散户很难行使法律赋予的监督权，股市对企业的经营业绩只能进行事后的被动反应；20世纪70年代以后美国的机构投资者在股市的控股比例不断上升，20世纪80年代初达到34%，20世纪90年代末达到48%，机构投资者随之成为左右资金市场的关键力量。一些大机构投资者持有几百只股票，每只股票持有量很大，如果出现公司治理问题就抛售股票，机构投资者就会遭受很大的损失。卖给谁，以什么价格出售，抛售以后又能去买哪家尚未涉足的公司股票？可以说，这些问题对机构投资者尤其是养老基金机构来说是一个难题，他们不可能用传统的抛售股票的方法来保护其资本的价值，因为其所持有的大量股份不可能在不引起股价大跌的情况下抛出，这就导致了机构投资者套牢之后必须开口说话。许多机构投资者在面临进退两难局面时,会采取通过私下沟通、代理投票和提出股东议案等方式把其对公司治理问题的关注传达给管理层,采取积极干预的办法,向董事会施加压力,迫使董事会对经营不善的公司改变根本战略和关键人员,以确保新战略的迅速实施。当然,相关法律、法规的放松也为机构投资者参与公司治理提供了外部环境。这样,机构投资者,就从被动的投资者变为了主动的所有者,成为公司治理的一个重要参与者。

3. 机构投资者参与公司治理的途径

机构投资者主要可以通过两种途径参与公司治理和改善上市公司治理水平。

(1) **行为干预**。这里所说的行为干预其实就是机构投资者作为投资人参与到被投资公司的管理权力。行为干预有两方面的作用。一方面,上市公司由于价值被低估而交易清淡,不被市场投资者认可,从而导致公司长远发展的融资、投资渠道闭塞,对公司长远的价值提升造成障碍。而机构投资者可能干预公司实行积极的红利政策调整,从而调动市场的积极反应,达到疏通公司与市场沟通渠道的效果。另一方面,作为上市公司的合作伙伴,机构投资者一般遵循长期投资的理念,公司运作的成功需要机构投资者更积极的参与。

(2) **外界干预**。机构投资者还可以直接对公司董事会或经理层施加影响,使其意见受到重视。例如,机构投资者可以通过其代言人对公司重大决策(如业务扩张多元化、并购、合资、开设分支机构、雇用审计管理事务所)表明意见;可以向经理层就信息披露的完全性、可靠性提出自己的要求或意见,从而使经理层面临市场的压力;同时公司业绩的变化迫使经理层能够及时对股东等利益相关者的要求进行反应,这样就促使经理层必须更加努力地为公司未来着想,以减少逆向选择和道德风险。

而在潜在危机较为严重的情况下,机构投资者可能会同大股东一起更换管理层寻找适合的买家,甚至进行破产清算以释放变现的风险。当然机构投资者也可能通过将公司业绩与管理层对公司所有权的分享相结合,从而使管理层在公司成长中获得自身利益的增值,公司其他利益相关者也获得利益的增加。

4. 机构投资者参与公司治理所需的外部条件

(1) 严格限制机构投资者参与公司治理的法律环境渐趋宽松。20世纪80年代中期,美国联邦政府决定鼓励持股人参加公司投票选举;1992年美国证券交易委员会新规则允许持股人之间相互自由地串联,互通消息,这样就大大降低了机构投资者收集"选票"的成本,更容易取得对公司的控制权。

(2) 机构投资者成长很快,规模不断扩大。由于机构投资者规模很大,其被"搭便车"的成本降低,即使其他持股人从机构的行动中"搭便车",机构投资者就整体而言仍是得大于失。机构投资者规模巨大导致的另一个重要后果是机构投资者作为整体持股占整个资本市场的一半以上,因而无法像一般个人投资者那样方便地卖出股份,而只在不同的机构之间相互转手。因此,对于经营管理不尽如人意的公司,不再能够轻易地"用脚投票",卖出股票,只能积极地利用其大股东的身份介入公司管理,督促企业家改善经营。

(3) 以"股东至上主义"为核心的股权文化的盛行。股权文化是一种公司具有的尊重并回报股东的理念，它包括公司重视听取并采纳股东的合理化意见和建议，努力做到不断提高公司经营业绩，真实地向股东汇报公司的财务及业务状况，注重向股东提供分红派现的回报等。这就要求加强对企业家的监管和约束，保障出资人的权益。20世纪80年代后期，发达国家资本市场上针对经营不善的公司的敌意收购逐渐减少，但是公司治理依然问题重重，公司的企业家机会主义行为有增无减，客观上需要一个主体替补敌意收购留下的空白，加强对企业家的监督和约束，保障出资人的权益，而机构投资者正好填补了这个空白。机构投资者在公司治理中发挥作用正是在这样的背景下应运而生。

本章小结

公司外部治理机制涉及证券市场、商业银行及机构投资者。证券市场由证券监管并强制信息披露。商业银行及机构投资者对公司治理发挥着越来越重要的作用。本章对证券市场进行了理论分析和实践探讨，也对其未来发展提出了一些展望；阐述了商业银行在公司治理中的独特作用；分析了商业银行在公司治理中的角色、作为债权人如何参与公司治理等内容；阐述了机构投资者的含义、种类和特点；以美国资本市场为背景，分析了机构投资者参与公司治理的机理。

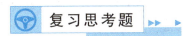 复习思考题

1. 如何通过股票价格来判断资本市场效率？为什么要进行股票价值评估？
2. 兼并与收购的含义是什么？企业有哪些主要的并购战略？
3. 并购活动成功的保证以及并购失败的原因有哪些？
4. 企业有哪些防止敌意收购的策略？
5. 商业银行参与公司治理的方式有哪些？
6. 机构投资者参与公司治理有哪些途径？

 案例讨论1

股权分置改革：三一重工与清华同方

由于历史原因，我国股市有一部分股票不能流通。为了规范上市公司股权结构，实现两类股票并轨，2005年4月29日中国证监会发布了《关于上市公司股权分置改革试点有关问题的通知》，股权分置改革（简称股改）进入试点阶段。清华同方、三一重工、紫江企业、金牛能源被确定为首批股改试点公司，除清华同方外，其余三家试点公司的股改方案均通过了股东大会的表决。2005年6月下旬，第二批股权分置改革试点共选定了42家上市公司。两批试点结束后，国家出台了一系列规范性文件，2005年9月初，股权分置改革全面铺开。这里选择2005年6月10日同时进行股东大会表决的两家企业（结果是一家

通过,一家未通过)进行讨论。需要说明的是根据有关规定,股权分置改革方案必须是三分之二以上的股东以及三分之二以上投票的流通股东同意才能实施。

1. 三一重工

三一重工自 2003 年 7 月上市伊始,便一直有意推动自身的股权分置改革。

三一重工作为证监会公布的首批股权分置改革试点的四家企业之一,于 2005 年 5 月 10 日公布了自己的股权分置方案:非流通股股东向流通股股东每 10 股派送 3 股股票和 8 元现金。

股改要获取流通股股东的支持,对他们权利的尊重和利益的维护是必不可少的。而最能体现三一重工对流通股股东利益维护的诚意行为就是主动做出合理的让利,即为了补偿流通股股东在股改中承担的风险和可能的损失而由非流通股股东提供一定比例的股份和现金。在让利问题上,与流通股股东方进行了反复沟通和反馈,前后一共对股改方案进行了三次修改。5 月 9 日,三一重工首推每 10 股派送 3 股和 8 元现金的改革方案,但方案未得到一部分流通股股东的认可。5 月 14 日,三一重工修改 2004 年利润分配方案,变 10 股派 1 元转赠 5 股为 10 股派 2 元转赠 10 股,这又遭到有些机构投资者的抵制。5 月 24 日,三一重工的大股东经过与流通股股东的多方沟通,同意再次让利给流通股股东,方案最终定格在 10 股派送 3.5 股和 8 元现金,并主动提高了减持门槛,增加了两项重要的减持条件的承诺,至此投资者才接受方案。

"不能说第一个方案不完整,修改方案更多的是体现非流通股股东对流通股股东的尊重。"三一重工执行总裁向文波表示。

向文波表示,"理性看待的话,对价没有底线,也不存在一个公允的价格,就看非流通股股东愿意支付多大代价获利流通股权。如果对企业没有信心,股权分置改革是没有意义的,对价要马上付出,但流通权利是未来实现的,有风险。我们希望把股改这个事情做得非常漂亮,所以支付了较高的代价。对价方案是经过精细设计的,以求得最广泛的支持。76.7%的流通股股东参与率,即使机构投资者全部反对,方案都能通过"。

"股权分置改革不是简单的制度创新,而是一种选举,我们用大选的方式来规划股权分置改革。"向文波说,"大选首先要有纲领,这个纲领就是股权分置改革方案,需要得到股民的选票。"

三一重工的股改方案实质上属于组合方案,非流通股股东对流通股股东除了送股还派送现金,即"送股+非流通股股东派现"模式。当时三一重工的流通股比率为 25%,送股率为 0.35,另每股送 0.8 元的现金。这个股改方案实施后,据有关数据计算,对非流通股的价值做出了相对于净资产 26.23% 的溢价,因此对非流通股股东是比较合理的。

2. 清华同方

清华同方的股改方案是资本公积金"10 股转增 10 股",即全体股东每 10 股转增 4.75 股。清华控股有限公司非流通股股东向流通股股东支付可获得的转增股份,使流通股股东实际获得每 10 股转增 10 股的股份,作为非流通股流通的对价(相当于流通股股东每 10 股获得 3.56 股)。

股东大会现场股票合并网络投票后,流通股通过率为 61.91%,以 4.76 个百分点之差未能达到分类表决要求,股改遇挫。2 288 446 股流通股现场投票,虽然投票率不高,但通过率达到93.39%，网络投票的流通股股东成为关键性的否决因素。

改革试点初期，以上市公司资产作为非流通股股东支付流通股对价的思路，引起巨大争议。不少研究人士主张，股改对价的支付不能涉及上市公司资产，否则是对流通股股东权益的再次分割，即便要涉及上市公司资产，也要先经过一次分类表决。

但清华同方坚持认为，增股方案很适合清华同方，因为公积金转增后总股本扩大，业绩如果跟不上就会摊薄每股收益，未来清华同方进入高增长阶段，旗下许多高科技孵化项目如第二代身份证芯片项目，将可能在未来带来数亿的毛利，清华同方自信转增后不会摊薄业绩。

在股东大会上，十几位提问的投资人当中，他们普遍对清华同方采用资本金转股而不是大股东送股颇有微词，大家心知肚明：公积金转增股本摊薄每股收益，此方案对流通股股东的补偿诚意明显不足。

清华同方股改保荐机构西南证券有关人士介绍，持股在5万股以上的股东都去找过，要他们的电话、地址，后来大约找了10家证券公司，由于时间关系，覆盖面不够宽，最后参加投票的流通股股东有2万多户，代表流通股股本的33%左右，参与率比较低。

公布股改方案后，清华同方先后在北京、重庆、上海、成都、深圳5个城市进行路演，但沟通效果不佳。当时查营业部的股东名单很不容易，出于股东资料管理的不同要求，上交所开户的股东资料较难查到。由于股东信息缺乏，清华同方没有及时掌握股东在营业部的分布情况，导致路演很难按效率更高原则选择营业部。

事实上，清华同方是首批4家试点公司中唯一一家没有对小股东进行更多承诺的企业，这让投资者感到不满。同其他试点公司提出多套方案供投资者评议修改的做法不同，清华同方只有一份方案让投资者接受。相关人士认为，由于流通股股东没有选择的余地，因此很容易产生针锋相对的情绪。

因此，清华同方股份有限公司于2006年1月23日召开第二次股权分置改革相关股东会议，对价方案为流通股股东每10股获得3.8股，公司股权分置改革方案获得通过。

（资料来源：新浪网，2006-06-04）

讨论：
1. 股权分置改革过程中，公司应如何处理投资者关系管理？
2. 比较两家公司的方案，并分析其成败原因。

案例讨论2

长生生物警示中国公司治理

2018年7月15日，中华人民共和国国家药品监督管理局（简称国家药监局）发布长生生物的全资子公司长春长生狂犬病疫苗记录造假的通告；18日长生生物因生产的疫苗检验结果"效价测定"项不符合规定，被罚344万元；24日长生生物董事长高俊芳等15个涉案人员因涉嫌刑事犯罪被刑拘。8月6日国务院调查组公布长生生物从2014年4月起在生产狂犬病疫苗过程中严重违反药品生产质量管理规范和国家药品标准的有关规定，调查发现其有的批次混入过期原液、不如实填写日期、批次向后标示生产日期等问题。中共中央政治局常务委员会8月16日召开会议，听取关于长生生物问题疫苗案件调查及有关问题情况的汇报。长生生物作为背负重要企业社会责任、涉及社会公众生命安全的生物企业，借壳上市不过三年，缘何惊爆"黑天鹅"？在国企改革和后续经营中漠视公司治理风险，进而形成治理失控是长生生物爆发丑闻的重要原因。

监督不力，变身家族控股

2001年，长生生物的前身长生实业的第一大股东长春高新将长生实业20.68%的股份转让给长春生物制品研究所（简称长生所）。一个月后，长生所将其持有的长生实业30%的股份以1 932万元转让给韩刚君。至此，长生实业第一次出现个人持股，且韩刚君成为第二大股东。

2003年，长春高新拒绝福尔生物3元/股的报价，拟以2.4元/股的价格向长生生物董事长兼总经理高俊芳转让长生生物34.68%的股份。由于"高价不卖低价卖"，且高俊芳彼时身兼长春高新副董事长，舆论对这次转让涉嫌自买自卖、低价侵吞国有资产的质疑不绝于耳。虽然备受争议，高俊芳在"按照有关规定回避表决"后，于2004年4月以2.7元/股、斥资3 375万元获得长生生物25%的股份。至此，韩刚君、高俊芳分列长生生物第一、第二大股东。在此次股份转让中，长春高新的内部监督力量反应平淡，两名独立董事出具了"本次交易公平、合理"的意见。

2007年，韩刚君将持有的长生生物30%的股份转让给深圳豪言，后者由高俊芳、张帅实际控制。2008年，21位自然人分持了原本持股数排名第三至第五名合计42.93%的股份，2010年，进行了眼花缭乱、几无收益的"倒手"，深圳豪言将持有30%长生生物的股份无偿转让给高俊芳、张洺豪母子后随即注销。至此，长生生物成为家族控股，2015年借壳上市。

高俊芳等内部人通过"合法"的方式低价取得了国家优良资产，根源在于国有法人治理结构中存在所有者缺位问题。国企真正所有者的分散和缺位滋生了监督的"搭便车"问题：监督供给不足、不力，监督力量在履行监督职能、保护股东利益时存在立场模糊不清的情况。所有者缺位致使长生生物在股权转让的过程中监督机制流于形式、监督主体权责不清、监督效果令人失望。

治理失控，企业风险激增

长生生物的实际经营存在极大的内控风险。内部董事比例较高，董事会缺乏必要的独立性，难以对管理层形成有效监督。高俊芳兼任董事长、总经理和财务总监三职，权力极大。作为董事长，高俊芳兼任财务总监在法律中虽无明文规定禁止，但对上市公司而言，兼任显然难以保证公司治理结构、信息披露和财务内控机制的有效运作；作为总经理，高俊芳在近年来大幅度降低研发费用。公司研发支出远远低于行业龙头企业平均水平的同时，通过激增至人均2 300余万元的销售费用变相鼓励商业贿赂行为，致使法律诉讼成为长生生物信息中的突出部分，运营风险大幅度提升；作为财务总监，高俊芳将长生生物大量资金投资于银行理财产品，流动资金没有有效利用。以上决策实例，令人质疑高俊芳兼任数职的勤勉程度和合理性。

长生生物种种异于常理，体现在内部人控制上。高俊芳从1994年担任长生生物总经理，至2018年的24年一直位居"一把手"，并接连引入丈夫（张友奎）、儿子（张洺豪）

及其他亲属进入公司担任董事、高管等职务。张友奎从长生所人事处离职进入公司任副总经理，主要负责销售工作，2016年不再担任董事；张洺豪在长生生物任副董事长、副总经理，负责工程项目。资料显示，高俊芳、张友奎二人的亲眷也在长生生物中担任职务，如张友奎的妹妹张敏担任董事，张友奎的外甥女杨曼丽任长生生物市场销售部经理。

另外，高俊芳在长生所工作时期的许多同事，长期在长生生物任重要职务。疫苗事件爆发后，张洺豪接受采访时称自己对长生生物的经营并不了解，并直指长生生物董事、副总经理、质量总监张晶对疫苗事件负有责任，而后者在1996年前一直是长生所职员。如张晶一般活跃在长生生物的"长生所同事"还有数人，分布在长生生物的董事、监事、高管之中。如2008—2014年任职长生生物董事长的张嘉敏，在2000年退休前任长生所所长；任长生生物副总经理、研究所所长的鞠长军曾是长生所的职员。由此可见，自1992年国企改革开始，参与改制并分享利益的长生所员工是"高氏家族"背后的另一重要内部人力量。

此外，据年报显示，高俊芳在2000年、2001年的年薪分别为5.98万元、8.4万元。其2004年何来3 375万元巨资收购长生生物25%的股权，迄今为止并无透明、准确的信息披露。高俊芳在回应媒体时称收购资金是找"亲戚朋友"借的，"自己出了200万元""到期如果还不上的话，就自动转让股权"。未被信息披露的内部人复杂社会关系也最终成为长生生物公司治理失控、风险激增的原因之一。

综上所述，长生生物的公司治理风险随着内部管理人员权力的累积而不断增加，最终演变为一场引发全社会关注的舆论风暴。239亿元市值的长生生物在短短数十年"眼见他起高楼、眼见他宴宾客、眼见他楼塌了"。

巨大风险

2018年7月26日起，长生生物股票简称变更为"ST长生"。7月27日证监会发布《关于修改〈关于改革完善并严格控制实施上市公司退市制度的若干意见〉的决定》，指出上市公司构成欺诈发行、重大信息披露违法或者其他涉及国家安全、公共安全、生态安全、生产安全和公众健康等领域的重大违法行为的，证券交易所应当严格依法暂停、终止公司股票上市；对有关重大违法行为公司，特别是严重危害市场秩序，严重侵害群众利益，造成重大社会影响的，坚决依法实施强制退市。据此，长生生物将面临被强制退市和股东诉讼的巨大风险。长生生物案例给中国的公司治理带来巨大警示。

一是及时优化公司治理，遏制粗放式生长。在企业创业初期，大量企业依赖经营者及其团队的熟人网络与社会关系，迎合时代特殊需求，快速实现了业务增长和资本积累。然而，经营者也应意识到依赖经营者的个人权威、社会关系所形成的粗放式生长，其产生的负面效应在未来的发展中终将难以控制。因此企业必须两手共抓，即一手抓经营管理、一手抓公司治理。不断优化公司治理机制，建立公司治理风险和预警防范体系，将束之高阁的内部监管力量解绑是公司高质量发展的重要保障。

二是加强信息披露管理，重视利益相关者权益。长生生物案例显示，不透明的信息披露、不公开的公司决策是滋生公司内部人道德风险乃至法律风险，最终导致公司治理失效的原因之一。因此，公司应首先制定更为规范、严格的信息公开和披露制度，保证信息披露的及时、准确和完整；同时加强自愿性信息披露，方便广大投资者、媒体公众进行常态化监督，直面社会质疑，将危机的种子铲除在萌芽阶段。

三是强化外部监管力量，防范"一放就乱"。公司治理风险存在的根本原因是改制中缺乏有效的制衡力量，难以撼动内部人在公司盘根错节的权力体系。长生生物2004年私有化以来，几次股权转让均游走于公司治理的红线上。尽管公众的质疑形成一定压力，但是直至本次疫苗事件案发前，长生生物并未就治理机制问题做出整改措施。这进一步凸显仅仅依靠市场的监督机制，并不能保证负有重要社会责任的企业在经营过程中服从社会总福利最大化的需要。因此，对于涉及提供人民基本健康需求产品的企业，有关监管部门要放下"一管就死"的忧虑，合理强化监管，适时针对内控问题突出、公司治理薄弱的公司进行重点管理和穿透性监督。

四是完善国企监督改革体系，避免重蹈覆辙。在长生生物的改革过程中，体现了内部人控制是企业资产流失的一大内因，股权转让是国企改革中的"事故高发区"。国企所具有的独特的社会责任，决定了国企监督机制建设需要考虑社会价值的最大公约数。企业通过恰当的制度安排整合现有多元监督体系，形成国企监督共同体，缓解所有者缺位的问题。在实际监督中，不仅要关注财务与市场指标，也要关注与高层管理者利益相关者的行为指标。由此在新一轮国企混改中惩前毖后，避免错误再次出现。

长生生物疫苗事件为企业、社会带来深刻影响的同时，反映出一些企业的公司治理水平低下、风险不小。公司经营者应该意识到构建完备的公司治理体系，及时应对公司治理风险不仅是制度的要求，也是企业基业长青、个人优秀的保障。

[资料来源：马连福，秦鹤. 长生生物警示中国公司治理 [J]. 董事会，2018（9）.]

讨论：

1. 长生生物的公司治理症结在哪里？
2. 一个好的公司治理需要具备什么条件？

第8章 国内外公司治理模式及公司治理展望

学习目标

1. 了解英美公司治理模式的内部和外部治理特征，能够从优缺点两个方面来评价英美公司治理模式。
2. 了解德日公司治理模式的内部和外部治理特征，能够从优缺点两个方面来评价德日公司治理模式。
3. 掌握家族模式的基本特征，能够从优缺点两方面来评价家族治理模式。
4. 明确国外三种治理模式之间的相同点与不同点。
5. 把握公司治理模式的发展方向。

本章导读

本章比较了英美模式、德日模式、家族治理模式之间的差异，以及他们与内部治理、外部治理的横向与纵向的交叉关系，在此基础上对未来的公司治理新模式进行了深刻的论述。

引导案例

公司治理模式的根本何在？（节选）

委托—代理理论、契约理论，特别是不完全契约理论是公司治理研究的一个重要理论基础。

李维安教授在这些基础上，从中国企业治理的特殊性入手，简单谈了如何分析企业经理人的激励约束问题。他认为，首先要认清中国企业治理的相关制度背景，明确这一分析的大前提；进而找到与之相适应的分析框架；最后才能把握清楚国企治理所出现的问题及其解决之道。

在不完全契约理论的假设下，企业的国有产权拥有明显的剩余控制权特性。由于国有产权的公有属性，国有股东对公司拥有较强的实际控制权力，直接影响着企业的发展动力，而这背后实现两权匹配的核心就是公司治理安排。

大家知道，在计划经济体制下的中国企业只是政府的延伸，是生产"车间"，不是真正意义上营利性的企业组织。李教授在1996年从资源配置行政化、高管任免行政化和经营目标行政化三个维度总结了其治理特征后，提出了"行政型治理"这一概念。中国国企改革已进行三十多年，核心是建立现代企业制度，总的逻辑是由政府计划管控下的行政型治理向以市场机制为主的经济型治理转型。但这种渐进式改革带来的现实是，现阶段国企内部同时存在着与政府治理相配套的行政型治理和与市场治理相配套的经济型治理两种不同的治理模式，李教授把它称为"行政经济型治理模式"。

随着2017年我国公司制改革的基本完成，企业从"企业"到"公司"历史转变的实现，上述行政型治理和经济型治理并存于一个企业组织中就成为国企普遍的治理模式。哈特教授的不完全契约理论能够很好地分别解释这两种适应政府组织的行政型治理和公司组织的经济型治理的治理模式，但当两者交织并存于国企组织内部即我以前描述过的"外部治理的内部化"，便会出现一些理论解释的"死角"和"漏洞"，也可以说提出了新的理论和实践问题。

在行政经济型治理模式下，作为企业的经营者不仅是传统意义上的"经济人"，同时也是"行政人"。一方面，作为经济型组织的企业，有寻求利润最大化的一面，为此需要国企经营者通过创新经营，获取经济收益的提升；另一方面，作为行政型组织的企业，企业经营者往往来自政府、国资委等机构的行政委派，国企经营者同时兼有"行政身份"。而企业行政型治理与经济型治理间关系的错配，则易导致潜在的治理风险。

这反映到国企经理人的激励约束问题上，便是两种身份、两种激励机制、两种行动逻辑并存导致的更加严重的机会主义行为。处于官员身份时，决定其激励的是政府赋予的政治任务，行动逻辑是寻求政治晋升；处于经理人身份时，决定其激励的是市场产生的经济效益，行动逻辑是获得更高薪酬，但这两者往往是相互冲突的。例如，某经理人按照政府的政治任务进行某重要决策，结果导致企业亏损，在经济型治理模式下理应受到"惩罚"，却在行政型治理模式下得到"奖励"。两种治理模式并存扭曲了国企经理人的激励约束机制，滋生其利用两者的冲突进行"吃两头"，表现为一方面追求官员身份、行政级别带来的政治好处，一方面又想拿市场化薪酬。

再如，在国企高管限薪问题上，现行做法是先强调其行政级别、然后按照官员级别对其进行限薪，这些做法显然是不利于国企从行政型治理向经济型治理转变的。"限薪令"提出的目的在于规范组织任命的企业负责人薪酬分配，对不合理的偏高、过高收入进行调整。但是数据显示，对总经理实施降薪的公司业绩指标营业收入和利润呈现双下滑的态势，同时出现了国企核心人才流失等问题。因为限薪令的提出，首先强调的是经理人的行政级别，然后给予降薪，所以限薪令重新强化了行政人的地位，弱化了经济人的假设，政府的信号指令还是第一位的，以行政型治理为主导，这样既达不到经济型治理的激励，也达不到其约束效果。

因此，为进一步完善国企经理人的激励约束机制，应该先去行政化、取消行政级别，明确其作为经济组织的属性，按照经济型治理模式对其进行激励约束，才能避免其双重身份带来的更大机会主义行为。

根据不完全契约理论，实现企业运营效率的提升，要求剩余控制权与剩余索取权相适应。针对我国企业改革，就需要进一步厘清行政型治理与经济型治理间的关系，明确由行政型治理向经济型治理转型的改革目标。在这一转型过程中，经历了最初的"强行政型治理、弱经济型治理"，并正处在由"强行政型治理、强经济型治理"向"弱行政型治理、强经济型治理"的转型路上。

第一，用经济型治理的逻辑来实现国企改革的治理转型。企业治理转型中需先弱化企业中行政型治理的色彩，但强化经济型治理应遵循市场主导的思维，而非依赖政府的"有形之手"。

第二，应尽快建立针对企业的公司治理准则，用规则引领企业改革。而我国现行的《上市公司治理准则》主要是建立起上市公司治理的规范要求，治理准则应该进行分类和细化。

第三，完善企业董事会治理，强化董事会的监督职能。企业股东一股独大，可能带来董事会虚置的问题，弱化了董事会的监督职能。从2011年至2017年发布的"中国上市公司治理指数"的评价结果来看，民营控股上市公司的董事会治理已经连续七年好于国有控股上市公司。完善企业董事会治理需从优化激励方式、完善董事考评问责制度以及国有资产股东的授权放权入手。

第四，在"一带一路"背景下，要规避企业在"走出去"的过程中由制度落差带来的治理风险。这涉及跨国治理问题，跨国治理要警惕由制度落差带来的治理风险。因为在跨国治理的情境下，东道国或海外上市监管机构的制度性规定增加了跨国协调成本，由此引发的治理环境风险、信息披露风险等公司治理风险也相应提高。

中国企业现存的行政经济型治理模式的特殊性为进一步深化不完全契约理论提供了一个很好的样本，希望不完全契约理论和中国企业治理改革都能得到更好的发展。

（资料来源：搜狐网，2019-01-19）

思考：我国公司治理的模式的大的方向是什么？

8.1 英美公司外部控制主导型治理模式

8.1.1 英美公司治理模式产生的原因

英美现代公司的发展是在19世纪中后期。科学技术的发展导致了经济规模的迅速扩大，这就需要把众多的劳动力和资本集中在一种单一的组织之中，组成一个富有成效的实体。在这种背景下，股份公司成为最适当的形式。在股份公司发展的初期，所有权与经营权的分离是不可避免的。尤其随着经济的发展，公司经营规模、范围的扩大，专业化的经理阶层的出现，更加快了所有者与经营者的分离速度。由此而产生的利益冲突便也出现了。公司作为法人，是市场经济的主体，它要求经营者追求公司利益的最大化。而公司的经营者作为自然人，也在追求自身利益的最大化。经营者为了满足自己的利益，就有可能滥用权力损害公司的利益，进而损害公司所有者的利益。这种利益的冲突可以说是公司治理形成的内在因素，也是各种公司治理模式产生的共同原因。

2008年美国金融危机后，政府加强了对证券市场的监管，要求投资银行和商业银行划清界限，要求上市公司彻底公布财务状况并给外部人员更大的审计监督权，投资者可以在证券市场上"用脚投票"，或者通过对公司进行并购、接管等方式实现对管理者的监督。

8.1.2　英美公司外部控制主导型治理模式的特点

由于英美国家资本市场发达，企业融资以股权资本为主，并且股权相对分散，较少受到政府、工会、管理机构或银行的影响，存在活跃的"公司控制权市场"，所以英美公司采用市场主导型公司治理模式，主要依靠高效运行的资本市场来监督和激励企业经营者，外部市场监控在公司治理中发挥着主导作用。股东至上的英美模式的主要特征有以下几个方面。

1. 股权相对分散

机构投资者和个人投资者是英美公司的基本持股者，而主要持股者是机构，如各类基金、商业银行的信托机构、人寿保险公司、共同基金及各类基金会和慈善机构等。其中退休基金的规模最大，信托机构次之。

2. 单层治理结构

单层治理结构是指股东大会下只设立董事会，不设监事会（见图8-1）。根据各州公司法的规定，美国公司的股东大会由公司全体股东组成，是公司的最高权力机构，行使州法授予的权利。公司股东大会下设立的董事会，作为公司经常性的经营决策机构。

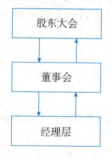

图8-1　单层治理结构

3. 董事会中独立董事比例较大

董事会是公司治理的核心。美英等国家的公司多采用单层制董事会，不设监事会，董事会兼有决策和监督双重职能。董事会由股东大会直接选举产生，对股东大会负责。董事会的监督职能主要由独立的非执行董事承担，通常薪酬委员会、审计委员会等行使监督职能的委员会主要或全部由独立的非执行董事组成。

4. 高管层的报酬中股票期权比例较大

在美国高管层的报酬中，用于长期激励的股票期权比例较高。高管层的股票期权收益主要取决于股票二级市场的升值，升值的大小与高管层长期的经营业绩直接相关，这为管理者的努力提供了更大动力。相对于美国来说，英国公司高管层的报酬相对较少，股票期权的比例也相对较小。

5. 公司控制权市场治理程度强

在英美国家，公司控制权的竞争是股票市场上相当普遍的现象。英美两国资本市场发达，股票流动性强，并购活动比较活跃，管理层如果不努力创造业绩使公司股价上升，则可能导致公司被并购，其自身也可能面临被解聘的危险。因此，并购带来的控制权转移迫使管理层不得不重视股东的利益最大化，促使其努力工作，提高公司业绩。

6. 企业融资以股本为主，资产负债率低

美国绝大多数企业中，由股东持股的股份公司占公司总数的90%以上，其资产负债率一般在35%至40%之间，大大低于德国和日本60%左右的资产负债率。同时，在英美公司融资结构中，单个债权人（主要是指银行）在企业中的债权比重也大大低于德国和日本。

8.1.3 英美公司外部型治理模式的优缺点

1. 英美公司治理模式的优点

外部型治理模式下，股东通过市场机制来监督公司的经营和实现利益最大化，因其资本流动性比较强，所以可以有效实现资本的优化配置，并保障小股东的利益。如果公司经营不善，业绩不佳，股东就会在股票市场上抛售该公司的股票，把资本投入其他有生命力、有前途的公司。当公司的行为损害了小股东的利益时，小股东同样可以通过发达的证券市场来减少自己的损失。这种模式的优点具体体现在以下几个方面。

（1）股权分散有利于避免因一家公司的经营不利或环境变化而带来的连锁反应。

（2）股权的强流动性能够使投资者轻易卖掉手中的股票，从而减少投资风险，保护投资者利益，同时有利于证券市场的交易活跃、信息公开。

（3）股权的强流动性使股东们可以通过在证券市场上的股票交易活动来控制、监督经营者，可以在很大程度上让经营者按自己的意愿办事，使得经营者的创造力得以发挥。

2. 英美公司治理模式的缺点

（1）由于公司股份分散在众多股东手中，在影响和控制经营者方面，股东力量就过于分散，股东大会"空壳化"比较严重，这使得公司的经营者经常在管理过程中浪费资源，并让公司服务于他们个人自身的利益，有时还会损害股东的利益。

（2）股权过于分散，"搭便车"现象比较严重。股东在参与治理时，需要付出一定的治理成本，如果股东认为这个治理成本不足以从对经营者加强监督而得到的利润中获得补偿，他们就会放弃对企业的监督，而是寄希望于其他股东的监督。最终，大多数股东放弃

了监督经营者而追求股票的短期收益。

8.1.4 英美公司治理模式的发展趋势

由于存在治理模式的相互借鉴性，近年来，英美公司治理模式开始借鉴德日公司治理模式的优点，重视治理结构中"用手投票"的监控作用。其主要表现在以下三个方面。

一是放松对银行持有公司股票的限制。通过立法，解除了商业银行涉足证券投资等非传统银行业务的限制，为银行有效地监管企业提供了条件。

二是机构法人股东持股比例不断上升，持股稳定性提高。机构持股者持有的股份一般都比较多，想要在短期内抛出比较困难，而且抛出大量股份会使股价下跌，反而使机构投资者遭受损失。这就迫使机构投资者重视投资公司的长期发展，有更大的动力去监督公司经理的经营行为，促使经营者从长远角度进行决策和管理，谋求长期目标利润最大化。

三是强化非执行董事的监控权。把非执行董事引进董事会，希望他们能代替股东执行监督经理的职责。

8.2 德日公司内部控制主导型治理模式

内部控制主导型公司治理又称为网络导向型公司治理，是指股东（法人股东）、银行（一般也是股东）和内部经理人员的流动在公司治理中起着主要作用，而资本流通性则相对较弱，证券市场不十分活跃。这种模式以后起的工业化国家为代表，如德国、日本和其他欧洲大陆国家。具体而言，利益相关者至上的德日治理模式的形成与这些国家的具体国情有关。

8.2.1 德日公司治理模式的背景与产生原因

德国公司主要以银行和职工持股为特征，对外部资本的依赖性很强；日本公司主要以"债权人相机治理"和法人交叉持股为特征，因此德国和日本都以内部治理模式为主。德国和日本都是存在着集权传统的国家，并在历史发展过程中逐渐形成了"共同主义"和群体意识的独特文化价值观。而且，德日两国均属于后起的发达国家，生存与发展存在着巨大的压力。尤其是在第二次世界大战后，德国和日本能够迅速恢复经济发展水平，其政治和经济的高度集中和共同主义的意识发挥了巨大的积极作用。影响德日模式的形成因素主要包括两国的历史传统、社会文化习俗、资本市场发育水平和法律监管政策等，其中最主要的是监管政策。德国和日本对银行等金融机构持股的鼓励和弱式监管导致了以主银行制度为核心的治理结构，而对资本市场的严格监管导致了资本市场的不发达。

8.2.2 德日公司内部控制主导型治理模式的特点

1. 商业银行是公司的主要股东，股权较为集中

现阶段，德、日两国的银行处于公司治理的核心地位。在经济发展过程中，银行深深

涉足其关联公司的经营事务中，形成了颇具特色的主银行体系。所谓主银行是指在某企业接受贷款中居第一位的银行，而由主银行提供的贷款叫作系列贷款，包括长期贷款和短期贷款。日本的主银行制是一个多面体，主要包括三个基本层面：一是银企关系层面，即企业与主银行之间在融资、持股、信息交流和管理等方面结成的关系；二是银银关系层面，即银行之间基于企业的联系而形成的关系；三是政银关系层面，即政府与银行业之间的关系，这两层关系相互交错、相互制约，共同构成一个有机的整体，或称为以银行为中心的、通过企业的相互持股而结成的网络。在德国，政府很早就认识到通过银行的作用来促进经济的增长。开始银行仅仅是公司的债权人，只从事向企业提供贷款业务。但当银行所贷款的公司拖欠银行贷款时，银行就变成了该公司的大股东。银行可以自己持有一家公司多少股份，在德国没有法律的限制，但不得超过银行资本的15%。一般情况下，德国银行持有的股份占一家公司股份总额的10%以下。

2. 双层治理结构

以德国、日本为代表的大陆法系国家，在公司法上仿照政治上的立法、行政和司法三权分立的做法，将公司的决策、执行、监督三种权力和职能分开，设置了股东会、董事会、监事会，分别作为公司的意思决定机构、业务执行机构和监督机构。公司治理模式比较典型地体现了制衡分权的管理原则，这种模式又称为大陆模式。由于这种模式在公司股东会之下设置董事会和监事会，分别行使业务执行和监督的功能，因而称为公司组织体系的双层制。德日公司治理结构中监事会的地位有所不同，如图8-2和图8-3所示。

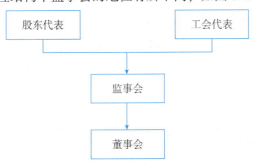

图8-2 德国公司治理结构

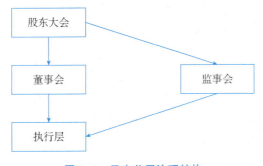

图8-3 日本公司治理结构

3. 法人持股或法人相互持股

法人持股，特别是法人相互持股是德日公司股权结构的基本特征，这一特征在日本公司更为突出。第二次世界大战后，股权所有主体多元化和股东数量迅速增长是日本企业股权结构分散化的重要表现。但在多元化的股权结构中，股权并没有向个人集中而是向法人集中，由此形成了日本企业股权法人化现象，构成了法人持股的一大特征。

由于德日在法律上对法人相互持股没有限制，因此德日公司法人之间相互持股非常普遍。法人相互持股有两种形态：一种是垂直持股，如丰田、住友公司，它们通过建立母子公司的关系，达到一切生产、技术、流通和服务等方面相互协作的目的；另一种是环状持股，如三菱公司、第一劝银财团等，其目的是相互之间建立起稳定的资产和经营关系。

总之，公司相互持股加强了关联企业之间的联系，使企业之间相互依存、相互渗透、相互制约，在一定程度上结成命运共同体。

8.2.3 德日公司内部控制主导型治理模式的优缺点

1. 德日公司治理模式的优点

一是股东持股比例高，有动力和能力直接介入公司的日常管理决策，防止经营者利用"内部人控制"作出损害股东利益的行为。持股稳定性较高，使股东的利益与公司的利益有着紧密的联系，促使股东关注公司的长远发展。

二是德日公司治理模式是一种主动性或积极性的模式，即公司股东主要通过一个可信赖的中介组织或股东行使股东权力的人或组织（通常是一家银行）来代替他们控制与监督公司经理的行为，从而达到参与公司控制与监督的目的。股东如果对公司经理不满意，不像英美国家公司那样只是"用脚投票"而是直接"用手发言"。

三是德日公司由于员工参与治理，既提高了内部监督能力，又维护了员工的切身利益。因此企业员工的凝聚力强，比较敬业，这表现在德日企业员工极少跳槽，以企业为家。

2. 德日公司治理模式的缺点

在 1990 年之前，德国和日本的公司治理结构模式一直受到赞扬。有学者甚至认为，德国和日本经济的快速发展都是由于其独特的公司治理结构和高效的公司治理效率。但是，从 1992 年开始，日本经济一直停滞不前，在 1997 年亚洲金融危机以后，日本公司的治理模式更成为亟待改进的代名词；1993 年，德国发生了历史上最严重的一次经济衰退，导致德日公司机构主导型的治理模式开始引起人们的反思。德日公司治理结构模式出现问题是必然的，因为它本身存在固有的缺陷，具体表现在以下几个方面。

一是强势的银行等利益相关者阻碍了公司治理机制的发展。在一个健全的控制权市场中，接管活动会有效地限制高管层的腐败行为，降低无效经营，改善公司的业绩。但在德国和日本的公司中，银行参与治理实际上是对公司控制权市场的代替，这抑制了其他治理机制的健全发展，例如对接管的阻碍、信息披露非常不透明等。银行稳定地持有公司的股份，接管机制几乎不能发挥作用。实际上，德国和日本公司发生接管的概率极小。

二是监督力量微弱。由于资本市场不发达，来自公司外部的监督力量十分微弱，外界很难从极少的信息披露中看出公司决策的制定过程。银行的监管动力也不足。纯粹的投资者只有通过昂贵的监管才能增加其股份的价值，股东持有的股份越高，越有动力这么做，银行的动机却那么不明显。实际上，银行由于有抵押或账目监督等手段，它对高管层的干预往往只是到了他们的决策威胁到公司生存时才显得紧要。这时，股东利益已经由于公司既往经营失误而发生损害。

三是法人交叉持股和主银行制度使得企业的产业创新能力下降。稳固的所有权结构使企业安于现状，其产业的创新能力下降，日本的经济危机就是很好的例子。日本经济迟迟不能复苏，部分原因就是日本企业的产业创新能力极低，没能完成从工业经济向知识经济转型。德国和日本的公司由于施行终身雇佣制及董事会的特殊选举办法，导致公司内部产生"论资排辈"的现象。另外，终身雇佣制及递延报酬抑制了公司员工的创新，不利于人力资源的合理配置。

8.2.4 德日公司治理模式的发展趋势

与英美公司治理模式一样，德日模式开始重视治理结构中"用脚投票"的监控作用。具体表现为以下几个方面。

一是强调个人股东的利益，加快证券市场的发展。1996年日本制定了以证券市场监管体制改革为核心的金融体系改革计划，放宽了对证券市场的限制，如废除养老基金、保险公司及投资信托业务等资产运用的限制，拓宽股票市场的资本供给渠道，允许公司给予董事和职工以预先确定的价格购买本公司股票。这些措施对活跃证券市场，特别是股票市场有着重要的作用。

二是降低公司负债率，弱化银行对公司的控制。20世纪80年代初，日本主要大公司的平均债务与股本比例为2.75∶1，如今，这个比例下降到1∶1，银行对企业的控制逐渐减弱。

8.3 家族控制主导型公司治理

家族控制主导型公司治理是指家族占有相对多数的公司股权，企业所有权与经营权不分离，家族在公司中起着主导作用的一种治理模式。与此相适应，资本流动性也相对较弱。这种治理以东亚的韩国，东南亚的新加坡、马来西亚、泰国、印度尼西亚、菲律宾等国家为代表。

8.3.1 家族控制主导型治理模式的背景与产生原因

儒家文化是部分东亚家族式公司治理模式形成的共同原因。儒家文化重视家庭亲缘关系，注重"和谐"，谋求"和为贵""家和万事兴""仁者爱人"等思想观念，对东亚华人有较强的影响，并在东亚华人中形成了稳固的家族观念。这种家族观念引入企业，便形成了企业的家族性，并在企业运营过程中形成了由家族成员共同治理企业的家族治理模式。形成这种治理模式有以下几方面的因素。

一是市场体制不发达，资本市场、经理人市场等都不是很发达。在这种环境中，家族便成为监控公司的有效选择,公司股权由家族控制。

二是文化思想、社会经济传统的影响,家族经济、家长作风、家庭信用、儒家思想等对公司治理结构都有一定作用。基于血缘关系的家族权力传承,也是家族企业成长的目标之一。

三是政府经济政策对家族式企业的鼓励和支持,家族公司与政府之间存在的千丝万缕的关系,为家族企业实现跨越式发展创造了条件。

8.3.2 家族公司治理模式的特点

1. 企业所有权或股权主要由家族成员控制

公司股权与控制权没有真正实现分离,公司与家族合一,公司的主要控制权掌握在家族成员(包括由血缘、亲缘、姻缘为纽带组成的家族体系)手中,所有权集中于家族成员是家族企业的普遍现象。这种现象在小公司比在大公司更加明显,即使是大公司,所有权的集中程度也超过了60%,如印度尼西亚和菲律宾全部资本市场的1/6可以最终追溯到一个家族的控制,即苏哈托家族(Suhators)和阿亚拉家族(Ayalas);在中国香港地区50%以上的上市公司由一个股东或家族持有公司的多数股份;在泰国通过控股公司,个人和家族股东拥有超过60%公司股份。

2. 企业主要经营管理权掌握在家族成员手中

在家族企业中,企业的决策被纳入家族内部序列,企业的重大决策,如创办新企业、开拓新业务、人事任免、决定企业的接班人等都由家族中的"家长"(同时是企业创办人)一人来确定,家族中其他成员的决策也须得到"家长"的首肯。即使"家长"已经退出企业经营的第一线,由家族第二代成员的重大决策也必须征询"家长"的意见或征得"家长"的同意。当家族企业的领导权传递给第二代或第三代后,前一代"家长"的决策权威也同时赋予第二代或第三代接班人。他们的决策,前一代的其他家族成员一般也必须服从或遵从。与前一代的家族"家长"相比,第二代或第三代家族"家长"的绝对决策权威已有所降低,这也是家族企业在第二代或第三代出现矛盾或冲突的根源所在。

3. 经营者激励约束双重化

在家族企业中,经营者受到来自家族利益和亲情的双重激励和约束。对于家族第一代创业者而言,他们的经营行为往往是为了光宗耀祖或使自己的家庭更好地生活,以及为自己的子孙后代留下一份产业。对于家族企业第二代经营者来说,发扬光大父辈留下的事业、保值增值家族成员的资产、维持家族成员的亲情,是对他们的经营行为进行激励和约束的主要机制。因此,与非家族企业经营者相比,家族企业的经营者的道德风险、利己的个人主义倾向发生的可能性较低,用规范的制度对经营者进行监督和约束已没必要。这种建立在家族利益和亲情基础上的激励约束机制,使家族企业经营者所承受的压力更大,并给家族企业的解体留下了隐患。

4. 企业员工管理家庭化

儒家的"和谐"和"仁者爱人"思想不仅用于家族成员的团结上,还被应用于对员工的管理上，以此在企业中创造和培育一种家庭式的氛围，使员工产生一种归属感和成就感。如韩国的家族企业都为员工提供各种福利设施，包括宿舍、食堂、通勤班车、医院、浴池、托儿所、员工进修等。对员工的这种家庭式管理，不仅增强了员工对企业的忠诚感，提高了企业经营管理者和员工之间的亲和力和凝聚力，而且减少和削弱了员工和企业间的摩擦和矛盾，保障了企业的顺利发展。

5. **来自银行的外部监督很弱**

在东南亚，许多家族企业都涉足银行业。但是，银行只是家族的系列企业之一，银行必须服从于家族的整体利益，为家族的其他系列企业服务。因此，来自银行的约束基本上是软约束。而没有涉足银行业的家族企业，一般都采取由下属的系列企业之间相互担保的形式向银行融资，这也削弱了银行对家族企业的监督力度。在韩国，银行是由政府控制的，银行只是一个发放贷款的工具，对企业的监督和约束力度很小。

8.3.3 家族公司治理模式的优缺点

1. **家族公司治理模式的优点**

（1）对企业成长和发展的作用。东亚家族企业大多是在资金数额较少的情况下建立起来的。经过几十年的发展，许多家族企业已经成为资产规模达几十亿甚至几百亿美元的世界性大企业。而且许多家族企业实现了从单一经营向多元化经营，从国内企业向国际企业的转变。家族企业的成长和发展虽然是许多因素共同促进的结果，但家族治理模式在其中起了主要作用。

（2）对国家经济发展的作用。建立在家族治理模式基础上的东亚各国家族企业，对各国经济发展起了重要的推动作用。例如韩国，20世纪70年代以来，家族大企业的销售额一直占全国销售额的70%左右，进出口额占工商企业进出口额的90%以上。

（3）降低企业内部整合成本。把持企业各重要岗位的家族成员，作为企业的经营者受到家族利益与亲情的双重激励与约束。家族成员的利益共享、风险共担机制使家族企业的生存发展与家族成员的利益紧密相连。在这样的利益要求驱动下，家族成员自然会减少机会主义行为，对企业有一种强烈的认同感和忠诚感。家族成员在企业家长的领导下具有极强的向心力，也有助于增强企业凝聚力。血缘、亲缘关系产生的信任要优于体制信任，家族成员间更容易相互配合，有利于强化企业内部沟通与协调，降低内部交易成本与监控成本，从而有效降低企业内部整合成本。

（4）决策与执行效率高。家族治理模式中的决策机制一般为高度集权的"家长制"，企业"家长"往往集所有权与经营权于一身且具有高度权威，能凭借经验和才智迅速决策，并使各项决策能够顺利、迅速地贯彻实施，从而及时把握商机。

2. **家族公司治理模式的缺点**

（1）任人唯亲的风险。家族治理模式所具有的企业凝聚力强、稳定程度高和决策迅速等优点是以参与管理的家族成员具有相应的管理才能为条件的，如果不具备这些条件，则家族企业的上述优势不仅发挥不出来，还会给企业带来经营上的失败，甚至导致企业破产倒闭。家族关系是家族企业的纽带，其作用往往超过正式组织制度，而且这种源于血缘、亲缘关系产生的信任要强于体制信任。因此，家族治理模式导致家族企业普遍存在任人唯亲问题，企业的重要岗位基本上由家族成员担任，外部人员很难进入管理层核心。创业初期，家族企业在用人制度上偏重于血缘、亲缘等，可以降低成本，有利于家族企业的发展，但是随着企业规模扩大，任人唯亲的用人方式受限于人才数量与专业能力，将会阻碍企业发展。企业引入家族关系，使原本建立在正式组织体制基础上简单明了的人际关系复杂化，家族关系会成为企业内的强势关系，压迫与屏蔽基于正式制度的关系，必然产生重人轻治的法治问题。这些都会影响家族企业管理水平的提升，阻碍科学管理体制的建立。

（2）家族企业社会化、公开化程度低。东亚家族企业（尤其是东南亚华人家族企业）由于受到政府的一些限制，其企业的社会化和公开化程度较低，企业运营只能通过高负债来维持。在东南亚，华人家族企业的负债一般都超过了企业的资产。而在韩国，家族企业的负债率更高，一般企业的负债率都达百分之几百，有的甚至超过百分之一千。当银行拒绝融资时，企业会马上陷入困境，甚至破产倒闭。

（3）决策机制独断，易造成高经营风险。家族企业由于所有权与经营权合一，作为领袖的"家长"权力集中，具有很高权威，往往实行"家长式"独裁管理，决策由"家长"说了算，缺乏科学、民主的决策机制，也缺乏足够的监督机制。这种机制固然决策效率高，但由于缺乏必要制衡，因此易造成高决策风险。家长个人独断专行的决策不可能保证永远正确，当出现重大决策失误时，会对企业的经营甚至生存造成严重负面影响。

（4）缺乏对家族外人力资本的激励机制，易导致人才危机。家族治理模式的对外封闭性，家族对外人的防范心态，加之信用缺失的环境，导致家族与外部职业经理人之间缺乏足够信任，家族外职业经理人难以参与企业核心管理，缺乏归属感，容易导致人才危机。

（5）接班人选择倾向于内部传承，处理不当会造成企业衰退。在家族企业的继承上，家族治理模式倾向于内部传承，以保障企业的所有权不会落入外人手中。但接班人的选择问题是家族治理模式的脆弱环节，经常因为处理不当导致家族企业衰退甚至分裂。这种方式往往是唯亲不唯贤，并不能保证所选择的家族继承人有足够的能力与威望承担起企业与家族领袖的职责，而且容易引发家族内财产继承和人际关系的争端，造成企业震荡。

8.3.4 家族公司治理模式的发展趋势

家族治理模式仍然会长期、大量地存在。从社会整体角度看，小企业永远是所有企业中数量最大的群体，中小企业的特征决定了大量中小民营企业会选择家族治理模式。

1. 构筑规范的现代公司治理模式是必然趋势

家族治理模式的相对封闭性以及不完善的决策制度，会对家族企业做大做强造成阻碍。随着家族企业经营规模的扩大，家族治理模式必然会向规范的现代公司治理模式过渡。制度创新是民营企业成功跨越转型期的关键因素，建立现代企业制度则是民营企业制度变迁的根本方向。

2. 真正发挥公司治理结构的作用，完善决策机制

家族治理模式应将虚化的公司治理结构实化，以形成规范、高效的现代公司治理结构，通过对企业股东大会、董事会、监事会、经营管理班子责权的科学划分建立起完善的决策、监督、执行体系，构筑起企业内部相互制衡机制与科学决策机制，并使之有效运作，从而降低企业重大决策失误的可能性。

3. 产权结构逐步实施社会化和公开化

随着市场环境逐步完善以及民营企业不断扩张，家族治理模式要突破自身界限，产权结构逐步实现多元化，以提高社会化和公开化程度，增加透明度与社会信任度，实现与社会资本的融合，构筑相互监督又相互支持的风险共担的多元投资主体，这既是家族企业获得所需资金与资源的重要方式，又是家族企业能够持续稳定发展的保证。同时，产权结构的多元化又会进一步促进所有权与经营权分离。

4. 强化企业制度建设，形成科学管理机制

企业竞争力很大程度上取决于资源有效利用水平，资源有效利用水平又是管理水平的体现，管理的关键在于科学与有效。家族企业要持续发展，必须突破管理水平的瓶颈。因此必须重视制度的力量，强化企业制度建设，实现从人治到法治的转变，淡化任人唯亲的负面影响，利用组织机制的力量克服管理中的不足，实现企业规范化管理。

5. 强化对家族外人力资本的激励机制

家族企业要打破家族观念，树立企业社会化理念，应以人为本、不避亲疏、任人唯贤，强化对家族外人力资本的激励机制，从更大范围按照企业发展要求选择最合适的人选担任企业重要管理职位，营造尊重、和谐、愉快、进取的企业氛围，增强员工归属感，激发员工的工作热情和创造力。对有重要贡献的经营管理人员、技术骨干等人力资本的代表，企业甚至可以对其实行股权激励，以股份的形式使关键员工与企业成为真正的命运共同体。

8.4 公司治理模式的比较与趋同化

8.4.1 各国公司治理模式的比较

总的来说，由于经济、文化、社会等方面的差异以及历史传统和发展水平的不同，世界上很难存在唯一的最佳公司治理模式。随着经济全球化和三种模式的互动，这三种模式不断融合，互相吸取对方的优点，以进一步提高公司治理的有效性。虽然这三种治理模式的形式不同，但是从根本上说，在降低代理成本、保持相关利益主体的利益均衡、促进企业尽可能提高运行效率和达到最优公司绩效等方面依然存在共性，具备一些共同的要素和原则。具体如表 8-1 所示。

表 8-1　不同国家公司治理模式比较

项目	英美模式	德日模式	东亚家族模式
股权结构	相对分散，以机构投资者持股为主	相对集中，法人之间相互持股	相对集中，家族成员持股为主
董事会结构	一元制，单层董事会制度	二元制，双层董事会制度	董事会虚化
激励机制	股票期权激励机制	精神激励	家族利益和亲情双重激励
股东对公司的评价	以企业利润为主	公司的长期、稳定发展	公司的稳定性
公司治理市场	较为活跃，发生接管的频率很高	比较沉闷，很少出现管理层人事更迭、敌意接管现象	稳定，自动瓦解或主动接管

8.4.2　公司治理模式的趋同化

各种公司治理模式都有其产生的特殊历史背景及文化、法律和市场环境，因此都有存在的合理性。但是自20世纪80年代以来，种种迹象表明不同的公司治理模式正在取长补短，显示出趋同化倾向。

1. OECD（经济合作与发展组织）准则正逐渐成为公司治理的国际标准

为了顺应全球化公司治理运动，1999年5月，OECD的成员国通过了《OECD公司治理原则》，这是公司治理领域第一个由多国统一协商的工具，其最重要的目的是建立一个全球的治理系统，借此反映公司治理功能上的趋同。

《OECD公司治理原则》出台之后，逐渐为各国所接受，成为公司治理的国际标准，同时也是各国、各地区公司治理原则的范本。一些国际组织也相继运用《OECD公司治理原则》衡量公司治理绩效。

进入21世纪，公司治理领域出现了一些新情况、新发展，尤为突出的是接连出现了一些骇人听闻的大公司丑闻事件，如美国安然与世界通信造假案件、日本雪印食品舞弊案件等，从而再一次引发了人们对公司治理问题的反思。在这种情况下，2002年OECD部长级会议一致同意对OECD国家的最新发展进行重新考察，以便根据最新的公司治理发展状况对《OECD公司治理原则》进行审查。这项任务由OECD公司治理筹划小组承担，该小组的成员包括所有的OECD成员国，还包括世界银行、国际清算银行、国际货币基金组织等观察员，为了更好地对该准则进行评估，筹划小组还邀请了金融稳定论坛、巴塞尔委员会，以及国际证监会组织（IOSCO）等特邀观察员。2004年4月OECD结合公司治理领域的最新发展情况，立足于宣扬公司治理的理念，于2015年修订了《OECD公司治理原则》。

2. 机构投资者作用加强，相对控股模式出现

不论是以英美为代表的外部控制主导型模式，还是以德日为代表的内部控制主导型模式，都存在一个相同的负面后果，即因缺乏监督而产生经营者控制。基于经营者控制的严峻现实，两种治理模式开始向中间靠拢，即从高度分散和高度集中向中间靠拢，谋求一种相对控股模式。这种模式被认为是最有利于在公司经营不利的情况下更换经理人员的一种股权结构。

3. 财务报告准则趋同

随着跨公司、跨国界投资组合，资本市场的一体化发展，以及投资者对标准化财务报表的呼吁，国际财务报告准则和美国通用会计准则逐渐为世界各国所接受，而且美国通用会计准则也已开始向国际财务报告准则过渡。

4. 利益相关者日益受到重视

公司治理的利益相关者理论认为，公司存在的目的不是单一地为股东提供回报，公司应当承担社会责任，应以社会财富的最大化为目标。这种观点在20世纪60年代至80年代初，普遍被消费者主权的倡导者、环境保护主义者和社会活动家等接受，并于20世纪80年代为部分公司经理人员用来支持其反接管政策。利益相关者理论的支持者认为，公司治理改革的要点在于：不应把更多的权利和控制权交给股东；相反，公司管理层应从股东的压力中分离出来，将更多的权利交给其他的利益相关者，如职工、债权人，或者供应商、消费者及公司运行所在的社区，让关键的利益相关者进入公司董事会。

虽然目前投资界对投资的社会责任还没有达到普遍关注的程度，但在最近几年，OECD国家对投资的社会责任越来越重视是一个趋势。消费者与公司员工已经开始认识到，公司不仅应该遵守法律，也应该有助于提高整个社会的福利。世界上一些著名的基金组织、评估机构和投资管理公司，都已经或正在将投资的社会责任纳入自己的决策中。

以职工利益保护为例：美国强调使用立法的方式来保护包括职工在内的利益相关者的利益；而德国则是以职工直接参与公司治理的方式来保护职工自己的利益，职工与公司兴衰具有特殊的利害关系。股东可以通过分散持股来降低风险，而职工只能为一家公司所雇用，不能通过同时受雇于几个公司来降低其失业的风险。但是，不论什么理由，保护包括职工在内的公司利益相关者的利益已形成共识，而且都在为此做出努力。

5. 法律的趋同

各国与公司治理相关的立法在近几年里也出现了明显的趋同。例如，德国立法已经将决策过程的控制权倾向于股东，提高账目的透明度，尤其是合并账目；在法国，1997年Marini（玛连尼）公司法改革报告认可了法国公司法契约的必要性，赋予企业更多的制定财务结构的自由；在意大利，1997年马里奥·德拉吉法大大地增加了股东的权利。在日本，1996年出台了彻底改革现行金融体系的计划，实行股票交易手续费完全自由化，取消了有价证券的交易税，废除了对养老基金、保险公司及投资信托业务等资产运用的限制。

法律的趋同不是法律折中主义，而是不断增长的大公司选择制度环境趋势的结果，或者说，是大公司对开发和利用流动的、便宜的资本来源的需要。例如，大公司要在美国纽约证券交易所发行股票，就必须接受美国的有价证券规则和会计标准。无疑，这对于这些大公司所在国的规则和制度的形成具有重要影响。

总之，从美国的情况看，在过去的30多年中其资本市场结构发生了根本性的变化，各种机构投资者（如各种退休基金、互助基金、保险基金等）持有资产占企业总资产的比例由1970年的12.4%上升到2008年的51%，这使得股东不能再以传统的"用脚投票"

的方式来保护其资本的价值，因为他们所持有的大量股份不可能在不引起股价大跌的情况下抛出。

应该说世界上不存在唯一最佳的公司治理结构模式，企业应根据自己特定的经济、社会、文化背景和历史传统来建立和完善适合于我国国情的公司治理结构。但是鉴于世界经济一体化的趋势和我国已加入WTO、步入世界经济的大舞台，对全球公司治理结构的某些共同特征应有所把握，对成功的经验和案例应大胆借鉴并进行尝试。建立有效的公司治理结构将是一个长期的过程，从长远来看，它将推动我国的市场经济体制改革向更高的层次发展。

总之，世界各种公司治理模式正在相互靠近，相互补充。英美公司收敛股票的过度流动性，寻求股票的稳定性，以利于公司的长远发展；德日公司则收敛股票的过度安定性，借助股票市场的流动性，来激活公司的活力。不过，由于不同模式形成的背景的长期影响，在相当长的时期内各种治理模式还会保留各自的特点，完全趋同是不可能的。

8.5　传统公司治理模式面临的新挑战

自20世纪80年代中期以来，尽管许多变化已经改变了公司治理的面貌，在某种程度上成功地限制了管理层的行动自由，公司治理效率有所改进，但在当前及未来的公司治理实践中，仍有许多问题值得探讨和有待解决，公司治理仍面临着诸多挑战。

1. 管理阶层与所有者之间的利益冲突

1932年，在安道夫·贝利（Adolph Berle）和格迪纳·米恩斯（Gardiner Means）就"公司所有者（委托人）与管理人员（代理人）相互分离"这一问题特别指出了所有权与控制权相互分离可能造成的结果，并为后来众所周知的代理理论奠定了基础。后来，马克（Mork）、史雷夫（Shleifer）和威施尼（Vishny）解释说："在管理者持有特别少的股权和股东因太分散而无法坚持价值最大化目标时，管理者利用资产的目的很可能是使自身受益，而不是使股东受益。"因此，在所有者与管理阶层构造出一种制衡机制以求得二者利益的统一是公司治理面临的一个核心问题。

2. 如何从利益相关者角度对公司进行有效的治理

当今的公司正经历着一场巨大的变革，诸如组织图、报酬体制、等级制度、垂直式组织和"命令—控制"管理技术等旧的管理方式和管理思想正面临着严峻的挑战，并被逐步取代；社会环境正发生着令人迷惑的复杂、快速的激变；强大起来的顾客正变得越来越苛刻，越来越无情；通信技术上的数字革命正推动着全球经济的迅速成长。在这样的环境下，公司为在争夺有钱与有限的顾客的竞争中获胜而投入了巨额资本，同时也是最重要的，顾客和投资者在购买产品和进行投资上拥有前所未有的广阔天地。公司的权力正在由内部向外部转移，正在由管理阶层向自由市场转移。这样，从"广义的利益相关者"的角度来研究公司治理问题和尝试有关的治理实践意义重大。

3. 知识股民是利益相关的重要组成部分

在知识经济时代，一方面，随着员工持股计划的实施和员工参与决策的需要，公司员工在企业中的地位不断上升；另一方面，随着知识要素在公司经营中的地位日益上升，并成为决定公司经营成败的关键因素，掌握着知识资源的知识工作者在公司中的地位则日益变得举足轻重。

4. 公司治理边界将出现扩大化和模糊化的倾向

目前，虽然有关公司治理边界的论述并不多见，但如前所述，它是公司治理中的一个非常关键的概念，合理地识别出治理边界是有效地进行公司治理的前提。

在公司治理方面存在广为流传、影响颇深的三大说法，它们恰恰是影响公司治理得到改善和提高的"绊脚石"。

(1) 首席执行官（CEO）或实际控制人无所不能。许多首席执行官认为他们正在服务的公司就是"自己的"，他们大权在握，可以随心所欲。实际上并非如此，内部董事和首席执行官不是自由代理人，他们直接对董事会负责，并最终通过董事会对股东负责。他们完全有责任在提出建议和采取行动的时候谨慎行事，把委托给他们的公司保管好。另外，许多董事和高管不愿对首席执行官滥用职权的行为提出质疑，他们担心这会危及自己的职业生涯。其结果就是能力不足的首席执行官能够继续风光，作威作福。

按照大多数国家的正常法律程序，如果首席执行官本人不是大股东，公司所有者首先任命董事会，然后董事会任命董事长。董事会还要任命内部董事（按照法律规定，内部董事也是董事会成员）或首席执行官（按照法律规定，首席执行官并不是董事会成员）。目前，由于所有者和董事不了解相关知识，实际上各公司对这套简单的任命程序违反得多，遵照执行得少。

(2) 董事主要对股东负责。具有成熟的商业法体系的国家（包括美国、英国等）大部分都规定：从董事被任命的那一刻起，他的主要职责就从向股东负责转为向公司负责——公司拥有独立的法律人格。

尽管"董事会"这一概念起源于17世纪的英国东印度公司（East India Company），但直到19世纪这个概念才真正盛行起来。董事会制度的主要目的是对所有者和管理层双方的"越界"行为进行一定的制约，在双方之间充当缓冲器的作用，董事会一方面审查管理层的战略，另一方面监控高管层对公司资源的使用情况。然而目前，大多数董事（无论是非上市公司还是上市公司）的任命方式都存在很大问题，他们实际上是所有者、贷款人、员工、工会和压力集团的"代表"。这经常使他们的行为与公司责任以及个人责任发生直接冲突，尽管有时这种冲突并非有意而为。但只要董事能够行使其职责，保障公司的安全和长期繁荣，那么股东的利益也就得到了保障。董事以及董事会必须行使好自己的职责，审慎行事，把公司管理好，确保公司的未来发展，不要为了满足股东的短期要求而损害公司的长远发展。

(3) 董事存在执行董事与非执行董事之分。董事存在执行董事和非执行董事之分，这种观点是不正确的。这里的一个关键性前提假设是董事平等地组成董事会，他们的职责就是在对公司进行审慎控制的同时推动公司向前发展。

这种董事会成员职责平等的法律观点实际上意味着：与高管层不同，所有的董事实质上都是兼职性质。然而他们对公司的发展又至关重要，所以要重视他们，付给他们报酬，并让他们平等地发挥作用。这样，就必须付给他们同样的董事费用，也就是说，所谓的执行董事也要在高管薪酬之外再获得一份单独的董事费用。这有助于使他们明白：董事是另外一份工作，它和公司管理是完全不同的两码事，所以必须分开付薪。因此，如果他们希望成为合格的董事，他们就必须合理地分配时间，接受指导、培训和评估。反过来，具备董事才能有助于他们减少自己的相关风险，从而更好地保护自身、家庭以及公司的财产。

8.6 我国公司治理研究的展望

40多年来，伴随着改革开放的进程和公司实践的发展，公司治理理论研究也得到不断拓展。但是，当前仍有许多理论问题有待进一步研究，主要表现在以下几个方面。

1. 挖掘各类组织治理的特征

挖掘各类组织治理的一般性与特殊性，在此基础上厘清公司治理转型的动因、路径与经济后果。

从我国公司治理研究的发展趋势来看，公司治理的主体从一般公司逐步拓展到各类营利组织。近年来，除了对上市公司治理问题展开研究以外，越来越多的学者尝试对非上市公司、中央控股企业、地方国有控股公司、中小企业、集团控股公司、跨国公司、各类金融机构进行研究，治理主体更加多元，治理思维不断普及。以保险公司为例，保险公司治理问题并不是简单地将一般公司治理理论复制，即"公司治理+保险公司"，而是指保险业这一特殊行业中公司的治理，即"保险公司+治理"（郝臣，2017—2018年）。因此，当前及今后一段时期仍然需要以公司治理理念为统领，以公司治理为基础，进一步分析和挖掘每一类组织的治理目标、结构与机制等方面的特殊性，构建起适应当前组织演化规律的多元治理模式，以丰富一般公司治理理论，激发和保持各类治理主体发展活力。

在中国经济转型的大背景下，公司治理表现出鲜明的"由行政型治理逐渐向经济型治理转型"的特点。中国公司治理改革的总逻辑是由政府计划管控下的行政型治理向以市场机制为主的经济型治理转型。但这种渐进式改革带来的现实是：现阶段中国公司治理同时存在着与政府治理相配套的行政型治理和与市场治理相配套的经济型治理两种不同的治理模式。这种并存的模式也被称为"行政经济型治理"模式。研究中国行政经济型治理模式，应关注行政型治理与经济型治理两套治理逻辑的交互作用下公司的治理行为，进而突破当前的治理"胶着期"，实现向经济型治理的转型。

2. 完善公司治理评价的理论与方法

科学评价上市公司治理质量的需要也推动着公司治理评价研究的深入发展。公司治理质量是公司高质量发展的重要方面。公司治理评价是以指数的形式对公司治理质量的客观反映。公司治理评价既是治理理论研究的前沿问题，也是治理实务界关注的焦点。治理评价不仅为建立健全公司治理结构、优化公司治理机制提供科学参考，同时也为公司治理理论的科学性提供了检验标准。从进一步加强公司治理评价研究角度看，还需要优化评价标准、改善评价模式、改进评价方法和应用。在治理评价理论层面，探讨治理升级背景下评价指标的设计与评价标准的优化，探讨区域和宏观层面治理评价系统的研发；在治理评价模式层面，不仅需要跨组织、跨区域的一般评价，也需要分组织类型、分区域的专门评价；在治理评价评价方法层面，不仅需要问卷调查、大样本数据库研究，也需要借鉴大数据、田野调查、治理实验等多元方法，全方位提高评价数据的丰富性、时效性和代表性；在治理评价应用层面，基于治理评价结果开展公司治理风险的预警与监管研究，开发基于治理评价指数的各类股价指数等。

3. 研究网络治理的机制优化与风险防范

互联网技术的进步，带动了互联网经济发展，催生了平台经济、共享经济等新型业态的产生，也使得传统组织模式发生变革。传统直线式、职能式组织结构逐渐扁平化，形成网络型的组织。网络组织具有虚拟性、边界模糊性、动态性等特征，传统治理模式难以有效应对，就易诱发网络治理风险。特别是在互联网金融领域，金融风险的本质是金融机构的治理风险。一旦产生治理风险，就易导致系统性风险。为了增强经济抗风险能力，保证公司科学决策，对网络型组织的治理结构、治理机制和治理风险研究需要加强。

4. 探析绿色治理的本质与规律

人类与环境的关系是当前全球面临的最为重要的议题之一，事关人类存续与世界各国社会经济发展的方向和模式。作为特殊的公共产品，生态环境和自然资源决定了以生态文明建设为导向的绿色治理本质上是一种由治理主体参与、治理手段实施和治理机制协同的"公共事务性活动"，需要形成一种超越国别的绿色治理全球观。当前，许多机构对绿色治理的认识仍然停留在 ESG（环境、社会、公司治理）层次，各国的绿色行动局限于单一主体自发的绿色管理、绿色行政等层面，企业和政府各自为战。因此，需要加强绿色治理理论、绿色治理准则研究，以更好地指导绿色治理实务，推动绿色发展。

本章小结

公司治理是一种机制或者制度安排，通过这种制度安排使所有者和经营者的责权利得到均衡，其核心是在法律法规和管理的框架下构建一套科学合理的公司权力安排、责任分工和约束机制，保证以股东为主体的利益相关者的利益。公司治理模式的比较研究源于人们对经典公司治理模式的质疑，在 20 世纪 80 年代日本经济没有出现问题时，德日公司治理模式广受推崇，随着日本经济的衰退，人们改变了看法；在 20 世纪 90 年代，英美公司治理模式受到高度肯定，但 2001 年以来，不断涌现出的安然公司、世通公司和施乐公司等假账丑闻，使人们对英美公司治理模式产生怀疑，所以对是否存在最优的公司治理模式的比较研究方兴未艾。本章在对三种典型公司治理模式进行比较的基础上，对一般性的公司治理模式设计进行了基本分析，通过对公司治理模式的分析得出具有中国特色的公司治理模式才是适合我国国国情的公司治理模式。

复习思考题

1. 英美公司治理模式的治理特征是什么？有哪些优缺点？
2. 德日公司治理模式的治理特征是什么？有哪些优缺点？
3. 家族模式的基本特征是什么？有哪些优缺点？
4. 国外三种治理模式之间的相同点与不同点有哪些？
5. 我国公司治理模式的发展方向是怎样的？

案例讨论1

Y企业崩塌记

2016年春节刚过，Y体育CEO雷某某就坐在谈判桌前。他已经失败了一百多次。在此次B轮资金筹措中，雷某某遇到了意料之外的困难，20亿元的融资计划被主流投资机构悉数拒绝，启动数月，几无进展。此时距A+轮融资已过去半年，Y体育资金链高度紧张，一旦B轮失败，原先在A/A+轮向投资人讲述的故事将无以为继。

雷某某无奈，又去敲响了贾某办公室的大门。然而，贾某很快将他劝了出去，告诉他不必太担心。

很快，建银国际的投资信，出现在了雷某某案头。依靠这份及时雨般的文件，雷某某迅速拿下了海航、中泰证券等数家机构，融资金额也水涨船高，一路飙升至80亿元——这是原先金额的四倍。

这次，Y企业体育真的火了。"当时追逐他们的机构很多，雷总告诉我们要细谈就得先把钱打过来。"一家参与过询价的机构负责人告诉腾讯科技。一家成立不足两年的机构接触没几次，就急忙在一月内将10亿元资金打进Y企业体育账户。

那是Y企业体育最风光的时刻。2016年4月12日，Y企业体育完成B轮融资，由海航领投、中泽文化、体奥动力等20多家机构及孙某雷、刘某、陈某等10余位个人投资者跟投，共融得资金80亿元，公司估值达到215亿元。

然而，"雪中送炭"的建银国际，却从这份投资者名单中悄然消失。

诡异的事情才刚刚开始。B轮的疯狂追逐令多家机构在签约时有所懈怠，本应在4月更新的工商系统股东名单，被Y企业体育拖延到当年11月24日。这时，众多几乎未曾行使股东权益的股东们发现，Y企业体育公司账上的融资早已不翼而飞。

消失的数十亿资金，只是拉开了"危机"大局的帷幕一角。2016年11月6日贾某的一封公开信，让Y公司资金危机见之于世，一时间，Y企业体育、Y手机、易到、Y网等一系列Y系公司悉数被卷入漩涡。

波及的利益方名单也在不断增加。从最开始手持150亿元救盘的融创中国，到之后的韬蕴资本、鑫根资本等，众多利益方主动或被动地加入了这场"拯救Y大戏"。

2017年7月21日，孙某成为上市公司Y网的董事长，意味着这家公司未来还有企稳的机会，贾某主攻的Y汽车也有可能真的成功。但是，贾某最为津津乐道的Y生态已经失败。

从声势浩大、高歌猛进、资本追捧，到危机四伏、业务瓦解，贾某一手打造的Y生态体系，在短短三年时间里便从高峰走到落幕。

Y生态的失败和瓦解，从表面来看是贾某扩张过快、资金链断裂危机所导致，深层次原因，则是其精心设计的一套商业模式难以维系，被迫撤退引发的连锁反应。

贾某手中依然握有筹码，过去一年，他已做好全身而退的准备，而面对未来可能会输掉一切的风险，贾某是彻底放手还是孤注一掷拯救Y？再次延期回国的他，正面临其人生最艰难的一次抉择。

1. Y影业融资历程

这是一个教科书般的经典案例。回顾这一融资历程，最关键的节点在于2013年8月的Y影业首轮融资，风投以27倍市盈率进入，将Y影业的每股价值提到了27元。此后，经由这笔高价拉升，Y影业向名人群体的低价出售，也有了足够诱惑；谈定名人背书，后续机构的追逐也顺理成章。

而整个融资案的"关键先生"，2013年8月进行注资的那家风投，正是曾参与Y网上市等后续多个资本运作的"亲密战友"红土创投。这与"建银国际"在Y体育整个融资案的作用相似：巧合地出现在关键时刻，进而引发资本哄抢，做高估值。

当然，充足的资金支持，也客观推动了Y在业务层面的快速扩张和布局，Y影业、超级电视、Y体育等在产品和业务层面都曾有不错的发展。"先上市，后做业务"，Y网多年前曾获得类似评价，Y体育等业务的发展轨迹与上市公司如出一辙。

如果接下来一切按照贾某设想的发展，所谓的Y生态帝国似乎已指日可待。

但一个突然出现的监管层变化使得Y生态模式最重要的第三环被阻断。贾某逐渐意识到，自己精心设计的这套商业模式正变得难以维系。

这个变化是，证监会前高官李某、张某军、姚某等人相继被查，2016年开始证监会对于Y网等上市公司的资本运作的监管也变得格外严厉。具体表现是，Y影业注入Y网上市公司的并购案失败，此后一再搁浅。

2015年12月5日，Y网宣布停牌，称拟通过发行股份并募集配套资金购买Y影业的控股权；半年后的2016年6月2日，Y网复牌，称拟收购Y影业100%股权，作价98亿元，同时拟向不超过五名特定对象定增配套募资不超过50亿元。

不过，Y影业并购案5月12日便曾遭遇深交所问询，Y网虽然6月2日回复了问询，但在此后的5个月时间里一直未进入股东大会投票阶段，这被认为是Y网预期交易方案很难通过证监会审核，需要进一步调整。

在距离预案出炉半年后的2016年11月7日晚，Y网最终对外宣布Y影业注入失败。该并购案一路跳票。

而Y影业的命运，与此前Y网在证监会获得的"特殊"待遇有着天壤之别。

时间回到2013年10月，Y网收购花儿影视的增发案一度引发巨大争议，被质疑其配套募集资金的数额是否触及政策红线，即不超过交易总额的25%。

根据当时的Y网公告，Y网以现金和发行股份相结合的方式购买花儿影视100%的股权，以发行股份的方式购买Y新媒体99.5%的股权，募集配套资金不超过本次交易总金额15.98亿元的25%。

但这笔操作却经不起推敲。事实上，这家帮助Y网提升可募集资金上限的"Y新媒体"，是2013年9月刚成立的空壳公司，与Y网因花儿影视注入进行的停牌几乎同时。因为没实体业务，成立时间又如此蹊跷，有分析称Y新媒体成立的目的就是被Y网收购，从而提升Y网的配套募集资金上限。

这一操作对于专业人士并不难看出，更何况是证监会。然而，2013年12月，正是这个问题议案，获得了证监会并购重组委通过。2014年3月，Y网正式完成花儿影视的注入。

2. 转折点很快到来

2014年12月1日，当时很少人留意到证监会官网公布了原投资者保护局局长李某被查的消息，而根据2016年11月央视新闻的报道，此次李某被查是因为2000年至2013年收受包括Y网在内的九家公司共计折合人民币693万元，为上述公司的上市和并购等资本操作提供帮助。

Y影业的并购案失败并非个例，该时期，国内资本市场影视业并购的大环境也发生了巨变。收购相关影视公司的交易预案都纷纷失败，高估值、明星炒作等现象被证监会频频挑战。

资产注入、定增等这一系列围绕Y网的资本操作连续受阻，使得贾某的"三步走战略"中的第三步无法成型，并导致Y生态体系隐藏的一系列风险和危机被放大。

在北京大学光华管理学院金融系唐教授看来，单纯从贾某设计的Y生态模式本身来看，颇为聪明，只要"三步走"战略能不断顺利进行下去，Y体系完全可以兼顾业务增长与市值攀升。然后，贾某再通过减持、质押、增发等手段，可借助Y网这一重要的融资杠杆，获取更多资金。

子业务即便亏损也不是什么大问题，对于会计出身的贾某而言，依托Y控股，通过各种财务手段在并不违法的前提下把上市公司业务做到盈利并非难事。唐教授告诉腾讯科技。

Y的真正挑战在于触碰了证监会的监管红线。而当其模式最后一环受阻，便迅速导致一系列危机的连锁反应。

首先，Y生态的负债危机被迅速放大。众所周知，Y缺乏稳定的利润现金流来源，在电视、手机、体育、汽车等领域的大投入都面临较大亏损，而如果无法兑现上市承诺、建立资本退出通道，也难以再获得持续的外部融资支持。最后，贾某将面临持续扩大的亏损和资金缺口。

其次，Y网的股价和估值遭遇严重冲击。从2014年到2016年，国内A股市场正好经历了从狂热到低谷的转折，尤其在Y网从2015年12月7日停牌后近6个月的时间里，上证综指跌幅达到18.02%，同期创业板跌幅也达到18.58%。Y网2016年6月3日复牌时，股价最高点为60.98元，截至11月8日收盘时，股价报38.99元，跌幅超过34%。

市场风云突变，Y影业注入失败，导致Y网在资本市场原有的高成长预期破灭，股价不断下跌，并放大了贾某股权高质押的风险，打乱了Y网定增的计划。而一度有望为亏损创业公司提供融资通道的战略新兴板搁浅，也阻断了Y生态业务寻求上市的另一种可能。

同时，伴随业务扩张，Y在营销、广告、薪酬、运营等各领域成本的激增，也加重了贾某面临的资金危机。

3. 撤退征兆：贾某资金大挪移

作为Y企业掌舵者，贾某在Y影业的漫长注入过程中显然早已预见危机。

此次Y危机大爆发背后，其实是贾某的战略性撤退，唐教授向腾讯科技分析。

种种迹象显示，2016年6月开始，贾某已经开始为自己谋划退路。贾某最直接的动作是回笼Y体育、Y手机等子业务资金。

2016年，当B轮融资的资金陆续到账，Y体育的声势依旧在最高点，内部也士气高涨，账上真有多少钱，似乎并没有太多人关心。直到雷某某要求财务向Y控股申请工资发放，一些Y体育高层才发现，公司已经没钱了。

在2017年1月的一次投资者会议中，融创中国CEO孙总确认，"80亿中有30亿被用到了其他地方，要是还回去，Y体育就不缺钱了"。

但曾在Y体育任职的某位高管汪鑫（化名）向腾讯科技声称，这笔资金挪用远不止30亿，否则，也不至于连基本工资都无法支付。

如果不是大额挪用，很难解释如此短的时间内，Y体育迅速从行业公认的"土豪"，变成负债累累。财务总监袁某也向腾讯科技确认，从2016年9月底开始，以往花钱最大方的版权、市场部门都开始大幅缩减开支。

几乎与此同时，Y手机的资金骤然亏空。腾讯科技从供应链渠道独家获悉，仅硬件材料等相关渠道，Y手机业务的总欠款当时保守估计达到50亿元左右，涉及整机ODM厂商及指纹、摄像头等多个元器件的模组厂商。此前据《财经》报道，Y手机整体资金缺口在60亿~80亿元。

这笔欠款在腾讯科技接触的手机行业人士眼中，同样不可理解。"手机本是一个模式成熟的现金流生意，只要能把手机卖出去收回钱，就能运转下去"。

不仅如此，Y手机本身也完成了5.3亿美元（约合35亿元人民币）的首轮融资，这意味着，如果没有动用卖出硬件回流的销售款，仅凭Y手机自身的亏损规模，绝不可能欠50亿元以上。

早在2015年5月，Y网称贾某拟计划在未来6个月内减持不超过公司股份总数的8%，减持目的是缓解公司资金压力；6月，贾某减持套现约25亿元；当年10月，贾某再向鑫根基金转让Y网1亿股，协议转让金额32亿元。

这两笔共计57亿的资金，贾某承诺全部借给Y网作为营运资金，免收利息；归还资金后在6个月内全部用于增持Y网，减持与增持金额的差额将无偿赠予上市公司。而在2015年6月，贾某也确实借出了第一笔款项，协议称金额不少于25亿元。

然而，根据Y网2016年年报，截至2016年12月31日，贾某及其姐姐贾某芳不仅没有签订与Y网第二期借款协议，反倒在第四季度Y最为艰难的时刻，收回了约30亿元借款。

此时，贾氏姐弟在 Y 网的借款总额，已经从 2015 年年底时的近 35 亿元，大幅缩减到 2016 年年底的不到 4.5 亿元。而原先承诺的半年内增持，至今仍无声音。

如若再加上 2017 年 1 月 13 日融创中国 150 亿入股 Y 时落入贾某个人账户的资金，这个数字将更为庞大。据了解，当时融创共计支出 150.41 亿元，其中，转让自贾某个人的股份为 1.71 亿股，按照彼时 Y 网停牌前 35.8 元的股价，这部分股份价值约 61 亿元。这意味着，仅从 2016 年四季度之后，贾氏家族从 Y 网就至少撤出 100 亿元左右的真金白银。

（资料来源：黑马网，儒超、郭晓峰、卜祥、康晓，2017-04-24）

讨论：从本案例中贾某作为我国上市公司 Y 网实际控制人与 CEO，负有什么样的治理责任？反思我国上市公司的外部治理模式是否缺乏及时性？

 案例讨论 2

碧桂园集团家族传承的成功之处

随着经济、科技的高速迅猛发展，诞生了众多超级富豪，而在福布斯中国富豪榜上，有上百位上榜富豪以家族名字出现。福布斯对家族企业的定义是企业所有权或控制权归家族所有，并且至少有两名以上家族成员在实际参与经营管理的企业。

我国的家族企业大多比较年轻，现正处于第一代向第二代交接的过程，越来越多家族企业的管理层出现二代企业家的身影，家族企业开始进入传承高峰期。那么中国家族企业的传承有哪些特点呢？这里选择以房地产行业的碧桂园集团为例，探讨分析家族企业传承。

碧桂园集团由杨国强创建于 1992 年，是中国最大的城镇化住宅开发商，改革开放以来，持续发展壮大，旗下业务包括物业发展、建安、装修、物业投资、酒店开发和管理等。

2000 年，华南碧桂园开盘，奠定了华南板块"中国楼市看广东，广东楼市看华南"这一业界地位。

2005 年，杨国强的女儿杨惠妍接管其名下的全部权益，杨国强退任集团的执行董事。

2007 年，碧桂园集团在香港联交所主板上市，杨国强仅作为名义上的董事局主席，个人没有持有公司股份，而是交给第二女儿杨惠妍持有。但杨国强也表明，女儿只是代表杨氏家族持有碧桂园大部分股份，他自己未来仍会参与公司的管理，暂时没有退休的打算。

2010 年，集团邀请中建五局原总经理莫斌出任执行董事兼总裁，碧桂园家族成员与职业经理人各司其职。

杨惠妍自 2007 年从父亲杨国强手中接过大部分股权后，连续 13 年蝉联福布斯富豪榜。如今，碧桂园家族已经在传承中走向成熟，其传承模式值得其他家族企业借鉴。碧桂园集团传承如此成功，有什么特别的地方呢？

碧桂园集团家族传承最大的特点是在公司管理上家族化与职业化齐驱。

第一步：将碧桂园上市，稀释家族成员股权。

第二步：引入职业经理人，与家族成员各司其职，共同参与企业决策。

当企业发展壮大，家族的人可能会缺乏与企业发展相应的知识视野和思维高度，这时候职业经理人的存在就显得非常重要。而家族成员和职业经理人混合管理也能够避免因为家族成员颐指气使导致的管理混乱。

同时,家族二代管理者在接手前需要有充分锻炼的机会,以确保其能顺利适应继任者的角色。就如2007年杨国强将集团上市,让杨惠妍担任主席一职。

在公司股份结构上,碧桂园以上市及股份制配合,作为引入职业经理人模式运行前的奠基,为预防模式间的冲突做风险管理。最大的目的是利用企业外部资源,辅助"女承父业"的成功,并减少过程中的风险。

(资料来源:睿驰明雅智库,2020-11-12)

讨论:

1. 碧桂园家族制治理模式是否成功?我们从中吸取哪些经验?
2. 碧桂园家族治理模式是否能在我国其他家族公司中推广应用?并说明理由。

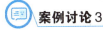

案例讨论3

两年20余人,X企业高管离职成常态,缘于家族企业的羁绊?

2018年2月25日,有媒体爆料,称X影视总经理蒋某富和W发行总经理阚某雄已于上周五离职。这一重磅高层离职消息一出,一时议论纷纷。

短短两年时间内,X企业已经相继有20余人离开,仅2017年离职的就有8位。

有人猜测,导致X人才频繁流失的原因,在于其超负荷的业绩压力;也有人质疑,"权势滔天"的高管出局背后,是X总裁在给其儿子"上位"铺路。

曾公开对外宣称,"不优先考虑子女继承"的X帝国是否真的陷入了"家族式企业"的羁绊?再反观趋于瓶颈的X,究竟面临着哪些问题呢?

一、高管离职风波再起

1. 曲终人散

在X电影系的分工中,X影视主要是做内容制作和发行,X电影做终端影院,而W发行也承担发行方面的工作。W发行是X影视、D电影、J影视、H影视四家发行公司联合成立的电影发行公司,X影视持股40%,是大股东。

刚离职的蒋某富是中影培养出的业务骨干,曾任中影股份营销公司总经理。但其实他接手X影视也不过一年有余,而任W院线总经理的阚某雄,此前他与电影并无交集。他的履历是大型超市沃尔玛等实体零售业高管,2016年1月担任X电影常务副总裁,2017年3月卸任。

三位高管集体离职,标志着2015年搭建的X影视与W发行的高管团队,近乎全数离开X体系。

2. 两年走20余位高管,X依旧高管不再

近年来X电影业务管理层频繁震动,高管走了一批又一批。人事方面一直处于重整状态,无疑对X的电影体系造成了不小的损失。

一个典型的例子就是叶某因个人发展原因决定辞职以后,影视、发行经理及若干骨干也纷纷跳槽,一时间X人手紧缺,X和叶某入职的新公司华谊也陷入了长久的"恩怨纠葛"。

于是,近些年来X电影管理层似乎陷入了一个循环的怪圈——高薪从其他公司挖人,

做不了多久，业绩突出的又被其他公司挖走；业绩不理想的则被迫离职，如此反复。

X电影体系内，已是一个季度走一位高管的频率，如今X电影高管"低分"退学，也属正常。

二、频繁换帅背后，众说纷纭

1. 未达成业绩目标引咎辞职？

据猜测，二人离职的原因或与X电影业绩不佳有关。

回顾蒋某富加入X影视的2017年，X影视出品的电影总体来说表现平平。仅在2018年春节档期间，X影视主控推出了《唐人街探案2》，成绩非常亮眼。

而据W电影发行的投资方之一H影视2017年年报数据显示，W发行在2017年的营业收入为6.5亿元，相比于2016年12.61亿元，下降幅度超过50%。

2. 不能承受的KPI之"重"？

"铁打的营盘，流水的兵""高薪挖人，不行就换，KPI不等人"是X有名的传统。

早年间便有王某林父子不愿让渡股权的传闻，有内部人士坦言，X强调体制力量，对个人的重视和鼓励机制有限；并且集团内部构成复杂，纯电影业务的高管权限有限，还背负着很大的业绩压力，因此人员变动快也属正常现象。

离开X的基层员工曾总结出离职的三个原因：①常年加班，总部要求去哪里就得服从；②工作压力太大，考核太严格；③升职加薪比较困难。

不少空降的职业经理人，在X都是做了半年或者一年半时间，就因为KPI考核不达标走人了，有主动离职也有被动离职的。但一年或半年的时间，对于职业经理人来说，自己的想法和实际行动还没有完全施展开，就要计入考核之内了。

对于求快，习惯靠"买与卖"的X来说，职业经理人的生存空间要艰难得多。

陷入"非血缘关系不可"的传统家族企业的泥淖？

在"2016年中国企业领袖年会"上，王某林曾公开表态，称王某聪不愿意过自己这样的生活，把X交给职业经理人也许会更好。并透露："现在备选的人有好几个，五个产业集团都不错，但不会特意培养，而是让他们自己发展。"

而他这么做的底气，绝大部分是源于X的治理模式。万达长期重视职业化管理、采取几乎全无家族企业色彩的管理理念、完善职业经理人制度等措施实现了豪华的职业经理人团队储备。

三、千疮百孔，险象丛生，"帝国"地位不保？

从X官网公布的《2017工作总结》来看，王某林这样评价了影视集团的工作："影视集团去年全年收入532亿元，仅完成540亿目标额的98.5%。影视集团有点遗憾，如果稍微再努力一点就好了。"

X电影实际交出的答卷亦有隐忧。院线优势减退，影视自制不足，W发行低迷，X电影的国内业务并没有外在的业绩报表看起来那么出色。

更何况，X电影因为重大资产重组，已经停盘近一年，且复盘遥遥无期。早在2017年，X电影总裁曾某军就曾说，X电影正在谋求"生态型公司"的转型，希望将票房收入比例降至50%以下。

虽然X的非票收入上升，但在人口红利消退，自身"造血"能力不足的情况下，靠什么来完成"生态转型"？

且X和腾讯、阿里不同，腾讯和阿里都对国内优质内容制作公司进行了提前布局，资源整合基本结束。但是X，起码现在体现得并不明朗。

而在海外投资上，大手笔出海被政策"冰冻"。在已入手的项目里，最值得期待的应该是传奇影业出品的《环太平洋2》。X在2017年对传奇影业的资产负债进行了修复，将债务转为股权，并新注资约7.5亿美元。但是X的高投入，在短期内并无法看到回本的希望。

而AMC院线，2017年领跌北美院线。从3月份刚刚公布的业绩报来看，四季度净亏损2.76亿美元，全年净亏损4.87亿美元。

X影视业务权重或下降。从X给出的成绩单和频繁的高管变动背后，我们看到X电影在整个集团的重要程度下降。这从王某林年终的工作总结中便可以窥见一斑。

尽管2016年票房折戟，但王某林也并未对X的电影版图失去信心。在《2016年工作报告》中，谈及电影、娱乐业务的篇幅极长，他还提出了这样的"小目标"：一是继续扩大市场份额，实现2020年全球20%的市场份额；二是补IP短板，自己研发和并购都要做。并购不是说一下子并购多大的IP公司；可以并购一个一个的IP，组合起来也是一个大IP公司。这个任务已经给文化集团张某和高某耀。

时间仅过去短短一年，从王某林手中领受任务的两位高管，去向就发生了剧变。张某彻底退出AMC董事会，高某耀已经在2017年10月离职。

而在2017年的工作总结中，王某林已经不再把"快速持续做大文化产业"作为主要目标，也不再提及影视和发行两家公司，只是强调要发挥院线的优势。而以往财报中利润的增长，主要是靠广告和商品售卖（可乐和爆米花）拉动。2017年上半年，广告、商品销售毛利润分别为4.02亿元和1.5亿元，毛利润率分别为64%和59%。但一旦电影放映业务增速放缓，衍生门类的收入也将受到影响。

在制片上游缺乏话语权的X电影，接下来的每一步都很艰难。

熟悉王某林的人都知道X企业文化的一贯作风——在乎制度建设更多于人才培养。当业务发展出现瓶颈时，换人确实是一个可行的办法，但频繁换人总是有弊端的，且人员流动太快不是好事，它不是快消品，马上换就能马上好。尤其是电影，它有一个过程，频繁的换人，每个人都有自己的一套东西，军心难稳。

（资料来源：搜狐网，2018-02-25）

讨论：X企业是否成功？我们从中吸取哪些经验？

参 考 文 献

[1] 何维达. 公司治理结构的理论与案例［M］. 北京：经济科学出版社，1999.
[2] 江平. 法人制度论［M］. 北京：中国政法大学出版社，1994.
[3] 刘连煜. 公司治理与公司社会责任［M］. 北京：中国政法大学出版社，2001.
[4] 李维安. 公司治理［M］. 天津：南开大学出版社，2001.
[5] 李苹莉. 经营者业绩评价：利益相关者模式［M］. 杭州：浙江人民出版社，2001.
[6] 廖理. 公司治理与独立董事［M］. 北京：中国计划出版社，2002.
[7] 刘海云. 跨国公司理论与实务［M］. 武汉：华中理工大学出版社，1996.
[8] 李亚. 民营企业跨国经营［M］. 北京：中国方正出版社，2004.
[9] 牛建波，甄杰. 管理科学百年演进与创新：组织间关系的视角［J］. 中国工业经济，2012（12）.
[10] 于东智. 董事会与公司治理［M］. 北京：清华大学出版社，2004.
[11] 张维迎. 企业理论与中国企业改革［M］. 北京：北京大学出版社，1999.
[12] 朱慈蕴. 公司法人人格否认法理研究［M］. 北京法律出版社，1998.
[13] 李维安. 公司治理学［M］. 2版. 北京：高等教育出版社，2009.
[14] 鲁桐. 公司治理与价值创造［M］. 北京：中国发展出版社，2014.
[15] 马连福. 公司治理［M］. 北京：中国人民大学出版社，2017.
[16] 刘彦文，张晓红. 公司治理［M］. 2版. 北京：清华大学出版社，2014.